集団心理学

大橋 恵 編著

サイエンス社

監修のことば

　人は好むと好まざるとにかかわらず，一所に留まらない時間と変幻自在な空間の内で確かな自分を築きたいと願いながら，その目的をなかなか手に入れられないでいるかのようである。自分がどのような空間にいるのか，また，自分探しの期限は何時なのかさえ明示されていないあいまいさがある。しかしながら，人生の模範解答があるわけではないからこそ，思いきり試行錯誤し，将来を大胆に描き直すことも可能となる。

　自分の人生をどう描くかは容易なことではないし，描いた人生が最良のものであるかどうかの判定も簡単ではない。ただし，これまでの時間を振り返り，以前よりも経験を積んだ自分が選ぶことには意味があるはず，判断するのに迷うほどの手がかりが多いならば精緻化した判断ができるはず，ととらえることもできよう。案外に根拠のない憶測であったとしても人は自分の経験を否定するほどの大胆さを持っていない。確実なことは，現状以上に「よりよく生きたい」「満足したい」と日々悩みながら判断を重ねていることである。自らを向上させたいとのモチベーションはすべての工夫の源泉となる。

　本ライブラリを企画する趣旨としては，日常の生活の中で誰もが関心を持ち，迷い悩むようなトピックを採りあげる。そして，その思いをきっかけにして人生を見通せるように考え続けていくにはどうすべきなのか，われわれが考え，用いる知識やスキルがいかに相互に関連しているのかについて扱っている。本ライブラリでの学びを通じて，知識やスキルを修得し，人間性を高め，真に社会に役立つ人材へと成長することを目指している。世の中には多くの困難がある。世の動きに対応してその困難の質も高度になってきているようにも思える。本ライブラリは，それを希望に変えていける，世の中に貢献する人を育てることを意図し，この意図のもとに構成している。このような監修者と各巻の著者の意図が多くの読者の方々に理解されることを期待している。

　2014 年 10 月

監修者　　大坊郁夫　髙橋一公

はじめに

　人は,「社会的動物（social animal）[1]」だといわれます。アリストテレス（Aristotelēs；B.C. 384-322）の造語だとされるこの言葉には,どんな時代にも人は「社会」を形成するし,「社会」を離れては生きてはいけないのだという含みがあります。

　実際,霊長類の脳が格段に進化したのは,集団で暮らすことになり複雑な群内の社会関係に対処する必要があったからだと,社会生態学者のダンバーは唱えています（社会脳仮説；Dunbar, 2010 藤井訳 2011）。集団で暮らすためには,そのメンバーたちをきちんと区別し,各メンバーの特徴や今までの関係を覚えておく必要があります。それは,いざというときに助けてもらったり,一緒に何かを成し遂げるときに誰に何を任せるかを決めたりするために必要だからです。このことにより霊長類の脳（特に大脳新皮質）は発達し,それが特に顕著なのは人間だというのです。実際に,普段暮らしている群のサイズが大きい霊長類ほど脳の新皮質のサイズが大きいという関係がみられます。

　また,近年の研究では,私たちが社会的排斥に強い苦痛を感じるメカニズムを持っていることが示されており,これも社会的動物としての人間という考えを強めています。私たちは仲間外れにされると強い苦痛を覚え,それを体の痛みと同じような言葉で表現します。参加者が実験の中で仲間外れ（社会的排斥）にされたときに脳のどの部位が活性化しているかを MRI を用いて調べると,身体的な痛みを感じたときと同じ部位が活性化しているそうです（Eisenberger

---

[1] アメリカの社会心理学者アロンソン（Aronson, E.）は,*"The social animal"* という著名な概説書を書いていますが（原著の最新版は第 12 版。邦訳は『ザ・ソーシャル・アニマル［第 11 版］』岡 隆（訳),サイエンス社（刊)),この題名からも「人の社会性こそが社会心理学が扱う中心的なテーマだ」というメッセージが読みとれます。ただの「社会的動物」ではなく,定冠詞 the をあえてつけたことによって,社会的動物の代表的なものというニュアンスを含んでいるのです。

et al., 2003)。社会的排斥を経験したときに「傷ついた」「心が痛い」といった表現がよく使われますが，これは単なる比喩ではなく，実際に，脳も身体のどこかに傷を負ったときと同様の痛みを感じることがわかったのです。

　そもそもなぜ「痛み」があるかといえば，痛みの原因となる危険な行為・状況に気づき，避けるためです。社会的排斥に強い苦痛を感じるというメカニズムを持っていることにより，私たちは，社会的排斥を避け仲間たちから受け入れてもらえるような行動をとることができると考えられます。

　このように，私たちは生まれながらにして社会的動物であり，他の多くの人々や社会の影響を色濃く受けて行動しています。したがって，「集団」の特性や機能について知っておくことは大切だといえるでしょう。

　人の考えや行動が他の人々によって直接的・間接的にどのような影響を受けるのかを研究するのが，心理学の一分野である「社会心理学」です。人の日常生活のほとんどは他の人々と影響し合いながら成り立っていますので，社会心理学は，対人認知，対人魅力，協同，説得，交渉，集団行動，援助，攻撃など幅広い行動を対象とします。

　本書では，社会心理学のうち，集団や多数の人たちとの関わり合いに関連する部分を扱います。具体的には，集団とは何かという定義から始め，読者の皆さんが将来社会に出て活躍することを踏まえつつ，日常的な具体例を交えながら，特に，私たちが日常いかに他者からの影響を受けているかを紹介していきます。扱うのはたとえば以下のような現象です。授業中わからないことがあっても質問できないのはなぜか。「最近のハハオヤは」のようにある集団をひとくくりにとらえる現象がなぜみられるのか。集団になると一人のときと比べてどう行動が変わるのか。「みんなでやればうまくいく」は本当か。小集団活動で陥りやすい問題点は何で，活性化するためにどうしたらよいか，など。

　「集団」という言葉からは，暴徒や烏合の衆，無駄な会議などネガティブな印象があるかもしれませんが，それならばなぜ私たちは集団で暮らすのか不思議ですよね。本書では人が集まることの良い面と悪い面を扱いつつ，個人と集団の関わりについての心理学の知見をお伝えしたいと思います。

　ぜひ，自分の普段の生活や身の回りに起こった事柄を振り返りながら，本書を読み進めてみてください。私たちが日常いかに集団や他者からの影響を受けているかを理解し，学んだ知識を実践に役立てていただけると幸いです。

　最後になりましたが，本書を執筆する機会を与えてくださった大坊郁夫先生と髙橋一公先生に改めてお礼を申し上げます。また，なかなか仕上がらない原稿を辛抱強くお待ちいただき，さらに原稿を丁寧に読み編集の労を取ってくださったサイエンス社の清水匡太さんには大変お世話になりました。心より感謝申し上げます。

　　2021 年 10 月

著者を代表して

大 橋　　恵

目　　次

集団というもの

0.1　集団とは何か——集合との違い

　本書では集団と心理について述べていきますが，内容に入る前に，まず書名にも含まれている「集団（group）」という語が示す内容について論じておきましょう。

　私たちは，街中の雑踏，満員電車での通勤・通学，学校の教室・職場など多くの人たちに取り囲まれて生活しています。では，これらの人の集まりをすべて「集団」と呼ぶでしょうか。社会心理学では，ある場所に同時刻にたまたま集まった人々のことを，集団ではなく「**集合**（collection；群衆とも）」と呼びます。それでは，どのような集まりを「集団」と呼び，どのような集まりを「集合」と呼ぶのでしょうか。

　『心理学辞典』（有斐閣）によれば，集団とは，

　　「2 人以上の人々によって形成される集合体で，①その人々の間で持続的に相互作用が行われ，②規範の形成がみられ，③成員に共通の目標とその目標達成のための協力関係が存在し，④地位や役割の分化とともに全体が統合されており，⑤外部との境界が意識され，⑥われわれ感情や集団への愛着が存在する，といった諸特性を有する時に集団と見なされる。これらすべての特性を完全に備えている必要はなく，それぞれの特性を保有する程度には集団によって差がみられる。」

とあります。つまり，ここに挙げられた多くの条件に合致しているほど，より「集団らしい」と考えるわけです。たとえば，友人や仲間も集団であると考えられますが，上記の③や④の条件を満たしていることはまれでしょう。これと

は対照的に，会社という集団は6つの条件をすべて満たしています。したがっ
て，心理学的に考えると，会社集団のほうが友人や仲間より，より集団らしい
ということになります。

　一方，心理学でいう「集合」とは，集団のようにはっきりとした組織がなく，
また，全体の統制もとれていない人の集まりを指します。あるとき電車で乗り
合わせた人々や，同じ映画館のお客たち，あるイベントの参加者のような，共
通の目的のために集まった大勢の人たちが集合（あるいは群集）の例にあたり
ます。これらは集団の6条件すべてに該当せず，一時的な集まりであり，自分
がどこの誰かも知られていないことから，責任感に縛られることはなく，何を
しても構わないという気持ちになりがちです。ただし，電車に乗っているとき
に事故が起こって一緒に逃げるというような状況になれば，短期的ではありま
すが①や③が成立するので，「集団」に変わります（表0.1）。

　集団内あるいは集団間の相互作用を検討する社会心理学の一分野である集団
過程について，これまでさまざまな研究が行われてきました。一人ひとりの合
算では説明できない，集団になって初めて起こる創発現象を主な関心とする集
団研究は，友人集団，同僚の集まり，コミュニティ集団，学級，部活動のよう
な，その中に含まれる人たち同士が直接会って相互作用することができるよう
な小集団を扱うことが従来主流でした。しかし近年，これらの基準を必ずしも
満たしていない集団も研究の範疇に入ってくるようになりました。たとえば，
社会的アイデンティティ理論や自己カテゴリー化理論が考える集団は，日本人
や東京都民や自民党支持者のような，同じ**社会的カテゴリー**（social category）
に属する人々の集まりをも含みます。これはかなり概念的な集団で，互いに同
じ集団のメンバーだという認識はできても，メンバー間の直接的な相互作用や

表 0.1　**集合と集団の一般的特徴の比較**

	集合	集団
集合期間	一時的	一定期間以上
役　　割	分化していない	分化している（組織的）
相互作用	少ない	多い

明確な集団目標は存在しないケースがあり得ます。そのため，集団という言葉の意味も，「所属集団名を共有した2名以上の人々」（有馬，2019，p.49）のようにシンプルにとらえる研究者もいます。

　本書では，集団といってもさまざまなタイプの（強さの）集団を取り上げていきます。また後半では集合行動についても取り上げます。

0.2　集団の作られ方による違い

　集団は，その作られ方によって，さらに以下の3つのタイプに分けることができます。

1. 計画的形成による集団

　何らかの社会的目標達成のために新しい集団が必要だと考えられ，作られた集団を指します。集団の目標をもっとも効率良く追求し，そしてその集団を効率的に運営していくために，計画的にメンバーやその配置が決められます。たとえば，企業が新部門を立ち上げる際，それに見合ったメンバーを集めて集団を作るというのがこの例になります。このタイプの集団は，**フォーマル・グループ**とも呼ばれ，基本的にはメンバーが配置される前に組織の形態や制度・規則などが決まっているものです。

2. 自発的形成による集団

　人々が互いに一緒になることで何らかの満足を得られるのでないかと期待して，自発的に集まってできた集団を指します。フォーマル・グループと対比させて，**インフォーマル・グループ**とも呼ばれます。典型的な例は，友人集団や趣味の仲間集団です。集団の特徴のすべてを持っていないことも多く，各集団がどのような組織形態や規則を持った集団に発展していくかはメンバーたちに依存しています。

3. 外部的規定での形成による集団

　たとえば，年齢，出身地，言語，職業など，同じような特徴を持っている人同士をひとくくりにした集団を指します。同じような境遇のもとに置かれた人々の間に相互の付き合いが生まれ，その結果，その一団が実際にまとまって

くることもあるでしょうし，直接の相互作用がないメンバーがたくさんいても集団としての意識を持つこともあります。

0.3　集団のリアリティ

　集団を研究するにあたり，集団は単なる個人の集まりではなく，メンバーたち個人に還元できない何かがあるのではないかという疑問が浮かびます。これは集団のリアリティの問題といえるでしょう。

　集団や組織が関わって起きた現象を説明する際，「組織の風土がそれを生み出した」とか「集団の意思が反映されている」などという表現を使うことがあります。たとえば，2000 年初夏，関西を中心に 7,000 人を超える食中毒患者が出るという事件が起こりました。患者らが雪印乳業の製品を食べていたことから，雪印がかなりずさんな衛生管理をしていたことが明るみに出たのです。当時の新聞やテレビでの報道では，雪印の企業体質への言及が目立ちました。このように，集団があたかも意思を持っているかのように論じられることはよくあります。心理学でも，暴動や群集行動などの集団現象を説明する際，「集合心」や「集団心」という概念が提唱されていました。人が集まると，普段の個人の行動の合計からは考えられないような特性や行動（攻撃的な行動や過激な行動が多い）が新たに生まれることを説明するために，集団自身に「意思」があるようなとらえかたをしたわけです。

　民族性や国民性など，ある集団メンバーたちが共通に持つ特徴は確かに存在するでしょう。けれども，集団は個人とは異なり，実際には自身の意思や心を持ってはいません。集団の特徴にみえるものも実は各メンバー個々の心の中に存在する意識であって，個人の精神とは別に集団に心や意思があるようにとらえることは錯誤にすぎないと批判されるようになりました。そのため，集団状況に置かれた個人の心理的過程を記述することで，集団現象や集合現象を説明するやり方が主流になりました。このように，個人を説明の単位として集団現象をとらえようとする考え方は，**方法論的個人主義**（methodological individualism）と呼ばれます。

0.4 本書の目的

本書では，集団になることやそれ以外の社会的な文脈が人の行動にいかに大きな影響を与えているかを，さまざまな研究や実例を取り上げながら解説していきます。特に，集団になったときに何が起こるのかを中心に扱います。具体的には，集団の生産性（第1章）や意思決定（第2〜3章）から始め，集団内の相互依存性（第4章），集団間関係とステレオタイプ（第5〜6章），社会的ネットワークなどさらに広い人間関係（第7〜8章）をみていきます。

ところで，心理学の多くの重要な研究は，実際に起きた事件や社会問題などを契機に進んできました。たとえば，ユダヤ人の大量虐殺に関与したナチス将校たちの「自分は命令されて仕方なくやっただけだ」という証言から，どの程度人は権威に服従してしまうものなのかが研究されました。ニューヨークで38人もの傍観者がいる中で若い女性が刺殺された事件から，人がどのような条件で援助を行いやすいかが研究されました。また，アフリカ系アメリカ人に対する根強い人種差別問題から，集団対集団の関係や他の集団に所属する人に対する印象（ステレオタイプ）についての研究が進みました。このように，社会で起きた実例から心理学の研究は発展してきたという歴史があります。

ただ，実例について考えをめぐらすことと「研究」は違います。心理学は実証的な学問であり，真の原因を調べるために，実験や調査を行ってデータをとることを積み重ねてきました。そこで本書においても，どのようにしてこれらの知見が得られたのかという過程（プロセス）を大切にしたいと思います。具体的には，いくつかの重要な研究については，実証的な研究法を理解する助けになるように，手続きを含めた詳細な解説も交えつつ紹介していきます。

集団での生産性

━■学習達成目標━━━━━━━━━━━━━━━━━━━━━

　日常生活において，私たちはいつも一人で行動するわけではなく，集団のみんなで力を合わせて何かを成し遂げる機会が多々あります。社会における仕事の多くは会社や学校など集団でなされますし，趣味についても部やサークルで活動するケースがよくみられます。とはいえ，集団になると手を抜く人が出たり，きちんと協力してくれない人がいたりして，うまくいかないという話もよく聞かれます。

　そこで，この章では，私たちの行動や能力が，集団になったときと個人のときのいずれにおいてより優れているのかという問題を扱います。具体的には，他の人たちのいる場での作業や集団での共同作業の特徴について取り上げます。皆さん自身の日常的な体験を思い起こし，それらと関連づけながら読んでもらえたら嬉しいです。

1.1　集団の効用

　私たちは，非常に多くの集団に所属しています。家族や学校のクラスのように，自分が選んでその集団の一員になったわけではないものもありますが，サークルや会社など多くは本人の意思によって所属しています。

　では，なぜ人は集団に所属するのでしょうか。大きく分けて，以下の4つの理由が考えられます。

（1）集団に所属することによって，外からの敵に対処しやすくなります。かつて原始的な狩猟採集生活では，たった一人で生活していれば朝も昼も夜も敵を

警戒し続けなくてはなりませんでした。しかし，集団に入れば他のメンバーたちと見張り役を交代できるので，体力的にも助かることは想像に難くありません。同じ理由で，多くの哺乳類が効率的に身を守るために集団生活を選んだという歴史的経緯があります。

　現在でもその名残は残っており，人には誰かと一緒にいたいという欲求（親和欲求）があり，特に親しい人と一緒にいると安心感が得られます。この親和欲求は，恐怖状態に置かれると特に高まることが実験で示されています。

　シャクターが行ったこの実験では（Schacter, 1959），実験参加者である女子学生をものものしい機器が待ち構えている実験室に通し，白衣を着た実験者が「これから電気ショックの実験を行います。かなり痛いと思いますが，傷跡が後々まで残るようなことはありませんから」と説明して，恐怖心を喚起させます。続いて実験者は参加者に，「準備があるので待合室でしばらく待ってもらいますが，他の人がいる相部屋と一人部屋のどちらを希望しますか」と尋ねました。この質問は，親和欲求の高さを測ることを目的としていました。表 1.1 の「強い恐怖条件」に示されているとおり，恐怖にさらされた女子学生の多くは相部屋を選びました。一方，電気ショックはかゆい程度であると説明された参加者たちの多くは，どちらの部屋でも構わないと答えています（弱い恐怖条件）。このように，恐怖心から他の人と一緒にいたいという親和欲求が高まるのは，集団が自分の身を守る手段の一つとして考えられているからなのでしょう。

(2) 一人では成し遂げられない事柄を，集団が助けてくれる可能性があります。万里の長城やピラミッド，東京スカイツリーの建設などたくさんの人が力を合わせないとできないような事柄があることは確かです。共同で作業したほうが一人で作業するよりも良い成果が上げられるかどうかはまた別の問題ですが

表 1.1　**本実験までの待ち方の希望**（Schacter, 1959 より）

条件	相部屋	どちらでもよい	一人部屋
強い恐怖	62.5%	28.1%	9.4%
弱い恐怖	33.0%	60.0%	7.0%

（第1章後半で詳しく取り上げます），ここから派生して，「集団になればうまくいく」いう信念（collective control）があり，過度に活用されているようです。

　山口（Yamaguchi, 1998）は，一人でやっても大勢でやっても実際にその危険が自分の身に振りかかる客観的な確率が変わらない場合であっても，集団状況では悪い出来事の起こる可能性を低くみる傾向があることを報告しています。具体的な手続きを説明すると，回答者たちに，たとえば過度にスピード違反している高速バスに自分が乗っているという物語を読ませ，そのバスが事故を起こす（つまり自分が事故に遭う）確率がどのくらいかを推測させました。その際乗り合わせた人の数による影響をみるために，一緒に40人の人たちが乗り合わせているという状況と，乗客は10人ほどだという状況，乗客は自分一人きりであるという状況を作って比べました。よく考えていただければわかると思いますが，そのバスに乗っている乗客が増えたからといってそのバスが事故を起こす確率が減ると考える合理的な理由はありません。なぜなら，事故が起こるか否かはひとえに運転手の双肩にかかっているのですから。けれども，同じ危険な状況を共有している他人の数が多いほど，悪い出来事の起こる可能性は低く見積もられていました。さらに，別の物語（飲んでいた水道水に発がん性物質が含まれていたことがしばらくしてわかったという状況で，自分ががんを発症する確率を尋ねた）でも同じパターンがみられており，「集団ならうまくいく」という信念の存在を示唆しています。

（3）個人の資格では入手できない知識や情報を，集団に所属していると入手できることがあります。たとえば，ある教授のゼミに所属していることによって特別な就職情報を入手できたり，ある会社の社員であることでその業界に関する詳しい情報が他の人たちよりも早く手に入ったりすることが，これにあたります。さらに，集団に所属することによって，自分について望ましいイメージが得られる可能性があります（詳細は第6章）。たとえば，一流企業に入れたら，その人の自己評価はきっと高まることでしょう。

（4）集団メンバー同士はある程度仲が良いものです。集団がメンバーたちを引きつける強さ，メンバーたちをその集団の一員となるように動機づける程度の

ことを心理学では**集団凝集性**（group cohesiveness）と呼び，多くの集団は一定以上の凝集性を持っています。集団凝集性が高いというのは，平たくいえば，仲が良いこと・団結力があることを指し，他の人々から注目されたい，好意を得たいという心理的な欲求を，集団に所属することにより満たすことができる可能性があります。

1.2 他者の物理的な存在の効果──社会的促進と社会的抑制

さて，ここからは具体的に一人のときと他の人がいるときについて比べていきたいと思います。

人はたいていの場合集団生活を送っていますので，常に他の人たちが身の周りにいます。そこでは，たとえば，家ではできるようになった二重跳びが，体育の時間にみんなの前でやろうとしたらできないとか，家で一人で勉強していたときには解けなかった問題が，授業中に指名されて黒板の前であらためて取り組んだら解けたといったことも起こります。また，音楽などの発表会で練習時よりも舞台に立ったときのほうが数段素晴らしい演奏ができる人がいる一方，練習のときにはうまくできていたのにいざ本番となるとミスしてしまう人もいます。

他の人がいるというだけで個人の作業能率が変わってくることは，実は古くから指摘されていました。たとえば工場での糸巻きの作業などは，大勢で円陣を組んでお喋りしながらやったほうが，一人で孤独にやるよりも作業効率が良い場合が多いそうです。このとき，お喋りの内容は単なる世間話であり，仕事上のアドバイスをしたり励ましたりしているわけではありません。このように，ただ他の人のそばで同じ作業をするような集団状況（厳密には，共行為状況と呼びます）で課題遂行が良くなる現象は，**社会的促進**（social facilitation）と呼ばれています。糸巻き課題を使って実際にこのことを実験で示したトリプレット（Triplett, N.）の研究が発表されたのは 1898 年で，この研究は，社会心理学における最初の実験であるといわれています。

その後 1930 年代にかけて，社会的促進に関する研究は，上で挙げた共行為

状況に加え，自分と同じ作業はしない観察者がいるという観衆状況も用いて盛んに行われました。共行為状況でも観衆状況でも，課題そのものに関して相談したり助け合ったりしないようにした上で実験は行われていて，作業中に「自分のそばに他の人がいること」自体の効果を調べています。しかしながら，他の人がいればいつも作業能率が上がるわけではなく，逆に個人の作業能率が落ちる場合（**社会的抑制**（social inhibition））もあることが，次第に明らかになりました。

　他の人がそばにいるとき，私たちの作業能率は上がるのでしょうか，それとも下がるのでしょうか。この一貫しない研究結果の問題はしばらく謎のままでしたが，1960 年代に入り，ザイアンス（Zajonc, 1965）が，ハル-スペンスの学習理論に基づきこの現象に統一的な説明を試みました。

　ハル-スペンスの学習理論では，①ある刺激に対して学習された反応はもっとも優勢な反応（出やすい反応）から副次的な反応（出にくい反応）まで階層構造を成しており，②学習者の生理的喚起水準（簡単にいえば，生理的な興奮の程度）が高まると，優勢反応がいっそう出やすくなると考えます。

　ザイアンスは，この理論を，社会的促進・社会的抑制に次のように応用しました。すなわち，他者の存在によって，個人の生理的な喚起水準が高まる結果，そこで生起しやすい反応の生起率がより高まります。単純な作業やよく学習された課題での優勢な反応とは成功反応であり，複雑な作業や習熟していない課題での優勢な反応とは失敗反応にあたります。つまり，課題の難易度によって社会的促進が生じるか社会的抑制が生じるかは異なると予測したのです。単純作業においては正反応が元々出やすいため，社会的促進がみられる一方，新たに学習中の困難な作業においては元々誤反応が出やすいため，見られていたり他人と一緒にやったりするとかえってうまくいかないというのです。

　この仮説をいろいろな人が実際に検証しているのですが，その中の一つ，ハントとヒラリーの実験（Hunt & Hillery, 1973）を紹介しましょう。彼らは単純な迷路と複雑な迷路をそれぞれ 10 種類用意し，一人であるいは他の実験参加者と並んで解かせました。その結果，まさにザイアンスの予測どおりのパターンが得られたのです。

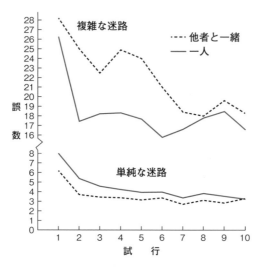

図1.1　**試行ごとの誤答数の平均の推移**（Hunt & Hillery, 1973）

　図1.1に示されているとおり，単純な迷路条件での誤答数は，個人状況より
も集団状況においてやや少なく（つまり，社会的促進），複雑な迷路条件では
逆に個人状況よりも集団状況で誤答がより多い（つまり，社会的抑制）という
結果が得られました。また，試行数の影響をよくみると，回数を重ねるほど
（グラフの右に進むほど）社会的抑制の程度が小さくなっていることがみてと
れます。

　「他者に見られること」の効果は，実験室の外でもみられています。生活か
ら切り離された実験室内ではなく，実験室の外，日常生活の場において実験を
行うことを「現場（フィールド）実験」というのですが，ビリヤード場でプ
レーヤーたちを観察した現場実験によると，ショットの成功率が高いペア（平
均71％で成功）は研究者たちがゲームの様子を眺めているときによりショッ
トの成功率が上がりましたが，ショットの成功率が低いペア（平均36％で成
功）は研究者たちがゲームの様子を眺めているときによりショットの成功率が
下がったそうです（Michaels et al., 1982）。これもまたザイアンスの説を支持
する結果です。

　興味深いことに，社会的促進・抑制は人以外にもみられるようです。たとえ

ば，他のゴキブリから観察されていると，ゴキブリが単純な迷路を進むスピードが上がること，曲がり角がある迷路については逆に曲がり切れず時間がかかることなどが実験的に示されています（Rajecki, 2010）。他にも，他個体と一緒だと，ニワトリやラットの餌を食べる行動，アリの巣作り行動などが促進されることがわかっています。

　また古典的事例になりますが，1920年代のアメリカで，照明や休憩時間などの物理的労働条件を整備することで従業員の疲労を軽減し，工場の生産性を上げようと考えて行われた実験がありました（Roethlisberger & Dickson, 1939）。たとえば，照明を明るく変えてみたり，休憩時間の割り振りを変えて昼休みを縮める代わりにお茶休憩を作ったりしました。そのとき生産性は上がるのですが，それは条件を「良く」しているので理解できますが，なぜかその後元に戻したり初期状態よりも暗くするなど悪い環境設定をしたりしても生産性が上がるという不可解な結果が得られました。これは，実験に選ばれて参加していると従業員が意識したことから生産性が上がったと考えられ，人に注目されることの効果の一つと考えられます。

　10年以上にわたる一連の研究は，当時支配的であった機械的人間労働観や論理的・経済的人間労働観に基づく科学的管理法の確立を目指して始められたにもかかわらず，労働生産性には，物理的な環境よりも労働者を取り巻く人間関係のほうがよほど大きく影響するという結果に落ち着きました。この実験は行われた工場の名前をとって，ホーソーン実験と呼ばれます。

　では，他の人がいるとなぜ生理的喚起水準が高まるのでしょうか。他の人から評価されていると考えることによって緊張感（評価懸念と呼ばれます）が高まるからかもしれませんし，手元の課題と自分を見ている他者との両方に注意を配分しなくてはならないため注意の葛藤が起こるからかもしれません。このあたりは厳密にはわかっていないのですが，シュミットら（Schmitt et al., 1986）の研究によれば，単に他者が存在するだけで，評価される場合と同じように社会的促進や社会的抑制が起こるようです。

　シュミットら（Schmitt et al., 1986）は，実験参加者が実験課題に向かう際に，同じ部屋に他の人がいるかどうかについての条件を3種類設定しました。

まず，単独条件では一人部屋で課題を行いました。次に，評価条件では，参加者が課題を行っている最中に実験者が肩越しにその様子を観察していました。最後に，単なる他者条件では，別の感覚遮断[1]の実験中の参加者がヘッドホンをつけて目隠しされた状態で同じ室内の隅に座っていました。この条件のポイントは，参加者が課題をどんなふうにこなしているか評価することはできないが，同じ空間に「人間」がいるという点です。また，課題は2種類設定されていました。実験参加者たちは，自分の名前を普通にキーボードで打ち込む単純課題条件，または自分の名前を逆に打ち込みながらその間に数字を挿入する複雑課題条件（たとえば大橋恵の場合，i9m8u7g6e5m……のように入力します。結構大変です）の，どちらかに割り振られました。

各条件での課題を遂行するのにかかった時間は図1.2のようになりました。単純課題においては，単独条件がもっとも時間がかかっています。つまり，社会的促進がみられました。一方，複雑課題においては逆に，単独条件よりも，

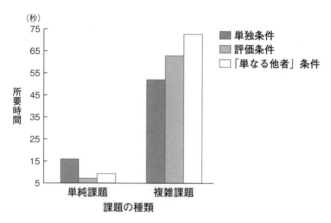

図1.2 **課題の種類別，条件別所要時間** (Schmitt et al., 1986)

---

[1] 外からの刺激をできる限り断ち，現実世界と切り離された状態を指します。典型的な実験では，目隠しと耳栓をして，手も物を触ることができないように固定してどのような反応が起こるかを見ます。何時間も続くと，思考がまとまらない，落ち着かない，幻覚が生じるなどが起こることが知られています。

評価条件・「単なる他者」条件でより時間がかかっています。つまり，社会的抑制がみられたのです。実験参加者が課題を行っていることを見ることも聞くこともできない単なる他者が同じ部屋にいる条件で評価条件と類似したパターンがみられることから，社会的促進・抑制は評価懸念ゆえに生じるのではなく，ただ単に他者がいることが緊張感を生むと考えられます。

1.3　集団での作業（共同作業）

　前節では，個人の作業量が他の人がいるときにどのように変わるかについてお話ししました。しかし，私たちは集団で共同作業を行うことも多いものです。1つの作品を一緒に作ったり，行事を一緒に行ったり，大事なことを決めるために会議を開いたりという集団作業が，かなり頻繁に行われます。その場合，どこからどこまでを誰がやったかをきちんと分けられないことも多いです。

　このようなとき，個々人は自分の力を集団の中でフルに発揮しているのでしょうか。この節では，共同作業と個人作業について比較をしていきます。

1.3.1　社会的手抜き

　一人ひとりがそれぞれ何か作業をして持ち寄るという形の単純な作業について，まずは取り上げましょう。たとえば，多数の宛名書きや封入といった発送作業，資料の印刷や製本，大量の野菜の皮むきや雑草抜き，教室の掃除などの作業です。このような作業については，内容が単純か複雑かとは関係なく，共同で作業する相手がいる場合，相手の数が多くなるほど1人あたりの作業量が減ることが知られており，**社会的手抜き**（social loafing）と呼ばれています。

　この現象を初めて詳しく検討したのはリンゲルマン（Ringelmann, M.）でした（Kravitz & Martin, 1986）。彼は，綱引きやひき臼押しなどの単純作業で，同時に作業する人の数を変化させるという実験を行いました。そして，共同作業者が増えるたびに一人頭の作業量は減っていき，8人だと1人のときと比べて半分まで下がったことを報告しています（図1.3）。

　インガムら（Ingham et al., 1974）も，綱引き課題を使って社会的手抜きを

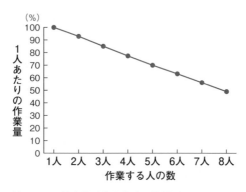

図1.3　リンゲルマンの社会的手抜き実験の結果（Kravitz & Martin, 1986）

図1.4　綱引き実験の状況

検証しています。一般に綱引きでは，メンバー全員が同じ方向に同時に綱を引かないとチームとしては強い力が出ませんが，この実験の目的は，チーム全体としてどのくらいの力を出すかを調べることではなく，あくまでも個人がどのくらいの力を出すかを知ることでした。そこで，彼らは実験参加者に一番前で綱を引くように指示し，その後ろにサクラ（confederate；実験協力者）たちを配置したのです。このようにすることによって，実際には実験参加者が1人で綱を引くのですが，彼らに自分の後ろにいる人々も一緒に綱を引いていると思い込ませたのです（図1.4）。そして，このような状況で綱を引いた場合と，綱を引くのは自分1人であると知って綱を引いた場合とを比べてみたところ，1人で引いていることを知っている場合のほうが，参加者たちはより強い力で

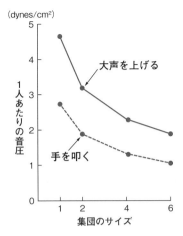

図 1.5 ラタネらの社会的手抜きの実験 (Latané et al., 1979)

綱を引きました。

　また，ラタネら（Latané et al., 1979）は，社会的手抜きが他のさまざまな課題でもみられる一般的な現象であることを示すために，大声を上げる課題と手を叩いて大きな音を出す課題を使って検討しています。このとき，一緒に同じ課題を行う人の数を 1 人・2 人・4 人・6 人と変えて実験しました。その結果，どちらの課題についても，集団のサイズが大きくなるにつれて 1 人あたりの音圧は減少するという明確なパターンが得られました（図 1.5）。

1.3.2 課題タイプと社会的手抜きの起こりやすさ

　集団作業になればいつも社会的手抜きが起こるかというと，そうではありません。起こりやすい課題と起こりにくい課題があります。

　大きな音を出す課題も綱引きも，複数で取り組むというだけではなく，個々人がどれくらい貢献したかがとてもわかりにくい課題でもあります。しかし，たとえばみんなで絵を描く（卒業制作など）や，チームでクイズに答えるなど，個々人の貢献度がもう少しわかりやすい課題もあります。

　取り上げる課題の種類については，スタイナー（Steiner, 1966）の分類が大変役に立ちます（表 1.2）。スタイナーは，個人の貢献と集団としての成績と

表 1.2　**課題タイプ別にみた集団と個人の成績の関係**（Steiner, 1966 より）

加算型 (additive task)	各メンバーの成績を合計したものが，そのまま集団の成績となるタイプの課題。集団の成績は，常に個人を上回るが，メンバー間の調整が成否を左右する。 例：チームでの綱引き，玉入れ，複数での掃除など。
接合型 (conjunctive task)	全メンバーが課題を達成して初めて，集団の課題が完了するタイプの課題。集団の成績は，もっとも能力の低いメンバーによって決まる。能力の低いメンバーを他の者が助けたり，軽めの課題を割り当てたりするとよい。 例：工場における完全に分業化した流れ作業。チームでの登山，大縄跳び。
非接合型 (disjunctive task)	全体として 1 つの結論を出すことが要求されるもので，集団の中の誰か一人が課題を達成すれば，集団の課題が完了するタイプの課題。集団の成績は，もっとも有能なメンバーによって決まるが，集団の他のメンバーがもっとも有能なメンバーの主張が理解できずに集団が最善の結論を逃すことがあり得る。 例：チームでクイズに答える，裁判での判断，会議での決定。

の関係を考えると，課題の構造は加算型，接合型，非接合型の 3 種類に大別できると指摘しました。

　社会的手抜きの実験では，肉体的な課題（綱引き，大きな音を出す，折り紙の作成など）や認知的課題（計算，意見出しなど）を中心にさまざまな課題が使われてきました。ポイントは，個人個人で取り組むことは可能なものに，あえて集団全員が同時に取り組み，個人の作業量がわからないような状況を設定する点です。また，成果は質ではなく量で測られています。つまり，前節で扱われた課題はどれも分割不可能で量的な最大化を目指す加算型課題にあたり，このような課題で社会的手抜きが起こりやすいと考えられます。

　では，他の種類の課題では，社会的手抜きは起こらないのでしょうか。接合型課題では能力が低いメンバーによって集団全体の結果が決まります。たとえば，合奏では，下手な演奏者がいると全体が台無しになってしまいます。チーム登山では，そのペースはもっとも体力的に劣るメンバーに依存します。このような一番劣った者の出来によって集団全体の出来が決まる接合型の課題の場合，能力の低いメンバーはとても努力する現象がみられ（Weber & Hartel, 2007），全体的に手抜きはあまりみられません。

　非接合型の場合，能力が高いメンバーによって結果が決まるため，自分は最優秀ではないと考えるメンバーたちが手抜きをすることはあり得ますが，それが直接集団の結果に影響することはないでしょう。ただ，他のメンバーたちが手抜きをしていること（フリーライドと呼びます）が明らかになると，最優秀メンバーの動機づけが落ち，その結果として集団の結果が悪くなる可能性はあります。

1.3.3　社会的手抜きの原因

　これらの実験は，他の人と一緒に作業していると思っただけで，人は無意識に手抜きをしてしまうということを意味しています。では，社会的手抜きはなぜ起こるのでしょうか。

　釘原（2013）は，その原因を環境要因と心理的要因とに分けてまとめています。環境要因としては，①評価可能性（自分の頑張りが他の人たちにはわからないので頑張る意味がないと考えるから），②努力の不要性（他の人たちがしっかりやっているから自分が頑張る必要性が薄いと考えるから），③手抜きの同調，の3点が挙げられます。③について補足しますと，まず集団としての評価しか得られず他の人たちが手抜きをしている状況では自分だけが頑張るのは馬鹿らしいと自ら考えるようになるでしょう。集団全体にとっては全員が一生懸命努力したほうが望ましいのですが，個人としては手抜きをしたほうが得であるというこの状況は，社会的ジレンマ（第4章）の構造になっています。また，良い成績を上げすぎて周囲から嫉妬などを受けたり仲間外れにされたりすることを避けるために手抜きをするケースもあります。集団の中にどのくらいの結果を出すかについて暗黙の規範があり，維持されていることを示した実験もあります。

　佐々木（1998）は，紙のリース（花輪）作りという課題を使って中学生3人集団の作業効率を検討しています。「もっと早く作ってください」「遅いですよ。無駄が多いようですね」など生産促進圧力を監督者がかける条件と，監督者が途中で退出してしまう圧力なし条件，さらに前半でのみ圧力をかける条件，後半でのみ圧力をかける条件などを作って比べたところ，前半で圧力があると監

督者がいなくなっても作業効率が落ちませんでしたが，後半でのみ圧力をかけ
ても作業効率があまり上がらないことがわかりました。つまり，監督者からの
圧力によってしっかり取り組まなくてはならないという規範が集団にできると，
圧力がなくなっても社会的手抜きは起こりにくいのですが，集団形成の初期に
社会的手抜きが起こると，それが暗黙の集団規範となり，維持されてしまうと
考えられます。

　集団での共同作業では，複数のメンバーの作業が集団全体の結果にまとめ上
げられ，努力してもしなくても同じように集団全体の出した成果で評価される
ことになる環境設定のため，やる気が低下します。他の人たちも手を抜いてい
ることがみえてくるとさらにやる気が低下し，手を抜いてしまうのでしょう。
このようなやる気の低下は，当然ながら集団全体の仕事量の低下につながりま
す。

　さて，社会的手抜きに関する心理的な要因としては，①緊張感の低下，②注
意の拡散が挙げられます。注意に関して補足しますと，他の人と一緒に仕事・
作業をしている状況では，自分に注意が向かなくなり（自己意識の低下），そ
のため元々持っていたはずの達成目標や道徳意識が薄れます。その結果，生産
性が落ちるという流れです。

1.3.4　社会的手抜きの防止

　それでは，社会的手抜きを減らすためにはどうしたらよいのでしょうか。最
大の原因は評価可能性でしたから，社会的手抜きを減らす一つの有効な策とし
て，メンバー各自の仕事量が監督者や他の人たちに知られてしまうという状況
を作ることが挙げられます。そのためには，個人の仕事・作業を監視したり，
各人がどのくらい貢献したかを適切に評価したりする必要があります。監視や
評価には 2 つ問題があります。まずは実現可能であるかどうかです。綱引きで
誰がどのくらいの強さの力を投入したかは測れませんし，会議で誰がどのくら
い貢献したかを評価するのは大変難しいことです。課題が個人に割れるような
ものであり，かつ貢献度を適切に測定できる人員が揃って初めて可能なことな
のです。もう一つは，監視や評価を行うために人員を割くことが本当に良いこ

となのかどうかという問題です。個人の貢献度を監視・測定することなく社会的手抜きを防ぐことも考えたほうがよいでしょう。

　社会的手抜きを減らすには以下のような方法があることが，その後の研究からわかっています。

(1) 課題の魅力度の向上。すると，各自が仕事に精を出すようになります。興味がわく課題にすること以外に，課題が集団にとってあるいは社会にとってどのくらい重要かなどを周知することも有効です。

(2) 集団凝集性の向上。仲の良い集団では，仲の悪い集団あるいはメンバー同士の人間関係がない一時集団よりも，社会的手抜きは起こりにくいことがわかっています。

(3) 良い集団規範の作成。集団としての目標を意識させたり，素晴らしいリーダーを置くなどすることで実施可能です。

(4) 他の人たちの目を意識化。他の人たちからどのように見られるかを意識すると，心の中に持っている規範や道徳心が呼び起こされ，反社会的行動が減ることが示されています。学食におけるトレイ放置を題材に行われた実験で，アーネスト=ジョーンズら（Ernest-Jones et al., 2011）は，学食に4種類のポスターを貼り，その影響をみました。すると，トレイを片づける割合は目の写真があるときに，ないときと比べて高くなりましたが，「食事が終わったらトレイをラックに戻してください」という規範順守を指示する文章の有無は影響しませんでした。これは，目（だけの写真が用いられたのですが）を見ることによって，他の人の視線を意識し，内在化された規範を呼び起こされたのだと考えられます。

1.3.5　社会的補償

　ここまで，集団で共同作業をしていて自分個人を評価される可能性が低いと

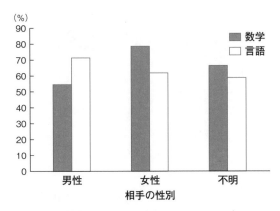

図 1.6　**相手の性別と課題の種類による正答率の違い**（Plaks & Higgins, 2000 より作成）

きに社会的手抜きが起こることを述べてきましたが，実は集団作業で逆に作業
量や成績が上がるケースもみられています。これらのケースの共通点は，自分
よりも能力が劣っている相手と作業を行う点であり，これを**社会的補償**（so-
cial compensation）と呼びます。ウィリアムズとカラウの一連の実験では
（Williams & Karau, 1991），相手が頑張っているときや，課題が重要なもので
かつ相手がこのような課題が得意だとしているときに，個人条件よりも集団条
件でより頑張るという社会的補償がみられました。

　男性は数学など理系的な事柄が得意で女性は国語など言語に長けていると思
われることはよくありますが，これを利用した実験を紹介しましょう（Plaks
& Higgins, 2000）。この実験では男性に実験に参加してもらい2人で課題を行
うのですが，個人の結果は出ずペアの合計点しか出ません。この状況で，相手
の性別についての情報を変化させました。その結果，図 1.6 に示されるように，
男性が得意だとされる数学的な課題については相手が女性のときにより成績が
良く，女性が得意だとされる言語的な課題については相手が男性のときにより
成績が良いというパターンが得られました。つまり，相手が不得意だと思われ
る課題でより頑張る社会的補償が起きたのです。

1.3.6　調整のロス

　ここまで，集団になると個人のときよりも1人あたりの作業量が低下してし

コラム 1.1 　割れ窓理論

　割れたまま放置されている窓や散らかったままのごみや落書きの存在がその都市の規範の乱れの象徴となり，さらなる荒廃や犯罪を誘うことが指摘されています（割れ窓理論；Willson & Kelling, 2008）。これを検証したフィールド実験を紹介しましょう。

　カイザーら（Keizer et al., 2008）は，規範の乱れと反社会的行動の関係をみるために，ポイ捨てをテーマに実験を行いました。具体的には，商店街の駐輪場で「ごみのポイ捨て禁止」と書かれた標識の周りに落書きがある条件とない条件を用意しました。そして駐輪場の自転車のハンドルにスポーツ用品店のチラシをくくりつけ，持ち主たちの反応を観察しました。すると，落書きあり条件ではない条件の倍以上のチラシがポイ捨てされました（33％と69％）。また，スーパーマーケットの駐車場で数台のカートを放置する条件としない条件を比べたところ，自動車のワイパーにはさまれたチラシのポイ捨てが放置あり条件で放置なし条件の倍近くみられました（30％と58％）。彼らは，ポストからはみ出た現金の入った封筒が盗まれるかどうか，禁止されたフェンスを使って近道するかどうかなど計6つの実験を行っていますが，どれでも落書きや規範の乱れがある条件ではそうではない条件の倍くらい反社会的行動が増えました。これらの結果から，規範が乱れていると認知されると他の反社会的行動も起こりやすくなることがわかります。

　この現象は，社会的手抜きや同調（第2章参照）の例だと考えられます。

まう現象を紹介してきました。集団が大きくなると個々のメンバーが努力しなくなるということもありますが，メンバーたちは一生懸命に努力しているにもかかわらず，タイミングが合わなくてそのような結果になることも考えられます。たとえば，綱引きのときに一番力を入れやすい姿勢がとれなかったり，大きな声を出すときに最大音量を出すタイミングが人によってずれてしまったりという理由による効率低下です。つまり，メンバー間の調整によるロス（coordination loss）と呼べるものですが，一緒に作業する人数（集団の大きさ）の影響をみているだけでは，これと社会的手抜きのどちらが働いて集団での効率

低下が起きたのか区別することはできません。

　実は，1.3.1項で紹介したラタネらの研究（Latané et al., 1979）は，大きな音を出させる実験の第2実験で，**疑似集団条件**を追加してこのことを検討しています。

　第2実験でも，第1実験と同じように，目隠しをして消音ヘッドホンをつけた男子学生たちにできる限り大声で叫ぶように指示し，1人あたりの音量を測定しました。第1実験と異なった点は，1人で行う条件（単独条件），2人または6人集団で行う条件（現実集団条件）に加え，2人または6人集団だと信じているが実は参加者1人が叫んでいる条件（疑似集団条件）を設けた点にあります。この条件を追加したことにより，調整を行う際の効率低下量は現実集団条件と疑似集団条件の間に生じた差で測定し，心理的な社会的手抜きの量は単独条件と疑似集団条件の間に生じた差で測定することができるのです。

　実験の結果は，図1.7のようになりました。つまり，現実集団条件では，メンバー数が増えるほど1人あたりの音圧が低下しました。一方，疑似集団条件においても，メンバーの数が増えるに伴い同様の音圧低下がみられました。この疑似集団条件では，実際には実験参加者は1人で大声を出していたため，他のメンバーとの調整の失敗が音圧低下の原因であることはあり得ません。疑似

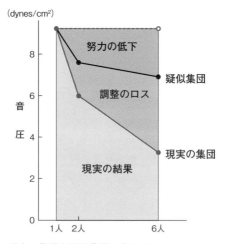

図1.7　**現実の集団と疑似集団の音圧**（Latané et al., 1979）

集団条件で個人条件よりも音圧が下がったのは，社会的手抜きによる（つまりメンバー各人の努力低下による）と判断することができます。また，疑似集団条件と現実集団条件にも差があることから（しかも6人集団になるとこれは結構大きくなります），集団での効率低下にはメンバー間の調整のロスによる部分も無視できないことがわかります。

1.3.7 集団での作業と文化

　集団になると1人あたりの作業量が減るという現象は，どのような集団でも同じようにみられるわけではありません。集団の目標に価値が置かれるような文化では，それが起こりにくいことが指摘されています。ラタネらと同様の単純な課題を用いた実験では，アジア地域，中国やインド，日本，マレーシアなどでも同様の集団での効率低下が確認されていますが，より複雑な課題を用いた実験では，文化差がみられています（Karau & Williams, 1993）。具体的には，アイディアを出させるとか難しい問題を考えさせるという複雑な課題を用いると，アジアでは集団での効率低下が起こることがなかったり，場合によっては個人条件よりも出来が良かったりします。

　さらに，成長するにつれて文化差は広がることもまた示されています。ガブレンヤら（Gabrenya et al., 1985）は，アメリカと中国の小学6年生と中学3年生を対象に，音の数を数えて正しく報告するというやや複雑な課題を用いて社会的手抜きについての実験を行いました。この実験では，①課題の結果が個人得点になる条件と，②課題の結果が2人組での共有得点になり，2人のいずれが得点を稼いでも「ペアの得点」として合計され，どちらがどれだけ稼いだかが識別できない条件がありました。しかしながら実際には個人の得点はしっかり算出されていました。そのため，②の得点が①の得点を下回るほど社会的手抜きが生じていると考えられます。この実験では，高学年になるほど，アメリカ人のほうが中国人よりも手抜きをするという文化差がみられました。また，それと対応して，中国人は高学年ほど集団志向性が強まり，アメリカ人は逆に高学年ほど集団志向性が弱まっていました。

　ただし，このような文化差は，一緒に作業する相手が仲間・顔見知り（内集

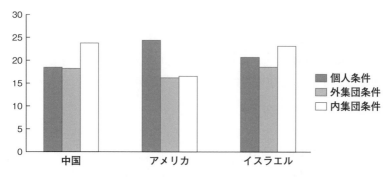

図1.8 **内集団と外集団に対する社会的手抜き** (Earley, 1993 より作図)

団メンバー；第5章参照）である場合に明確で，見知らぬ人（外集団メンバー；第5章参照）と作業する場合にはあまりみられません。中国・アメリカ・イスラエルを比較した研究（**Earley, 1993**）では，イスラエル人と中国人は，内集団メンバーと共同作業したときのほうが1人で作業するときよりも明らかに多くの課題をこなすという，真逆のパターンがみられました（図1.8）。一方，外集団メンバーと共同作業するときは1人のときよりもわずかにこなす課題数が減りました。このように一緒に作業する相手によって変わるパターンは，共同作業の相手が誰であろうとも集団になると一貫して手抜きをするアメリカ人とは対照的でした。

1.3.8 社会的手抜きの性差

「女性のほうがまじめだ」と言われることがありますが，社会的手抜きに性別による差はあるのでしょうか。男性のほうが課題達成志向が強いため，個人の仕事量が評価されない状況では動機づけが下がるということは考えられます。この点について実験したのが釘原（**Kugihara, 1999**）です。

彼は，天井から吊るされた綱を引くという課題を9人で行わせました。全12試行中最初と最後が個人試行で，参加者は順番に綱を引いていきました。残りは集団試行で，9人同時に引かせて集団での成績のみを記録すると教示しましたが，実際には個人成績もしっかり記録していました。その結果，男女共に単独試行において集団試行よりも強い力で綱を引きました（つまり，社会的

手抜きをしました）が，その差は男性のほうが大きかったのです。つまり，男性のほうがたくさん社会的手抜きを行いました。

　ただ，この結果の解釈にあたっては参加者の特性を考慮する必要がありそうです。といいますのは，この実験は女子学生の比率が10％以下と小さい学部で行われているため，女子学生たちがマイノリティとして特に頑張った可能性があります。また，綱引きという腕力を必要とする課題は，男性にとっては重要だったかもしれませんが，女性にとってはあまり重要ではないと考えられます。課題の重要性は社会的手抜きに関係しますので，双方にとって同じくらい重要な課題を用いることが本来望ましいといえます。

1.4　集団に責任はある？

　第0章でお話ししたように，集団自身に意思や意図があるという考え方は現在のところ否定されています。ただ，同じ集団のメンバーたちは価値観や考え方を継続して共有していることは確かです。

　ここでは少し視点を変えて，複数の人々が，「集合」ではなくまとまりを持った「集団」であると認識されやすいのはどのようなときか考えてみましょう。まず，類似性の高い者同士，近くにいる者同士の集まりには，集団としてのまとまりが認識されやすくなります。これは**集団実体性**（group entitativity）と呼ばれます。

　集団実体性は心理的なものです。というのは，「若者たちの無責任な行動が問題だ」のような話になると途端に「若者」がまとまった存在のように感じられますが，若者たちのすべてが相互作用を行いまとまっているとはとても考えられません。集団実体性は，集団外への移動が難しい場合や，同時に動いたり共通の結末を迎えたりする場合に高まりやすいといわれています（Campbell, 1958）。

　集団としての実体性が知覚されると，個人に対するものと同じような情報処理が行われる傾向があります。そのため，集団の中のあるメンバーが望ましくないことをした場合にそのメンバーが責められるのは当然ですが，その集団全

体にも責任があるとされる傾向がみられます。たとえば，一人が掃除をサボっ
たために班全員で罰を受けるとか，数人が規則違反をしたので部活全体が活動
停止になるとか，食品会社での偽装が発覚した際に当事者や代表責任者たちへ
の社会的制裁だけにとどまらず，不買運動などによって会社全体が制裁を受け
るという状況（連帯責任）です。

　このような連帯責任を課す理由を冷静に考えれば，班・部・会社としてお互
いにきちんと注意し合わなかったから悪いという理屈に行きつくでしょう。ま
た，集団の中での圧力の影響が大きく（第2章参照），その集団特有の規範や
やり方に個人が逆らう難しさが認識されていることもあります。まとまって行
動する集団は，たとえば「○○社は不正の発覚を恐れて」とか「△△部は生活
態度がルーズであり」のように動機や信念という心理状態がその原因にあるよ
うに説明されやすくなります。日置・唐沢（2010）は，食品偽装やセクハラな
どが起こる短いストーリーを読ませる実験で，このような事件のときに会社集
団が意図を持った主体としてみなされ，その程度は集団実体性が高い集団に対
して強く，そのために会社集団に責任があると判断されるというプロセスを示
しました。

　なお，日本人をはじめとする東アジア人は，欧米人よりも，集団そのものを
行為の主体だとみなす傾向が強く，起こった事故の責任を実際にミスを犯した
当人のみならず，その集団そのものおよびその集団の長にあるとみなしやすい
ことがわかっています。膳場ら（Zemba et al., 2006）は，日本人は起こった事
故に対して集団に原因があると考えやすく，その責任がその集団の長にもある
と考えやすいことを以下のような実験で示しました。日本とアメリカの大学生
に，「学校給食で食中毒事件が起きた。調査の結果，調理師が卵を冷蔵庫に保
管し忘れたために起きたことが判明した」という内容の短いストーリーを読ま
せます。それから，半分の学生には調査中に校長が定年退職し，他校から来た
新しい校長のもとで原因が判明したと説明しました。もう半分の学生には，校
長はこの出来事の5年前から校長を務めており，今もその職にあると説明しま
した。そして，現校長，調理師，学校のそれぞれにどのくらい責任があると思
うかを尋ねたのです。その結果，アメリカ人と比べて，日本人は，まったく過

コラム 1.2　さまざまな社会的手抜き

　社会的手抜きは至るところでみられます。チームでの仕事や行事の準備などでも
みられますが，もっと広く，年金の不払い，投票不参加，サイバー手抜き（仕事時
間中のインターネットの私的利用），議員の居眠りなどもこれで解釈することができ
るでしょう。

　日本で選挙権年齢が 2019 年に 18 歳に引き下げられたことは記憶に新しく，民主
主義社会において主権の行使のために人々が投票に参加することの意義があらため
て唱えられました。ただ，日本の投票率はあまり高いとはいえず，低下傾向にある
ようです。総務省のサイトによれば，最新の衆議院議員総選挙（2017 年 10 月）の投
票率は 53.68％で，過去最高だった 1958 年の 76.99％よりも 20％以上低下しています。
「投票しない」という行動は社会的手抜きであるとも考えられますが，これはおそら
く自分一人が投票してもしなくても結果に影響を与えることはないという認知に基
づくところが大きいと思われます。また，候補者について考えたり投票所に足を運
んだりするエネルギーが誰にも評価されることはないという気持ちも原因となり得
るでしょう。

　集団が大きくなるほど社
的手抜きの量も大きくなるこ
とは実験室実験で繰返し示さ
れていますが，投票行動につ
いてはどうでしょうか。宮野
（1989）の分析によれば，投
票行動に関しても同様に一票
の重みが重いほど投票すると
いうパターンが示されていま
す（図 1.9）。皆さんの周りに
も，さまざまな社会的手抜き
がみられると思います。ぜひ
考えてみてください。

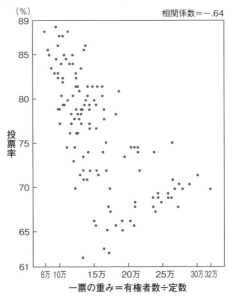

図 1.9　一票の重みと投票率との関係（宮野，1989 より）

失がない新任の校長にある程度責任があると考え，減給処分に処するべきと判断する傾向がみられました。これは，実際にミスをした当人に加え，その所属集団にも責任があると考えたからだと解釈できます。

　この章では，私たちが個人のときと集団になったときとで作業量が異なってくる現象についてさまざまな研究を紹介しました。また，集団での共同作業の種類や集団を実態としてとらえる傾向についても触れました。集団で「協力」する状況はいろいろあると思いますので，皆さん自身の日常生活で役立ててみてはいかがでしょうか。

理解度テスト

1. 以下の文を読み，内容が正しいと思うものには○，正しくないと思うものには×を記してください。また，×の場合はどこがどのように違うのかも答えてください。

(1) 他の人の前では，一人のときよりも緊張してしまうので仕事がはかどりにくい。

(2) 一般的に，集団で作業や問題解決を行うと，各人の仕事量は，一人で取り組んだときよりも落ちる。

(3) 集団サイズが大きくなるほど，社会的手抜きは大きくなる。

(4) 集団で効率が落ちるのはやる気の問題なので，やる気を出せるように工夫すれば効率は落ちない。

(5) 社会的手抜きを減らすためには，監視するしかない。

2. 以下のそれぞれの課題について，課題の種類を選んでください。

　選択肢：A. 加算型，B. 接合型，C. 非接合型

(1) 数学の証明問題の解答を4人の班で作る課題。

(2) 千羽鶴を約40人のクラスで作る課題。

(3) 運動会で，ムカデ競争をする課題。

【解答】

1.

(1)		(2)		(3)		(4)		(5)	

2.

(1)		(2)		(3)	

（正解は巻末にあります。）

多数派の影響と少数派の影響

■**学習達成目標**

　第1章では，他の人たちのいる場での作業や集団での共同作業の特徴について取り上げました。この章では，引続き**社会的影響**（social influence）を取り上げますが，1つの集団の中での影響ということで，**同調**という現象を取り上げたいと思います。他の人がしていることを同じように行うことを同調といいますが，どのようなときに，どのような理由で起こるのでしょうか。皆さん自身の日常的な体験を思い起こしながら読んでもらえたら嬉しいです。

2.1　集団の斉一性

　「はじめに」でも述べたように，私たちは家族，学校のクラス，友人集団，地域の人々，趣味の仲間，会社など多種多様の集団に所属しています。では，これらの集団に共通してみられる特徴は何でしょうか。

　もっとも基本的なのは，集団メンバーが多かれ少なかれ似通った行動パターンを示すことではないでしょうか。集団のメンバー同士が類似していることを心理学では**斉一性**（uniformity）と呼びます。では，それはどのように作り上げられ，どのように維持されるのでしょうか。これは，言い換えれば，メンバー同士がどのように社会的影響を与え合っているかを問うことになります。

　集団が集団としてまとまりを持ち続けるためには，**集団規範**（group norm）が重要な役割を果たします。集団規範には，規約や校則のように明文化されたものだけではなく，メンバー同士の暗黙の決まりも含まれます。たとえば，職

場で始業時間の10分前までには来ることになっているというようなものです。集団規範には，それを守ることで仲間意識を高め，結束力も強くなる効果があると考えられます。また，規範から逸脱したメンバーがいた場合，集団はそのメンバーに対して規範を守るようにさまざまな働きかけ（**集団圧力**（social pressure））を行います。

2.2　同調実験

集団圧力を実証的に示した古典的研究として，まず，アッシュの実験（Asch, 1955）を紹介します。ぜひ実験の参加者になった気持ちで以下の説明を読んでください。

ある大学の学生であるあなたは，心理学研究室での実験に参加することになりました。時間どおりに実験室に行くと，すでに他の7人の参加者たちが大きなテーブルに沿って席についています。あなたは端から2番目の席が空いていたのでそこに座りました。他の参加者たちとは面識はありませんが，全員同じ大学の学生のようでした。

実験は心理学の「知覚」の実験ということで，スクリーンに映し出された線の長さについて質問されました。はじめに標準刺激（図2.1左）が映され，次に比較刺激（図2.1右）が映されます。そして，3つの比較刺激の中から直前に示された標準刺激と同じ長さの線を選ぶように指示されるのです。

あなたは，とても単純な課題だなと思いました。1つ目の問題が映されたとき，あなたは心の中ですぐに正しい答えを選べました。テーブルの向こうの端の実験参加者から順番に指名されて答えを返していきますが，当然のように全員が正しい答えを選び，あなたも正しい答えを言いました。全員が答え終わると標準刺激と比較刺激が別のものに替わり，また同じ順番に回答します。

けれども，その次の回で思ってもみなかったことが起きたのです。この問題（図2.1）の答えは②だなと，あなたはすぐ判断しました。ところが，最初の参加者は堂々と①だと答え，以降5人すべてが①だと言い切ったのです。さて，あなたは自分の順番が来たときどのように答えますか。自分の目に正直に従っ

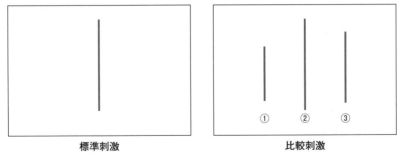

図2.1 アッシュの同調実験で用いられた課題 (Asch, 1955)

て，②と答えますか。それとも，他の参加者たち同じように①と答えるでしょうか。このような問題が線の長さを少しずつ変えながら18回行われ，そのうち12回で，自分以外の7人が全員一致で明らかに誤った回答をしました。

　すでにお気づきの方もいらっしゃると思いますが，「他の参加者たち」は特定の問題について誤った回答をするようにあらかじめ実験者から指示されていたサクラでした。サクラたちの行動が，真の実験参加者である7番目の椅子に座った人にいかに影響するかを調べることが，実験の本当の目的だったのです。

　では，この実験の本物の参加者たちはどのように答えたのでしょうか。サクラが一致して誤った回答を選んだ問題については，真の実験参加者たちはすべての判断のうちの31.8％でサクラの回答の方向へ誤答しました。ただし，表2.1に示されているように，一度も多数派であるサクラたちに影響されずすべて正答した者もいれば，12回中11回まで同調した者もおり，個人差も大きいことがわかります。

　この「31.8％」という割合を大きいとみるか小さいとみるかについては意見が分かれるでしょう。けれども，本来間違えるはずのない簡単な課題が用いられていたこと（サクラ不在時の誤答率は1％以下；表2.1の統制群参照），その場限りの一時的な集団であったことを考え合わせれば，同調率は決して低いとはいえません。さらに，参加者が自主独立を重んじるアメリカ中西部の白人男性であったこともあり，集団圧力の大きさを示すこの実験は注目を集めました。

表2.1 **実験群と統制群の誤りの分布**（Asch, 1951より作成）

圧力試行での誤り数	実験群	統制群
0	13	35
1	4	1
2	5	1
3	6	
4	3	
5	4	
6	1	
7	2	
8	5	
9	3	
10	3	
11	1	
12		
計	50人	37人
平均	3.84	0.08

　このように他者や集団からの圧力により人の意見が変化することを，**同調**（conformity）といいます。そのため，この実験は「同調実験」とも呼ばれています。

2.3 同調率に影響する要因

2.3.1 全員一致かどうか

　前節で紹介したアッシュの同調実験は，集団の斉一性が，同調という社会的影響のメカニズムを通してさらに強化されることを鮮やかに示しました。初対面のメンバーたちからなる集団で，明らかに間違いとわかる課題を用いて同調が起こるのならば，付き合いが深い集団で，間違いかどうかがわかりにくい課題を用いたならば，もっと同調率は高くなると考えられます。その後，同調行動が起こりやすい条件を見極めるために，数々の実験が行われました。

　たとえば，7人のサクラが全員一致ではないとどうなるのでしょうか。サクラの1人に正答させた実験では，多数派（誤答するサクラ6人）への同調率は5.5%に激減しました（Asch, 1955）。さらに興味深いことに，このサクラが多

数派の答えでも正答でもない回答をする場合にも（**図2.1**でいうところの③），真の実験参加者による多数派への同調率は低くなりました（Asch, 1955）。つまり，多数派が全員一致ではなくなると，同調率は大幅に落ちるのです。

　この結果は大変意義深いと思います。多数派への同調が起こりにくくなるのは，自分の考えを支持してくれる他の人がいる場合というよりも，むしろ多数派とは違う考えの持ち主が他にいる場合なのですね。つまり，集団内に「変わり者」が存在する限り，「別の変わり者」も存在できるのです。

　ともあれ，これらの結果は，多数派が全員一致であるか否かが同調率に大きく影響することを示しています。この知見から，たとえば，教室でいじめなどが起きたときに，1人でも「それは良くない」と言える者がいれば，ずいぶん状況は良くなるであろうことが示唆されます。

2.3.2　集団の規模

　では，集団が大きくなるほど，すなわち多数派の人数が増えるほど，集団の圧力も増すのでしょうか。興味深いことに，多数派の人数が増えれば増えるほど同調率が上がるわけではありません。アッシュはサクラの数をいろいろ変えて実験を行っていますが，その結果，サクラの数が3人まではサクラの人数に比例してサクラと同じ誤答をする率（同調率）は上がりますが，それ以上は上がりませんでした（**図2.2**）。

　この結果は，「みんな持っているから」と言っておねだりする子どもに，実際に誰が持っているのか問いただしてみると，せいぜい3，4人しか名前が出てこないことを彷彿とさせます。つまり，集団として圧力を行使するためには，3人もいれば十分なのです。

　ただし，この3という数字は絶対ではありません。日常場面での同調行動を扱った実験として，ニューヨークの街頭で，サクラたちに道路向かい側のビルの6階の窓を1分間見上げさせたミルグラムらの実験があります（Milgram et al., 1969）。この実験では，サクラの人数を変え，一定の観察地域内（約1.5m）で立ち止まったり，サクラと同じようにビルの窓を見上げたりした通行人の割合を調べました。すると，サクラの数が増えるに従って，立ち止まる人もビル

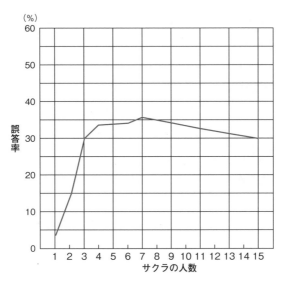

図 2.2　**全員一致の多数派の人数と誤答率（同調率）の平均値**（Asch, 1955）

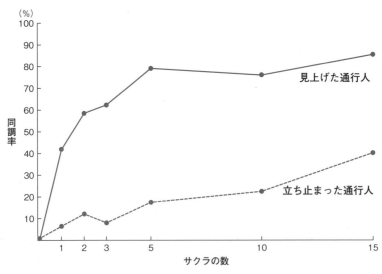

図 2.3　**刺激となる群衆の大きさと同調率との関係**（Milgram et al., 1969）

のほうを見上げる人も増えていきました（図 2.3）。

　この研究からわかることは何でしょうか。まず，この研究からは，日常場面

においても同調行動が起こることがわかります。さらに，課題の種類によって，どのくらいの人数まで同調率が上がるかには違いがあることがうかがえます。

　ただし，この研究での同調と実験室での同調を同じ心理的メカニズムで解釈するのはそもそも難しいことも，心にとどめておきましょう。この現場実験の場合，同調行動の背後にあるのは，おそらく何人もの人がある一点を見ているのだからそこに何か注目すべきものがあるのだろうと推測する，見ている人の数が増えればそれだけ重要なものがそこにあるのだろうと推測する，という合理的な推論といえるからです。

2.3.3　課題の種類

　課題の種類が同調行動に与える影響について，もう少し詳しくみていきましょう。ブレークら（Blake et al., 1957）は，以下の3種類の課題を用いて同調率を比較しています。

①戦争や平和などに関する意見についての課題（態度課題）

②メトロノームの音の回数を判断する課題（メトロノーム課題）

③加減剰除の計算課題

　それぞれどのような課題かみていきましょう。まず，①の態度課題とは，大学生一般の意見を前もって調査した上で，これとは逆の意見が実験集団では多数派であるかのようにみせました。そして，一般的な大学生とは逆の意見を選ぶ程度を同調の指標に使いました。②のメトロノーム課題とは，音楽のリズムを整えるために使うメトロノームを23回から27回鳴らして，何回鳴ったかを答えさせました。③はいわゆる計算問題で，四則演算が入る複雑な計算式を提示しました。その結果，同調率は態度課題を用いた場合にもっとも高く，計算課題を用いた場合にもっとも低くなりました（図2.4）。

　次に，アッシュと同じ線の長さ判断課題を用いた実験の中での違いも紹介しましょう。ドイチとジェラルド（Deutch & Gerard, 1955）は，記憶状況と視覚状況での同調率を比較しました。記憶状況とは，2.2節で紹介したアッシュの研究のように，はじめに標準刺激を見せ，次に比較刺激を見せ，比較刺激のみが見えている状態で判断させるやり方で，視覚状況とは，標準刺激と比較刺

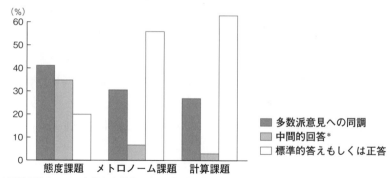

*中間的回答とは，一般的な大学生の意見（態度課題）や正解（メトロノーム課題，計算課題）と多数派回答として提示した回答との間をとった回答。

図2.4　**課題の種類と同調率との関係**（Blake et al., 1956）

激が同時に見える状態で選ばせるやり方です。いくつかの研究で一貫して，視覚状況よりも，記憶状況で同調率が高いことがわかっています。

　なぜこのように課題の種類によって同調率に違いが生まれるのでしょうか。それは，客観的に正誤が判断できる場合に比べて，正誤の判断が難しい場合，つまり個々人が自分の回答に確信が持ちにくい場合には，他の人の判断に影響を受けやすくなり，同調圧力が強まるからだと考えられます。態度課題には通常絶対的な正解はなく，自分の判断が絶対に正しいと確信できる人はあまりいません。一方，メトロノーム課題と計算課題には明らかな正解があります。この意味で，態度課題は他の2つの課題より客観性が劣るといえるでしょう。さらに，同じ正解があるといっても音については証拠が残りません。答えるときに頼りになるのは自分の記憶だけとなってしまうので，線の長さ判断課題や計算課題と比べて回答に自信を持ちにくいのではないでしょうか。

　線の長さ判断課題における2条件についても同じことがいえます。線の長さ判断課題という客観的な課題を用いてはいても，判断のときに比較刺激だけしか見ることができない状況（記憶状況）では，他の人たちの自分とは違う意見を聞いているうちに，自分の考えに自信がなくなることも多いでしょう。一方，標準刺激と比較刺激が目の前に並んでいる視覚状況では，正解が明白です。この意味で，視覚状況のほうが，記憶状況よりも客観性が高い，つまり正解不正

解がわかりやすいと考えられるのです。

2.3.4 匿 名 性

　次に，多数派とその影響を受ける実験参加者との人間関係という面からも検討してみましょう。

　はじめに紹介したアッシュの実験では，サクラたちと実験参加者は名乗り合ったわけではありませんが，互いに同じ大学の学生であり，顔を合わせた状況で実験が行われていました（対面状況）。そのため，その後キャンパスで出くわし，あのとき実験で会った人だと互いに認識できる可能性がありました。そのためわずかではありますが，実験室内で悪印象を持たれてしまうと，それが大学での現実生活に影響してしまう可能性があったわけです。

　このようなその後の対人関係への配慮は，同調行動の大きさに影響するのでしょうか。この点に関して，参加者の**匿名性**（anonymity）を操作した実験を紹介します。ちなみに匿名性とは，自分の周囲にいる人々は自分をどこの誰であるか気にしてはいないし，わかりもしないという感覚を，人に引き起こすような状況のことを指します。実験的にそのような状況を作り出すためには，記名させない，マスクやマントを着用させる，個々にブースに入れる（対面させないため）などの手続きがよく用いられます。

　ドイチとジェラルドは，先に紹介した実験で，自分がどのような人間なのかを他の参加者たちにはまったく知られないような匿名状況と対面状況についても比較しています（Deutsch & Gerard, 1955）。彼らは，実験参加者を1人ずつ互いの姿を見たり声が聞こえたりしないようなブースに入れ，各人が選んだ回答がランプの点灯によってわかるような装置を使って，匿名状況を作り出しました。その結果，匿名状況よりも対面状況において同調率が高いことがわかりました。おそらく，匿名状況ではみんなと違う答えをした自分がどのような人か他の参加者たちに知られないため，悪い印象を持たれても支障がないとの意識が働いたからでしょう。つまり，その後キャンパスで出くわしたとしても，初対面として問題なく関係を始めることができると考えて，心置きなく他の人々とは違う考えを表明できたと考えられます。逆に言えば，アッシュ（Asch,

1955）をはじめとする対面状況で行われた実験においては，初対面の相手に対してであっても生じていた評価懸念が同調行動の一因であったことが推察されます。

ちなみに，ドイチとジェラルドはさらに，他の人たちの答えを聞く前に意見表明（事前の自己決定）を行っておくと，同調は大きく減ることも示しています。具体的には，実験者に回答を告げる前に他の人たちに見せずに手元のメモに回答を書かせるという操作を加えた条件では，同調が 3 分の 1 から 4 分の 1 に減っています。このメモは実験者にも他の参加者たちにも見せませんが，多数派に同調した場合，「はじめに考えた判断とは別の判断を報告する自分」を目の当たりにすることになり，それを避けたのだと解釈されています。このように事前にある特定の意見に肩入れすることを，コミットメント（commitment）と呼びます。

また，同調の起こりやすさには個人差がみられます。自尊感情が低い人や親和欲求が強い人は同調傾向が強いこと，集団内で低い地位にいるメンバーほど同調しやすいことがわかっています。

2.3.5　同調の起こりやすい集団

同調するかどうかには，個人とその集団との結びつきの強さも影響します。ここでは，どのような集団において同調が起こりやすいのかを，集団意識と集団凝集性の 2 側面からみていきましょう。

1. 集団意識

アッシュの実験においては，参加者たちは集団というよりも集合に近い関係でした。互いのことを知らず，実験中も参加者同士で特に話をしたりはせず，また実験が終われば解散してしまいます。では，自分たちは「集団」であるという意識（集団意識といいます）がもう少し強い場合はどうでしょうか。

集団としての正答率を隣室で同様の実験を受けている他の集団と競わせると教示することによって集団意識を高めると，従来のアッシュの実験のように特に比較集団を設けない場合と比べ，同調率は高まる傾向があります。ドイチとジェラルドは線の長さ判断課題でこの知見を見出し，ジャクソンとサルツスタ

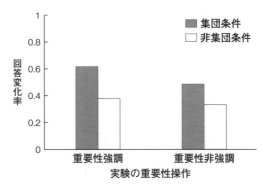

図 2.5 **集団目標の明確さと課題の重要性の影響**（Jackson & Saltzstein, 1958 より作成）

インはもう少し創造的な課題を用いてこの知見を見出しています（図 2.5）。

　順に簡単に紹介しましょう。ドイチとジェラルドは，集団意識について，アッシュタイプの非集団条件と，グループごとに正答率の高さを競い，正答率の高いグループはブロードウェイの好きな劇のチケットがもらえると教示された条件（集団条件）を作り，比較しました（Deutch & Gerard, 1955）。その結果，多数派に同調した誤答が集団条件においては非集団条件の倍みられました。

　ジャクソンとサルツスタインは，集団意識（明確・不明確）および課題の重要性（高い・低い）を操作し，同調行動への影響を調べました（Jackson & Saltzstein, 1958）。課題は，スタートからゴールまで数本の経路が引かれた図を示して，そのうちのどの道が最短距離であるかを問うという，線の長さ課題よりは正解のわかりにくいものでした。結果はドイチとジェラルドの実験結果と基本的に同パターンでした。つまり，非集団条件よりも集団条件で同調率は高く，さらに，課題の重要性が強調されたときのほうがそうでないときよりも同調率は高かったのです（図 2.5）。

　以上の知見をまとめれば，集団で一緒の実験で受けていることを意識するほど同調は起こりやすくなります。それは正答しなくてはならない，あるいはミスをしてはまずいという集団圧力が大きくなるからだと考えられます。

2. 集団凝集性

　次に，個人がその集団に対して感じている魅力について取り上げましょう。

集団の魅力などによってメンバーを自発的にその集団にとどまらせる力の総体
を，**集団凝集性**（group cohesiveness）といいます。集団凝集性は，集団全体
についての概念ですが，多くの場合，メンバー同士の好意度や親しさ，メン
バーが集団に感じる魅力の合計として測定されます。

　一般に，凝集性の高い集団においてより同調が起こりやすいものです。言い
換えれば，ある集団に対してある人が魅力を感じていて関わりが深いほど，そ
の集団の態度や行動に同調する可能性は高くなります。たとえば，高校生を対
象に，社会問題に対する考えを課題に使って実験した木下（1964）は，メン
バー同士仲の良い集団のほうが同調率がより高いことを報告しています。

　これは，皆さんの日常経験からもすんなりと納得することができるのではな
いでしょうか。ミルグラムら（Milgram et al., 1969）が端的に示したように，
集合においても同調行動はみられますが，集団においてのほうがより頻繁に同
調が起こります。それも，集団凝集性の結果からうかがえるように，より「集
団らしい」集団ほど同調率は高くなるのです。このような差がみられる理由に
ついては，次の節で紹介する「同調が起こるメカニズム」が答えになっている
と思われます。

2.4　同調が起こるメカニズム

　ここまで人が同調することを示した実験をいくつか紹介しましたが，次に，
より心理学的な話をします。つまり，人が同調する心理メカニズムについてで
す。大まかに分けて，人が同調する理由は 2 種類あると考えられています
（Deutch & Gerard, 1955）。1 つ目は規範的影響，2 つ目は情報的影響です。

2.4.1　規範的影響

　私たちには基本的な欲求として他の人たちから好かれたい・受け入れてもら
いたい（あるいは，少なくとも嫌われたくない）という気持ちがあります。ど
うしたら好かれ受け入れてもらえるか，この答えはいろいろあると思いますが，
他の人たちと共有している規範から外れないように振る舞うことが大切なこと

の一つでしょう。**規範的影響**（normative influence）とは，同調した場合の集団からの報酬および同調しなかった場合の集団からの罰を考慮して起こる影響力を指します。たとえば，大学生になってノートを使っていると子どもっぽく見えるので，そこまで有用性を感じないけれどもルーズリーフを使うことにするというのが，これにあたります。自分の想定している集団の規範の話なので，世間一般の規範とは異なるケースもあります。たとえば，万引きもできないようでは仲間に臆病者だと馬鹿にされるので万引きをするというものもこれにあたります。間違っていることが明らかだったにもかかわらず，多くの実験参加者が多数派に同調することを示したアッシュの実験は，このタイプの影響力が案外強いことを示しています。

　また，集合状況よりも集団状況で，集団らしくない集団よりも「集団らしい」集団で同調率が高くなるのは，この規範的影響がより強く働くからだと考えられます。

　人は，本心とは一貫しない行動であっても，必要に応じてとることができます。規範的影響による同調は，社会生活へ適応するために大切な方略の一つだと考えられます。

2.4.2　情報的影響

　次に，同調行動のもう一つの原因である情報的影響を紹介します。

　私たちは，他の人から受け入れてもらいたいと思う一方で，正しくありたいという欲求もまた持っています。正しくあるためには，他者の行動が重要な情報源になります。たくさんの人が独立に選んだことは正しい可能性が高いからです。**情報的影響**（informational influence）とは，他者の判断や意見を正しいと考えて受け入れたために起こる影響力を指します。たとえば，ルーズリーフのほうがノートよりも便利で効率的だという主張に納得したので，友人たちと同じようにルーズリーフを使うというのがこれにあたります。

　情報的影響が同調行動に作用していることは，視覚条件よりも記憶条件で同調率が高かったり，客観性が高い課題よりも低い課題で同調率が高かったりすることからうかがえます。つまり，この客観性の低い課題や記憶条件では，正

解がわかりにくいため，他者が一致して行う判断を正しいものとして受け入れ
やすいのです。

　情報的影響の例証として，シェリフ（Sherif, 1935）の行った規範の成立に
関する研究を紹介します。暗い中で1つの小さな光点を見つめていると，その
光点は実際には動いていないにもかかわらず，揺れ動いて見えます。このあま
り知られていない自動運動現象を利用し，シェリフは次のような実験を行いま
した。

　まず男子大学生たちを暗室に入れ，光点から5mほど離れて座らせました。
そして，光点が何インチくらいの距離を動いたか尋ね，口頭で答えさせました。
その際，個人で先に判断してから3人集団で判断する条件と，はじめに3人集
団で判断してから個人で判断する条件が設けられていました。

　その結果どうなったかといいますと，集団で行うと規範（group norm）が
形成されることがわかりました。図2.6は一例ですが，はじめ個人で判断した
ときにはそれぞれ8インチ，2インチ，1インチとそれぞれ異なる値を答えて
いましたが（左側），その後3人集団にして判断させると，徐々にその3人の
述べる値が似通ってきて（右側），最終的に3インチに収斂（しゅうれん）したことを示して
います。これに加え，一度成立した集団規範は，その後1人で判断することに
なった場合（個人条件）も維持され続けました。これは，はじめに集団条件で

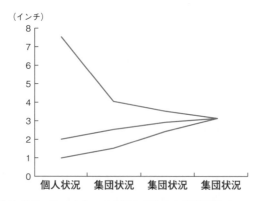

図 2.6　**個人状況からスタートした場合の光点の移動距離**（Sherif, 1935）
各線は個人の平均判断値の推移を示します。

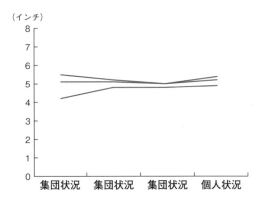

図 2.7　**集団状況からスタートした場合の光点の移動距離**（Sherif, 1935）
各線は個人の平均判断値の推移を示します。

答えさせると似たような値が出るわけですが（図 2.7 左側），その後で個人ご
とに同じ課題をやらせても集団条件のときと同じような値を参加者たちは報告
することを示しています（図 2.7 右側）。この研究は，自分の判断に確信が持
てないとき，人は周囲の人々の判断を情報源として使うことを鮮やかに示して
います。

2.4.3　「同じであること」と対人魅力

　同調すれば，つまり同じ行動をとれば，他の人から好かれる，受け入れられ
ると考えるのは，そもそもどうしてなのでしょうか。規範的影響による同調が
起こる理由として，同調したら集団からの報酬が予想されるからと述べました
が，なぜそう予想できるのか，ここで少し角度を変えて説明しておきます。

　「類は友を呼ぶ」ということわざが端的に示すように（英語にも，'Birds of a
feather flock together.' という，同じような意味のことわざがあります），友だ
ちには自分と似たような意見や行動パターンを持った人が多いものです。それ
では，人は自分と似ている人を好きになりやすいのでしょうか。

　この点を実証したのが，バーン（Byrne, D.）です（奥田，1997）。彼は，
会ったことがない他者の**類似性**（similarity）をいろいろ変えて，好意度にど
のように影響するのかをみる実験をしています。

　具体的な実験手続きを説明しましょう。まず，事前に学生たち自身の考え方（大学生活への意見，趣味，読書傾向など）を調査しておきます。そして，その後実験室に「対人認知の実験」のためにその学生たちがやってきた際，架空の人物の記入したアンケート用紙を渡し，その人がどのような人物だと思うか想像してもらいました。このとき，その人物と参加者自身との類似性が操作されていました。つまり，実験参加者たちが見たアンケート用紙は，自分と考え方がまったく同じ人，少し違う人，かなり違う人，まったく違う人のうちいずれかでした。そして，その人の印象を答えてもらう質問の中に，その人と一緒に作業したいと思う程度と個人的に好きになりそうな程度を測定する質問を入れておき，2項目の合計値をその人物への好意度の指標としたのです（他に知的能力や適応性などの質問がありました）。すると，自分と考え方が一致している人ほど好かれるという一貫した結果が得られ，類似した点の数よりも類似の割合のほうがより強く影響していました。

　このように自分と似ている人を好きになりやすいのは，どうしてでしょうか。それは，**心理的報酬**（psychological reward）がいくつかあるからだと解釈されています。誰でも自分の意見や考えは望ましいものだと考えていることが多いものです。けれども，一般に，意見や考えの望ましさ・正しさを証明することはかなり困難です。たとえば，あなたが「死刑制度は廃止すべきである」という意見を持っていたとしましょう。この意見が正しいことを証明するためには，たとえば，地理学的にも社会学的にも同じような特徴を持っていて死刑制度のある国とない国を対象に，犯罪率や国民の幸福度などを何十年にもわたって比較するくらいのことをする必要がありますが，そのようなことは実現不可能ですよね。このように「証明」できない事柄について，同じ考えを持つ他者の存在は，自分の意見の正しさを間接的にかつ端的に支持してくれます。つまり，自分の意見が認められたことになるわけで，大変気持ちの良いことです。これはその考え方のみならず，自分について全体的な自信につながるという心理的報酬をも含むことでしょう。

　これに加えて，趣味の一致については，一緒に活動することができるという報酬も考えられます。たとえばテニスが好きな人の場合，一人ではテニスはで

きません。でも，もし同じようにテニスが好きな人と親しくなれば，その人と一緒にプレーして楽しく過ごすことができるでしょう。好きなことを繰返しできることは，お互いにとって心地良いことです。

　このように人には似ている人を好きになりやすい傾向があるため，誰かに好きになってもらいたい場合には，その人と同じ意見を持っていることをアピールしたり，同じ趣味を持つように心がけたりすることが有効でしょう。

2.4.4　文化の影響

　アッシュの同調実験の衝撃は大きく，少しずつ形を変えながら，さまざまな地域で追試が行われました。その結果，同調の大きさは国や地域によってかなり違いがみられました（Bond & Smith, 1996）。同調率は，香港・フィジー・アフリカなどで高く，フランス・オランダなどの西ヨーロッパや北米では低めでした。

　ボンドとスミスはこれを集団主義と個人主義を使って解釈しています。つまり，他者に合わせて自分の意見を変えることは，自主自立を重んじる（個人主義文化）欧米においては悪いイメージがあるかもしれません。けれども，アジアやアフリカのような個人間の連帯や集団の和を重視する文化（集団主義文化）においては，他者に自分を合わせる行動は悪いことばかりではなく，場の雰囲気を適切に読みとれる，周囲に配慮できるなど，良い意味合いを持つでしょう。そのため，集団主義的な文化においては個人主義的な文化よりも同調傾向が強いという考えです。

コラム 2.1　多元的無知

　筆者は，大学の授業の最後に必ず「質問はありませんか」と学生に尋ねます。でも，ここで手が挙がることはほとんどありません。スライドで誤記をしていたり，説明不足の専門用語を使ってしまっていたりしても，めったに手が挙がることはありません。けれども，学生たちは授業の後，個人的にミスや不明瞭なところを確認しにばらばらと教卓のそばにやってきます。これは一体どういうことなのでしょうか。

　集団のメンバーが，自分の行動は自分の感情や意見と一致していないと思っているにもかかわらず，周りの他の人たちは自分の感情や意見のとおりに行動していると互いに推測することを，**多元的無知**あるいは**集合的無知**（pluralistic ignorance）といいます。これは人々が互いに，他の人たちの内心を知らないために起こる現象です。

　教室での質問の例に戻ります。これはなぜ起こるのかといえば，わかっていないのは自分だけかもしれない，そうだとしたらみんなの貴重な時間を奪って申しわけないとか，そんなことも理解していないのかとみんなに思われるのは恥ずかしいなどと学生たちが考えるからでしょう。実際には，1 人がわかりにくいと感じた箇所は他の多くの学生にもわかりにくいものです。けれども，授業という一応フォーマルな場で「わからない」と表情に出す人はあまりいないため，情報的影響が作用して，他の学生たちが実は同じところに疑問を持っていることは互いにわからずじまいになってしまうのです。

　対策としては，大人数の中で発言を求めることはやめて個々に紙に書いてもらったり，勇気を出して質問した人がいた場合には，他の人もきっと同じように感じていたのではないかとコメントして，質問しやすい雰囲気を作ったりするなどの対処方法が考えられます。授業ではなくても大きめの集団での話し合いではこのようなことは往々にして起こりますので，参考にしてほしいと思います。

コラム 2.2 いじめの心理学的解釈 (1)

教室内でのいじめは 1980 年代に社会的に問題視されるようになりましたが，現在に至っても解決したとは言い難く，いまだに毎年自殺者が出ています。いじめとは，「同一集団内の相互作用過程において優位に立った一方が，意識的にあるいは集合的に，他方にたいして精神的・身体的苦痛を与えること」と定義されます（森田・清永，1994，p.45）。いじめているほうはからかいのつもりであっても，いじめられているほうが苦痛を感じていたらいじめであるとみなされるのです。いじめは，本来同じ集団のメンバー同士であるならば示すはずのいたわりや相互支援とは真逆の逸脱行動だと考えられます。

文部科学省の調査（2019）によれば，いじめは小学校で年間に 40 万件以上，中学校で年間に 10 万件弱認知されており，もっとも多いのは中学 1 年生となっています。内容としては（複数回答），「からかい，悪口や脅し文句」（62.7％）が圧倒的に多く，「遊ぶふりをしてたたかれたり蹴られたりする」（21.4％），「仲間外れや集団無視」（13.6％）が続きます。

各教育委員会はいかにいじめが防げるか・いかにいじめを発見することができるかに腐心しており，毎年定期的に調査を行い，少しでも兆候がある場合には聞きとり調査などを行って対応しています。それでも，いじめは多くの場合教師からは見えにくく，児童・生徒たちの間には注意しにくい雰囲気が漂います。ではなぜ，一部の子どもたちのからかいに端を発したいじめがなかなか収まらず，教室全体に広がってしまうのでしょうか。このいじめもまた，社会的影響の問題として考えることができるでしょう。

いじめでは，加害者であるいじめっ子と被害者であるいじめられっ子以外に，その周囲にいる人々が重要な役割を担っているといわれています。森田・清永（1994）は，いじめにおける 4 層構造の存在を提唱しました（図 2.8）。この一番外側に描かれている傍観者とは，「いじめを見ながらも知らぬふりを装っている子どもたち」，観衆とは，「自分で直接手はくだしてはいないが，まわりでおもしろがり，ときにははやしたてることによって，燃え上がるいじめの炎に油を注ぎこむ存在」を指します（森田・清永，1994，p.49）。多数派である傍観者や観衆がいじめっ子の行動を否

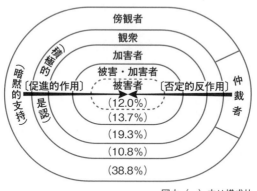

図中（　）内は構成比

図2.8　**いじめの4層構造**（森田・清永，1994）

定すれば，いじめっ子のほうがクラスの中で奇異な存在となります。この場合，い
じめは沈静化するか，あるいは新たなターゲットを探すことになるでしょう。けれ
ども，傍観者や観衆が面白がったり，特に手出しすることなく見ていたりすれば，
それはそのいじめを承認しているという合図となります。お互いにそのような形で
情報的影響を与え合いいじめを承認してしまう結果として，いじめっ子たちがます
ます調子に乗ってしまうのです。

　昔は，仲裁者，つまり止めに入る子どもがいたものですが，止めに入るという形
で目立つと次のいじめのターゲットになるリスクが高まります。ただ，多くの場合，
傍観者がただ見ている理由はそのいじめを承認しているからではありません。その
ため，けげんな顔をする，いじめっ子を軽蔑した態度をとるなど自分はこのいじめ
には反対であるというメッセージを一人でも二人でも発することができれば，他の
児童・生徒も内心ではあまりいじめを快く感じてはいないものなので，いじめを止
める方向での同調が働き，いじめの抑止につながるのではないでしょうか。

2.5 少数派の影響

　ここまでは，多数派が少数派に影響を与えるという現象を取り上げてきました。けれども，少数派が集団全体に重大な影響を与えることもあります。たとえば，ファッションは常に珍しいスタイルが大衆に伝播していくというプロセスをとりますし，想像もつかない方がいるかもしれませんが，30 年ほど前までは禁煙論者は少数派で肩身が狭い思いをしたものでした。けれども，いまや新幹線や飛行機は全面禁煙になっていて，長い年月をかけて禁煙論者が多数派に転じています。

　これらの例が端的に示すように，少数派が多数派の意見を変えることもできるのです。この節では，どのようなときに，どのようにすれば，少数派が多数派に影響を与えることができるのかをお話ししましょう。

2.5.1 主張の一貫性（consistency）

　少数派による社会的影響（minority influence）をはじめに取り上げたのは，フランスの研究者モスコヴィッチでした。彼は，少数派であっても一貫して主張・行動すれば，多数派の側に心理的葛藤をもたらし，さらに多数派の行動を変化させ得ることを主張しました。

　まず，モスコヴィッチらが知覚判断を用いて行った，先駆的な実験を紹介しましょう（Moscovici et al., 1969）。この実験に参加したのは女子大学生で，実験は真の実験参加者 4 人とサクラ 2 人からなる 6 人集団で行われました。実験は，参加者たちの色覚を確認するテストから始まりました。これは，サクラを含む参加者全員の色覚が正常であることを事前に参加者自身に確認させておくことで，その後のサクラの奇妙な回答を本人の色覚異常のせいにさせないようにするという，巧妙なテクニックでした。

　色覚テストの後，参加者たちは 6 人集団で明るさの異なる青いスライドを見て，色名を判断しました。具体的には，15 秒ずつ 6 種類のスライドが提示され，それが 6 回繰り返されました。この実験では，一貫した少数派のいる集団，一貫しない少数派のいる集団，少数派のいない集団の 3 条件が設けられていま

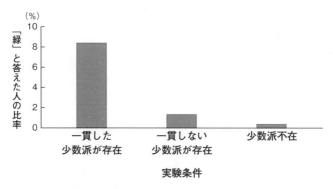

図 2.9　**一貫した少数派が他メンバーの色相判断に与える影響**
（Moscovici et al., 1969 より作成）

した。一貫した少数派のいる条件では，サクラたちが実際には限りなく青に近い青緑色のスライドを一貫して「緑」であると答えます。この条件では，真の実験参加者たちの全回答のうち **8.42**％が「緑」で（図 2.9），このような変わった少数派がいない場合（少数派不在条件）や少数派が 3 回に 2 回「緑」という場合（一貫しない少数派のいる条件）よりも高くなっていました。

　このことから，少数派が多数派の同調を促すためには，一貫した態度が重要な要因であることがわかります。なお，ここでいう「一貫している」とは，少数派である個人の主張や行動が時間を経ても一貫しているという意味と，少数派メンバーが複数いる場合に彼らの間で主張や行動が一致しているという意味の双方を含みます。

　その後の研究で，モスコヴィッチらの実験のようにただ少数派が同一反応を繰り返すだけでは，「頑固な変人」だという印象を与え，多数派側の反発心を引き起こすリスクもあり，あまり効果的ではないと指摘されています（たとえば，Nemeth et al., 1974）。一貫した主張を行うことは大切なのですが，その際には多数派に受け入れてもらいやすいように，少なくとも以下の 2 点について工夫する必要があります。

（1）頑固で独断的だと思われないような主張の仕方をすること。妄信的だと思われると，途端にその主張に耳を傾けてもらいにくくなります。そこで，言い回しを変えたり，さまざまな方向から主張したり，感情的にならないようにし

たりすることが大切です。

(2) 多数派に「自分たちとは異質な人たち」とラベリングをされないようにすること。自分とは違うと思われると，主張に真剣に耳を傾けてもらいにくくなります。そのような事態を避けるために，たとえば，同意できる意見には積極的に賛成して多数派に仲間であることをアピールする，何らかの共通点（趣味など）を主張するなどするとよいでしょう。

　説得的な少数派スタイルの好例として，古い映画ですが『12 人の怒れる男』（1957 年）をおすすめします。陪審員[1]がある殺人事件について審理する過程を描いたこの映画で，主人公は，他の陪審員の誰もが被告の少年は有罪だと主張する中，唯一それに冷静に反論し，最終的には全員の意見を覆すことに成功しています。

2.5.2　多数派と少数派の影響過程の相違

　少数派の影響は，さらに内面にも及ぶことが実験的に示されています。モスコヴィッチら（Moscovici et al., 1969）は先の実験で第 2 実験を行っています。その実験の前半は先に紹介したものと同じで，集団で色名を判断する課題で少数のサクラが一貫して色名を「緑」と答え続けました。その後，実験者は参加者たちに別の実験への参加を依頼し，別の実験者と交代します。第 2 の実験者は，視覚における練習効果についての実験だと説明し，緑から青までの色刺激 16 枚を実験参加者に見せて，色名を答えるように求めました。このうち，6 枚は青または緑とはっきり判断できる刺激であり，残りの 10 枚はどちらとも判断しかねる曖昧な青緑系の刺激でした。どの程度の色までを青と判断し，どの程度の色までを緑と判断するかを比べたところ，実験群ではより多くの曖昧な刺激が「緑」と判断されていました。この結果は，一貫して同一の判断を繰り

---

[1] 映画『12 人の怒れる男』では，陪審員の一人（陪審員 8 号）が無罪と主張したことで，場が騒然となり，多数派の陪審員たちが少数派である 8 号を説得しようと躍起になります。これは，過半数の賛同で結論を出してよい日本とは異なり，アメリカの陪審員制度では 12 人が一致して有罪あるいは無罪の結論を出すことが求められており，全員一致の結論が出るまで陪審員たちは解散することができないからです。

返す少数派がいることによって，表明された判断内容のみならず，もっと内面的な知覚の基準そのものまでが影響されたことを意味します。

　残像色の変化を指標とした実験もまた行われています（Moscovici & Personnaz, 1980）。あまり一般的には知られていないことですが，ある色をじっと見つめてから目を閉じると見ていた色の補色（光の補色なので，絵の具の補色とは違っています）がまぶたに浮かぶ傾向があります。これは特に液晶画面だとわかりやすいのですが，たとえば真っ青な画面をじっと見つめた後におもむろに目をつぶってみましょう。この残像色の特徴を利用し，モスコヴィッチらは次のような実験を行いました。

　この実験の前半では，集団で色名を判断する際，多数のサクラまたは少数のサクラが一貫して「緑」だと答え続けるという経験を実験参加者にさせます。その後，スライドの色ではなく，目を閉じた後にまぶたに浮かぶ残像色を報告させました。すると，興味深いことに，多数派影響を受けた参加者たちは基本的に青の補色を報告しましたが，少数派影響を受けた参加者たちの報告する残像色は緑の補色に近かったのです（図2.10）。この結果から，少数派影響は内的な態度変化を起こす傾向が多数派影響より強いといえます。

　これらの結果を基に，モスコヴィッチは，少数派による影響は多数派による

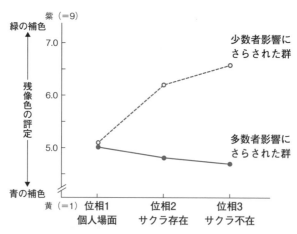

図2.10　**多数派影響と少数派影響による残像色の変化**（Moscovici & Personnaz, 1980）

影響とは質的に異なると主張しました。具体的には，多数派による影響が内的な変化を伴わないうわべだけの同調を引き起こすことが多いのに対し，少数派は，他のメンバーたち（多数派）の心の中に葛藤を引き起こし，表面的な態度は変わらなくても，内的な態度は変わりやすいという主張です。また，多数派影響は収束的思考（提示された選択肢が適当かどうかという「その選択肢」に思考が集中すること）を導き，少数派影響は拡散的思考（提示された選択肢以外の選択肢にも考えが及ぶこと）を導きやすいので，アイディアが広がるといわれています。

　この主張を支持する実験結果もあります。マースとクラーク（Maass & Clark, 1983）は，同性愛者（ホモ・セクシャル）に対する意見という課題を用いて，少数派の影響の質を実験的に検討しました。この実験に参加したのは，事前調査で同性愛者に対して特に好意的でも非好意的でもないことが確認された女子学生たちでした。議題の方向による影響を防ぐため，半数の参加者は少数派が同性愛者の権利を認め多数派が認めないという立場をとっている状況について，残りの半数の参加者たちは少数派が同性愛者の権利を認めず多数派が認めているという立場をとっている状況について，女子学生 5 人のディスカッションの要約を読みました。その後参加者自身の意見を求められたのですが，その際の尋ね方を 2 種類設定しました。公的反応条件では，「今度あなたもディスカッションに加わってもらうので，あらかじめあなたの意見をこの集団に知らせておきたいから」と，同性愛者の権利に関する質問の書かれた紙を渡しました。私的反応条件では，同じ質問の書かれた紙を渡すのですが，匿名で意見がほしいと説明しました。そして，影響の種類と反応条件によって，同性愛者に対する意見がどのように異なるのかを検討したのです。

　すると，予測どおり，影響の種類と反応の交互作用効果[2]がみられました

---

[2] 交互作用効果とは，「2 要因以上の実験計画において，ある要因が従属変数に及ぼす影響の大きさや方向が別の要因の水準によって異なること」を指します。このケースでは，公的反応タイプよりも私的反応タイプのほうが賛成を表明するとか私的反応タイプよりも公的反応タイプのほうが賛成を表明するとかいう一貫した傾向はみられず，賛成しているのが多数派なのか少数派なのかによって私的と公的どちらのタイプでより賛成するかが異なりました。このように，多数派影響か少数派影

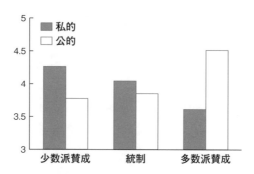

図 2.11　**実験後の態度得点の平均**（Maass & Clark, 1983，実験 1 より作成）
得点が高いほど同性愛者の権利に賛成であることを示します。

（図 2.11）。つまり，多数派が同性愛者の権利に賛同している条件では，私的
反応条件よりも公的反応条件で，参加者たちは同性愛者の権利により好意的で
した。一方，少数派が同性愛者の権利に賛同している条件では，公的反応条件
よりも私的反応条件で，参加者たちは同性愛者の権利により好意的でした。ま
た，私的反応条件同士を比べても，多数派が賛成している場合よりも少数派が
賛成している場合に，参加者たちは同性愛者の権利により好意的でした。この
実験結果は，少数派の意見によって，表面的には態度は変わらなくても内的な
態度が変わりやすいというモスコヴィッチの主張と一貫したものです。

　このように，少数派であっても一貫して説得的に主張すれば，多数派の判断
や行動に影響を与えることができることが明らかにされました。モスコヴィッ
チは，少数派の影響によるこの内的な態度変化を**転換**（conversion）と呼び，
少数派影響に特有であると主張しました。ただ，多数派からの影響によって内
面的な変化が起こることもまた，頻繁かどうかはともかく，ないわけではあり
ません。そのため，ラタネらは多数派と少数派の影響には質的な違いはなく，
量の問題だと主張しています。そして，影響源の強さ・数・距離によって影響
の受け方が異なるという社会的インパクト説を唱えています。

　その後行われた実験によると，内的な態度変化が少数派影響に特有であると

響かという別の要因の水準によって反応タイプが及ぼす影響の方向が異なるため，
「交互作用効果がある」と表現します。

いう説は一般的ではありません。その代わり，多数派は規範的影響を引き起こしやすいのに対して，少数派は情報的影響を引き起こしやすいと理解されています。

2.5.3　多数派と少数派の相互影響

　多数派と少数派の影響が量的な違いしかないのなら，結局は多数派の意見が徐々に広がっていき，世の中は長い時間をかけて同質化するのではないかと思われますが，現実にはさまざまな意見を持つ人が今でも存在しています。

　なぜ多数派に飲み込まれずに少数派が残るのでしょうか。このことに関し，興味深いシミュレーションが行われています。独立した判断ができる「エージェント」をネットワークのノード（人のいる位置を指す）に配置し，エージェント間の相互作用によって起こるエージェントの判断の変化を時系列的に追うコンピューター・シミュレーションにより，仮想的ではありますが，社会全体の変化が検討されています。

　このような研究の先駆けとなったラタネら（Latané & L'Herrou, 1996; Nowak et al., 1990）は，意見が黒または白しか存在しない状況で，周囲にいる複数エージェントのうち多数派が別の意見を持つ場合には，当該エージェントは意見を多数派の方向に変化させるという多数派追随的な特性をみんなが持つことを仮定して，社会全体の意見がどのように変化するかをシミュレートしました。その結果，多数派が増える一方で，少数派も淘汰されるわけではなく，多くの場合周辺部に固まって残存することを繰返し見出しています（図 2.12）。さらに，直接の周辺以外のやや離れたところからの影響（弱い紐帯；第 7 章参照）や，社会全体の意見の影響を仮定した条件下であっても，基本的に同じことが起こっています（志村ら，2005）。

　現実世界で，世論についてこの多数派と少数派のダイナミズムを扱ったものが，**沈黙の螺旋理論**です（Noelle-Neumann, 1993 池田・安野訳 2013）。政治にまったく関心がない方でも，人前で人種差別的な発言をしてしまったときに受ける反感は想像できるでしょう。エコではない発言が「受けない」こともわかりますし，首相の人気が落ちていることも感じることができます。これら社会

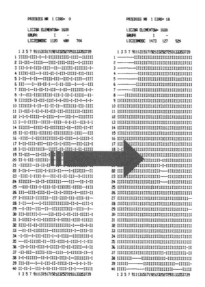

図 2.12　ノウォークらのシミュレーション実験の結果（Nowak et al., 1990）
それぞれが2種類の意見のどちらかを持つ「社会」（40人×40人）を設定しました。それぞれの意見は，本人からの距離の2乗の逆数として他の人たちに影響を与えるとしたときに，ランダムに意見を配置した初期状態（左）から，社会的影響を受けて意見が変化し収束するまで（右）をシミュレートしました。図は，ランダムに初期状態を作って何度も行われたもののうちの一つです。

全体の動向を世論と呼ぶわけですが，私たちが世論を認識できるのは社会が今どのような状態でこれからどの方向に動くかを人々が気にかけていて，その社会の変化に世論が影響すると考えているからです。ノエル=ノイマンは，世論についても多数派と認識した人たちは積極的に発言し，少数派だと認識した人たちは消極的になり沈黙していくという関係があることを指摘しています。

コラム 2.3 傍観者効果

　もし，人が大勢いるところで犯罪や事故に巻き込まれたとすると，私たちはどうなるのでしょうか。たくさん人がいるので助けてもらいやすいのでしょうか，それともそうでもないのでしょうか。ここで，援助行動における社会的影響（**傍観者効果**）について考えてみましょう。

　援助行動（他の人の利益になるように自発的に行われる行動）についての研究が盛り上がるきっかけとなった事件があります。1964 年のある夜，キティ・ジェノヴィーズという若い女性が，ニューヨークにある自宅アパートの前で暴漢に刺殺された事件がありました。後の調査で判明したのですが，暴漢は数回にわたって彼女を襲っており，彼女が最終的に殺されてしまうまでに 40 分以上かかっていました。また，38 人もの近隣の住人たちが彼女の悲鳴を聞き，窓辺などから目撃していたにもかかわらず，誰一人として助けに外に出ず，警察への通報さえ暴行が開始されてから 30 分以上たった後だったそうです。当時のマスメディアは，大都市の住人たちは他者に無関心で冷淡だとしきりに論じました。しかし，これは本当にそういう問題なのでしょうか。

　ラタネとダーリー（Latané & Darley, 1970 竹村・杉崎訳 1977）は，都会人の性格や都市生活の特殊事情よりもむしろ，「他の人々の存在」という状況的要因が，援助を妨げた大きな原因ではないかと考えました。緊急事態での援助行動は図 2.13 に示

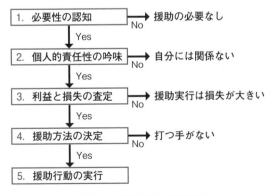

図 2.13　援助行動の生起過程

したような意思決定の流れのもとに行われますが，彼らは，多数の他者がいることが，それぞれの段階で援助行動を抑制する方向に働くことを指摘しました。

以下，それぞれの段階について説明していきます。

1. 必要性の認知

周囲の人々の行動はその事態を解釈するためのモデルとなります。倒れている人の傍らを他の人々が黙って通り過ぎているのを見れば，それが緊急事態だとは判断せず，酔っぱらいが寝ているだけなどと考えるでしょう。

2. 個人的責任性の吟味

他の傍観者の存在は責任の拡散をもたらします。その場に1人しかいなければ，その人には救急車を呼ぶなどの対応をとる責任が生じます。でも，他の人々もいれば，そのうちの誰かが救急車を呼ぶだろう（あるいはすでに呼んでいるだろう）と考えるため，責任感は薄れてしまいます（責任の分散）。

3. 利益と損失の査定

周囲の人々は傍観者であると同時に観衆でもあります。援助しようと一度決心したとしても，周囲の人々の目を意識してしまうと評価懸念（どのように他の人に評価されるか心配すること）が起こり，援助することをためらう可能性があります。たとえば，酔っぱらいを病人と間違えてかいがいしく介助したら，周りの人たちから勘違いを笑われる心配があるでしょう。

4. 援助方法の決定

援助すると決めた場合，どのような形で援助するかを決める必要があります。駅で倒れている人物に対して自分が直接介抱することもできますが，そのための技術がないと判断すれば，駅員を呼びに行くという方法もあります。

5. 援助行動の実行

ラタネとダーリーは，さまざまな緊急事態での人々の対応を，同じ事態を経験する人の数を変えて実験的に検討しました。そのうちの一つでは，アンケート回答中に煙が部屋に立ち込めるという，潜在的に危険な状況での対応をみました。実験参加者が，1人きりで，2人の消極的なサクラ（煙について知らんぷりする）と一緒に，または3人グループで，小部屋で心理学のアンケートに回答していると，部屋に煙

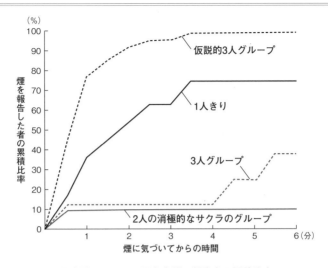

図 2.14　煙実験における，緊急事態の報告者の累積比率
(Latané & Darley, 1970 竹村・杉崎訳 1977 を一部改変)

仮説的３人グループの報告率の計算方法は，たとえば，１人ならば 70％が報告したとすると，３人グループなら，誰か１人が報告に出ればグループとして報告したことになるので，グループで誰も報告しない確率は，$(1-0.7)\times(1-0.7)\times(1-0.7)=0.3^3=0.027$ (2.7％) となります。だから，誰かが報告する確率は 0.973 (97.3％) とかなり高くなるのです。

がもくもくと立ち込めます。このとき，実験参加者が廊下にいる実験者に煙を報告しに出てくるまでの時間を測定しました（図 2.14）。３人グループでは，１人きりのときと比べ，報告率も低く，報告までに時間もかかっていることが，明確にみてとれます。この図にある「仮説的３人グループ」とは，１人きりの場合と同じ行動を３人グループの各人がとったと仮定して算出した３人グループの報告率ですが，３人グループの実際の報告率よりもかけ離れて高くなっています。この差は，対策行動をとらない他者がそばにいることで，緊急時の対応は遅れるまたは減少することを意味しています。つまり，緊急事態だと判断する段階（図 2.13 での１番上）や自分に助ける責任があるかどうか判断する段階（同２番目）に，同じ状況に置かれた傍観者（bystander）の数が影響することを示しているのです。

　もう一つ同じ本から，学生を集団討論に参加させ，その討論中に参加者の一人がてんかん発作を起こすという緊急事態を用いた実験を紹介しておきましょう。大学

生活に関連する問題について話し合うという名目で学生たちが集められました。彼らは，互いに個人的な問題を話しやすいように匿名性を保つためという名目で，1人ずつ別々に集められ，各自が個室に入り，マイクとインターフォンを使って順番に発言する状況に置かれました。話し合いの途中で，ある参加者が発言中に突然てんかん発作で苦しみ出し，助けを求める声がインターフォンから流れますが，発言の持ち時間が終わってマイクが切れてしまいます。

このとき，実験参加者が廊下にいる実験者にこの緊急事態を知らせるまでの時間を測定しました。真の実験参加者以外の参加者は実際には存在せず，発作をはじめ発言はすべてテープにあらかじめ録音されたものでした。しかし，参加者は自分以外の参加者も実在していると信じており，その参加者の人数が操作されていました。知っているのは自分だけだと思っている場合，3分以内に全員が報告しましたが，知っているのは自分だけではないと思っている場合には，報告までに時間がかかりました。最終的な報告率も低く，4人の集団では6割強の報告率でした。

この実験では，他の傍観者がどのように考えどのように対応したのかがわからない状態を扱っています。そのため，傍観者がいるだけで援助する責任の分散が起こることを示したものといえます（図2.13の2番目にあたります）。

┌ **理解度テスト** ─────────────────────────

1. 以下の文を読み，内容が正しいと思うものには○，正しくないと思うものには×を記してください。また，×の場合はどこがどのように違うのかも答えてください。

(1) 集団凝集性の高い集団は批判的意見も言い合えるので同調は少ない。

(2) 難しい課題よりも，簡単な課題で同調は起こりやすい。

(3) 集団サイズが大きいほど同調は起こりやすい。

(4) 少数派が多数派に影響を与えることはできない。

2. 以下のそれぞれについて，情報的影響というよりも，規範的影響による同調を記述しているものをいくつでも選んでください。

(ア) 良い内容の口コミがたくさん並んでいる商品を，通信販売で買う。

(イ) 震災後，被災地以外の地域であったが，停電に備えてインスタント食品や懐中電灯用の乾電池などを買い増す。

(ウ) 友だちグループがあるアイドルグループの話で盛り上がっているので，話に入るためにあまり興味がないそのグループの曲やグッズを買う。

(エ) そのほうがスタイルが良く見えるという友だちの話に納得し，その子たちと同じようにスカート丈を短くする。

(オ) 自分がいじめられるのが嫌なので，他の人たちと同じように，好きでも嫌いでもない子を無視する。

【解答】

1.

(1)		(2)		(3)		(4)	

2.

（正解は巻末にあります。）

集団での意思決定

　日常生活においては，私たちはいつも一人で行動するわけではなく，集団のみんなで力を合わせて何かを成し遂げる機会も多々あります。第2章では力を合わせて行う作業や仕事を取り上げましたが，作業以外にも集団で成し遂げるべき重要な事柄があります。それは，意思決定です。

　ホワイトカラーの仕事時間の大半は，会議・交渉・打合せに費やされているといわれることがあります。また，集団の重要な事柄を決めるときには，何らかの形で集団が使われることが多いものです。たとえば，日本の政策の重要な部分は国会で決まりますし，社会的に重要な事柄は委員会や運営会などで決まります。このように私たちは何か大切なことを決めるときに集団で話し合いを行うことが多いですが，果たしてそれは合理的なのでしょうか。

　本章では，集団での意思決定の長所と短所についてみていきたいと思います。さまざまな考え方や背景を持つ人々の意思が1つにまとめられていく，相互作用のメカニズムについて学んでいきましょう。

3.1　集団意思決定とは

　集団のメンバーが直接意見を交換し合って影響し合うという過程を経て，集団として1つの判断を下すことを，**集団意思決定**（group decision making）といいます。話し合いを省略して，投票のみによって決定することは**集合的決定**（collective decision making）と呼ばれ，これとは区別されます。

　この章では，集団で行う主な作業の一つ，集団での意思決定についてみていきます。集団意思決定という課題は，集団がこの課題を達成できるかどうかはその集団のベストメンバーにかかっているため，**表1.2** の課題タイプでいえば基本的に非接合型に該当します。

3.2　なぜ私たちは集団で話し合って決めようとするのか

　私たちはなぜ話し合って物事を決めるのが好きなのでしょうか。その理由の一つは，「三人寄れば文殊の知恵」ということわざが端的に示すように，一人で考えるよりもみんなの頭を寄せ合って考えたほうが優れた解決策が見つかると信じられているからでしょう。ここでいう「優れた」とは，集団のほうが個人よりも適切な判断ができることのみならず，文殊菩薩の知恵のように普通の人間では思いつかない優れた考えが，人々の話し合いの中から新たに生まれるはずだという信念を含んでいます。

　この直感は果たして正しいのでしょうか。たとえば，国家統治にあたっては，国会や内閣や各種委員会に頼らなくても，王様あるいは独裁者に国のかじ取りをすべて任せることも可能なはずです。その王様なり独裁者なりが能力と善意を合わせ持ってさえいれば，そのほうが他の人々は会議以外の生産活動に時間とエネルギーを割くことができるので，能率が良いと考えられます。また，事件の容疑者への刑罰について決めるのに，陪審員たちをわざわざ集めて集団で決めるのではなく，知識のある裁判官がよく調べて決めるというやり方もとれます。裁判官は法律の専門家ですから，豊富な判例の知識を持っています。法律の素人である陪審員が法律を学びながら判断するよりも，ずっと能率が良いように感じられます。

　それなのに，会議や話し合いを使って重要な物事を決めるというやり方が現実には好まれています。その理由として，話し合って決めたほうが，①より的確な判断ができる，②創造的な問題解決が可能になる，③民意を反映した民主的な決定ができる，が挙げられます。

　これらの理由は理にかなったものなのでしょうか。この章では，集団での意

思決定の長所と短所についてみていきましょう。その際，話し合いの対象を正解が存在するケースと正解が存在しないケースに分けて考えたいと思います。

3.2.1 正解の存在する問題の解決

「集団のほうがより的確な判断を下せるか否か」を知りたい場合，集団での問題解決と単独での問題解決を比べるというのがもっとも手っ取り早い方法だと考えられます。実際に，このような比較を行った研究はかなり古くから行われています。

ショウ（Shaw, 1932）は，正解の存在するパズル課題を 1 人で解かせる個人条件と 4 人集団で解かせる集団条件とを比較しました。すると，集団条件のほうが時間は長くかかりましたが，最終的な正答率は個人条件よりも高いことが明らかになりました。集団のほうで正答率がより高いのは，導き出された答えの確認に時間をかけていて，誤答ではないかメンバーたちが相互にチェックするためでした。この後，多様な課題を使って個人と集団とで課題達成の比較が行われましたが，一貫して集団は個人に比べて平均的に優れた成績を示しています。

ただし，課題を解くために必要とされた時間（延べ時間）という意味で，集団は優れているとは言いかねます。なぜなら，集団での意思決定には多くの資源がつぎ込まれているからです。そのため，集団が個人よりも本当に効率的だとみなせるかどうかには，議論の余地が残ります。集団での話し合いの過程で，個人の単なる合計以上のものが生まれるかどうかを調べるべきでしょう。

そこで，集団が機械的な集約のみを行う（つまり，メンバー同士が相互に影響をまったく与え合わない）と仮定したとき，集団の成績がどのようになるかを計算してみましょう（コラム 2.3 の「仮説的 3 人グループ」と同様の考え方です）。つまり，集団メンバーのうち少なくとも 1 人が問題を正しく解けていれば，その集団はその解答を集団の解答として採用し，正解を出すことができますが，正解を出せるメンバーが集団内にいない場合には，その集団は正解を出すことができないということになります。ここで個人としての正解率を p，集団サイズを n と置くと，予測される集団の正解確率 P は以下の式で表すこ

とができます。

$$P = 1 - (1-p)^n$$

　上のモデルでは，集団での話し合いの場において新たな解決法が生まれることをまったく想定していません。まるで3歳児の「並行遊び」のように，メンバーたちは他のメンバーと相互作用することなしにばらばらに課題を解き，集団はメンバーたちの解答のうち最良のもの見分けて機械的に拾い上げるだけです。もし集団での話し合いの中で新たな知恵が生まれて集団の答えとして選ばれるのならば，集団による実際の正解率はこのモデルの予測Pを上回るはずです。

　この基準を用いて先に紹介したショウをはじめとする先行研究を見直すと，どのようになるでしょうか。実際のところ，文殊の知恵的な働きが集団にまったくないと考えたときの正解率の予測値Pと集団条件での実際の正解率とを比べた結果，「文殊の知恵」説はまったく成立していませんでした（亀田，1997）。ショウをはじめとするさまざまな問題解決実験では，集団の遂行は基準モデルの予測値Pを上回っていないばかりか，多くの場合，統計的に有意にこれを下回っていたのです。つまり，個人の問題解決でみられない解決法が集団の話し合いの中で新たに生まれることはほとんどない[1]どころか，集団で考えさせると，集団の決定は平均的なメンバーのものよりは優れてはいるものの，一番できるメンバーの水準に到達することはまれでした。このパターンはさまざまな課題，集団を用いて確認されています。

　スタッソンらは，正解がある問題について，どのようにメンバーの意見が集約されるかを検討しました（Stasson et al., 1991）。この実験では，5人のメンバーが問題をまず個人で解き，それから集団で話し合い集団としての解答を出させました。すると，話し合い前の個人での検討段階で5人中何人が正解に到達していたかによって，集団の正答率が異なっていたのです。

　この結果をまとめたものが表3.1なのですが，表の左側，「初期パターン」

---

[1] 実験で使われたものは比較的単純な問題解決が多いので，「少なくとも単純な問題解決では起こりにくい」と表現したほうが正確かもしれません。

表 3.1　集団での問題解決における集約過程（正答がある場合）
（Stasson et al., 1991 より作成）

初期パターン	集団の解答		観察頻度
（正答者数, 不正解者数）	正答率	誤答率	
(5, 0)	1.00	0.00	8
(4, 1)	1.00	0.00	14
(3, 2)	0.96	0.04	36
(2, 3)	0.92	0.08	37
(1, 4)	0.73	0.27	33
(0, 5)	0.08	0.92	12

でたとえば（4, 1）とあれば，それは事前に 1 人で考えたときに正解にたどり着いたメンバーが 4 人，たどり着かなかったメンバーが 1 人からなる集団であることを意味します。こうした（5, 0）から（0, 5）までの 6 通りの初期パターンを持つ集団が，話し合いにより正答をどのくらいの率で出せたかをまとめたわけです。「観察頻度」は，観察の対象となった（つまり実験に参加した）集団の数を意味します。したがって，表 3.1 の実験には計 130 の集団（メンバーは 5 人ずつ）が参加していることがわかります。

　1 人では誰も考えもつかなかった正答が集団での話し合いから創発することを意味する「文殊の知恵」説が正しければ，初期パターンが正答者なしの（0, 5）であっても正答に達する集団がそれなりに出るはずです。けれども，実際にはこうした初期パターンを持つ 12 集団のうち（初期パターンが（0, 5），つまり，5 人全員が事前に 1 人で考えたときには正解できなかった集団を指しています），正解を出すことができたのはたった 1 集団のみでした。また，先の基準モデルによれば，集団内に個人的に正答に到達できたメンバーが 1 人でもいれば，その集団は100％の確率で正答を出すはずですが，初期正答者 1 人，誤答者 4 人という（1, 4）の集団における正答率は 0.73，つまり 73％にすぎませんでした。

　他の研究でも，集団の結果は，個人の平均よりは良いけれども集団内のベストメンバーには届かないことが実証されています（Laughlin et al., 1995）。こ

ちらの実験では，正解者がいても18％のチームは誤答しており，正解者がい
ないチームが正解に到達する確率はたった1.6％でした。

3.2.2　ブレーンストーミングの効果

　「正解」というほどはっきりした正解はありませんが，多様なアイディアを
出したいときに使うブレーンストーミングについても似たような結果が得られ
ています。集団で話し合って考えると，互いの意見が良い知的刺激となってよ
り創造的なアイディアが生まれやすいという説から，許容的な雰囲気の中で自
由に討論するブレーンストーミング（brainstorming）という手法が提唱され
ており，その効果を検討した研究があります。

　たとえば，テイラーらは，「ヨーロッパからの観光客をアメリカにもっと来
させるためにはどうしたらよいか」「生徒数増加による教員不足を解決するた
めにはどうしたらよいか」のような創造的な課題を用いて個人と集団を比較し
ています（Taylor et al., 1958）。その結果，5人が個別に考える条件のほうが，
5人集団で話し合う条件よりも，アイディアの総数においても独創的なアイ
ディアの数においても勝っていました（図3.1）。また，既存の会社で研究職
と営業職の双方のチームにブレーンストーミングをさせた研究においても，ア
イディアの総数も質（これは別のメンバーに評価してもらいました）も個人条
件のほうが優れていました。これらの実験での個人条件は，集団条件と同じ数

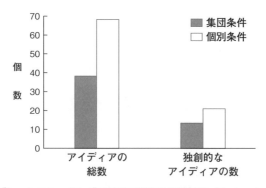

図3.1　ブレーンストーミングの効果に関する実験結果（Taylor et al., 1958）

の参加者を機械的にグルーピングして計算し，挙げられたアイディアの合計（重複した場合にはもちろん1と数えます）を指標に使っています。

　以上をまとめますと，「集団での成績は個人の成績よりも平均的に優れてはいるが，優秀な個人ほどではない」となります。集団での話し合いにおいても，集団での作業と同じように（第1章参照），集団に期待される効率水準と実際の遂行の間に差がみられました。また，ブレーンストーミングの効果は参加者数が増えるほど落ちるという指摘もあります。

3.2.3　集団での効率低下の原因

　では，このような集団での効率低下はなぜ起こるのでしょうか。簡単にまとめると，集団での作業や話し合いの過程で各メンバーが本来備えているさまざまな資質が十分に生かされないから，となりますが，以下の4つに分けて記しておきたいと思います。なお，この4つのうちどれが強く影響するかは課題の種類によります。

　第1の原因は，他者の貢献をあてにして自分は意図的に手を抜く，フリー・ライディング（free-riding）が生じやすいことです。言い換えれば，共同作業の際に挙げた社会的手抜き（第1章参照）が，集団による問題解決でも起こるということです。

　第2の原因は，自分の意見が他のメンバーたちにどのように評価されるかを心配する**評価懸念**です。いくら許容的な雰囲気を確保したとしても，発言するということは他のメンバーたちから評価されることにつながります。否定的な評価を恐れていれば発言しにくくなり，その結果として，創造的な議論が阻害されることは想像に難くありません。

　第3の原因は，**正解の論証可能性**です。つまり，正解が証明しやすい場合は正解にたどり着いた者がいれば集団もその正解を受け入れるでしょう。一方，正解が証明しにくい場合には，正解にたどり着いた者がいてもそれが正解であることを他のメンバーにうまく説明することができず，集団としては誤答することになりかねません。

　ここで2つの問題を比較して説明します。表3.2のaの場合，正解を見出し

表 3.2　論証可能性が高い問題（川渡り問題）と低い問題（馬取引問題）

---

a. 川渡り問題

川の一方に宣教師３人と人食い人種３人がいる。全員が対岸に渡りたいのだが，川には２人乗りのボートが１艘しかない。この状況で，６人全員が対岸に渡る方法を考えてください。

　　ただし，以下の条件に注意してください。

- ボートには漕ぎ手が必ず必要。
- 川のどちら側でも人食い人種の数が宣教師の数よりも多いと，人食い人種は宣教師を食べてしまう。

b. 馬取引問題

ある男性が，１頭の馬を 60 ドルで購入し，70 ドルで売った。それから，その男性はその馬を 80 ドルで買い戻し，それを今度は 90 ドルで売った。結局，この男性は，馬の売買でいくら儲けたでしょうか。

たメンバーは図に書きながら，あるいは鉛筆とペンを宣教師と人食い人種に見立てて実演しながら，どのようにして６人全員が安全に対岸に渡ることができるかをわかりやすく説明することができます。きっと，正解を思いつかなかったメンバーも納得しやすいでしょう。一方，抽象的な b では，個人として正解を出したメンバーがいても集団として正解が出せないことがしばしばあることが指摘されています。20 ドル儲かると正解がわかったメンバーがいたとしても，「最初の取引で 10 ドル儲け，買い戻したときに 10 ドル損をし，最後の取引で 10 ドル儲けた。だから最終的な儲けは 10 ドルだ」と主張するメンバーを納得させるのは難しいからです。このような意味で，b のほうが論証可能性が低い，もっと端的に言えば正解であることがわかりにくいといえます。

　第 4 に，最大の原因であるメンバー間での行為の**相互調整のロス**が挙げられます。これも共同作業の話で挙げた相互調整のロス（第 1 章参照）と基本的に同じ構造ですが，異なる部分もあります。

　たとえば，あなたが，話し合いの最中にちょっと良いアイディアを思いついたとしましょう。話し合いの進行中にそのアイディアを他のメンバーに伝えられるでしょうか。多くの場合話が続いていますから，区切りがつくタイミングを待っているうちに話題はさらに移っていってしまって発言し損ねたり，他の人たちの意見を聞いているうちに考えていたことを忘れてしまったりという経験はありませんか。他のメンバーの発言を聞くことにより，各人の思考が中

断・停止するために起こると考えられるこの現象は，**発話のブロッキング**と呼ばれ，集団での話し合いの生産性が落ちるもっとも重要な原因だといわれています（Diehl & Strobe, 1987）。集団での話し合いでは2人以上のメンバーが同時に発言することができないため，このようにメンバーが自分の考えを適切なタイミングで話せないことから来る問題が頻繁に生じます。

　この良い考えを持ったメンバーが発言するタイミングをどのように調整するかという問題は，集団での話し合いの成果に大きく影響します。しかし，集団が意思決定する際の発言時間を分析した研究によれば，発言の機会は正解にたどり着くことができる能力に関わりなく，参加メンバーに平等に与えられる傾向があります（Restle & Davis, 1962）。

3.2.4　電子ブレーンストーミング

　では，話し合いの際の調整のロスを改善することはできないのでしょうか。一つの解決法として，**電子ブレーンストーミング**が挙げられます。ギャループらの実験（Gallupe et al., 1991）では，参加者たちを「親指がもう1本あったらどのようなメリットと問題点があるか」のような課題について，1人で考える相互作用なし条件，または4人集団で相互作用しながら考える条件のどちらかに割り振りました。また，手法が電子的かそうでないかも操作しており，電子ブレーンストーミング条件の相互作用なし条件では個人のPC端末に考えを打ち込ませるのですが，相互作用あり条件では，各人が自分のPCから自分のアイディアを入力し，かつ自分の好きなタイミングで他の人たちが入力したアイディアを読みに行ってコメントをさせました。一方，従来のブレーンストーミング条件では，相互作用なし条件では個人の考えを紙に書かせ，相互作用あり条件では対面でやりとりをさせました。そして，4人集団で産出されたアイディアの数や課題達成の満足度や自信などを尋ねました。その結果，電子ブレーンストーミングを使うと，従来の対面ブレーンストーミングを使った場合よりも効率が良いことがわかりました。アイディアの総数が上なのです（図3.2）。これに加えて，産出されたアイディアの総数には差はなかったのですが，相互作用あり条件のほうがなし条件よりも全体的に満足度が高いので，相互作

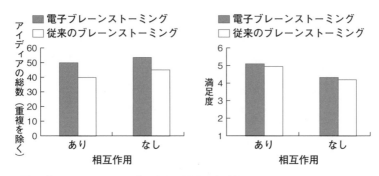

図 3.2　**電子ブレーンストーミングの効果に関する実験結果**（Gallupe et al., 1991 より作図）

用させないよりもさせたほうが効果的だと結論づけられています。

3.3　プロセスの損失をどのように考えるか

　これまで説明してきたように，実際の集団における問題解決の効率は，個人の総合というレベルをなかなか超えられません。では，このようにプロセスの損失があることを，私たちはどのように考えたらよいのでしょうか。

　この問題を考えるにあたって有用なヒントとして，亀田（1997）は，大型船の航行チームを集団での協調行動に焦点をあてて観察した，人類学者ハッチンズ（Hutchins, E.）の研究を挙げています。ハッチンズはまず，大型船の航行チームには，船の方位を測る測定係，測定時刻を記録する測時記録係，海図上に船の位置を記録する作図係など，社会的な分業体制が敷かれていることを報告しています。

　集団における「完全な分業体制」とは，メンバーがそれぞれの責任領域に全エネルギーを注ぐというやり方です。これは，効率という意味では最高である一方，1 人のメンバーの 1 つのミスも許されないという意味で，きわめて危険な体制だともいえます。興味深いことに，航行チームのメンバーは自分の職務範囲と近いが正確には範囲ではない他のメンバーの領域に頻繁に介入することで，問題が起こることを未然に防いでいたといいます。このような，バックアップを含んだ「ゆるやかな分業」は，効率こそ最高にはなりませんが，何か

ミスが起こったときにうまく対応できるという意味で機能的です。こうした
ハッチンズの観察と，「集団による問題解決はメンバーの平均遂行を上回るも
のの最良メンバーの遂行水準には及ばない」という知見とは，通じるものがあ
るように感じられます。

　もう一度表3.1を見てください。集団の初期パターンが（1, 4）の場合の正
答率は0.73ですが，2人以上の初期正答者がいる（2, 3），（3, 2），（4, 1），（5,
0）での正答率は大きく1に近づいています。つまり，集団での問題解決では，
1人の有能な個人の判断に即座に従うのではなく，少なくとも2人以上の正答
者がいる場合に限り集団はその解答を「正答」として採用するというルールが
あるようです。このような「2人以上の合意があったときに認める」という決
め方は，大型船の航行チームのシステム同様，最高の効率こそ犠牲にしますが，
大きなエラーを犯すことに対する安全装置として働きます。効率低下よりも，
致命的なエラーを1回でも犯してしまうことのほうがよほど，私たちにとって
恐ろしいことだと考えられます。このような意味で，集団の非効率とみえるも
のの一部は，長い目でみると非効率とばかり言い切れないのではないでしょう
か。

　以上より，「集団での意思決定は，効率では個人に劣るが，過ちを犯しにく
いという重要な長所がある」とまとめることができるでしょう。

3.4　正解の存在しない問題の場合

　私たちが答えを出す課題には正解があることもありますが，それよりも，何
が正しい答えなのかが判断できない課題のほうが多いものです。たとえば，陪
審員制度を取り入れることが正しいのか，消費税率を上げることが正しいのか
などは，少なくともその時点では判断が難しいですよね。その上，同じような
社会状況のもとで他の選択肢を採用した場合の結末と比較することはかないま
せんから，多くの場合判断後しばらく経っても正解を知ることはできないもの
です。

　本節では，このような正解が存在しない種類の問題解決について，集団での

表 3.3　集団での問題解決における集約過程（正答がない場合）
（Kameda, 1991 より作成）

| 初期パターン | 集団の決定 | | | 観察頻度 |
(有責, 無責)	有責	未決	無責	
(6, 0)				0
(5, 1)	1.00	0.00	0.00	3
(4, 2)	0.63	0.25	0.13	8
(3, 3)	0.20	0.20	0.60	5
(2, 4)	0.00	0.00	1.00	11
(1, 5)	0.00	0.00	1.00	10
(0, 6)	0.00	0.00	1.00	3

決定がそのメンバーが個々人で下す決定とどのように違っているかをみていきましょう。

3.4.1　意見の比率

　亀田（Kameda, 1991）は，初期の個人意見によって集団での結論がどう違ってくるかについて，模擬陪審員場面を使って実験を行いました。表3.3 がその結果ですが，正解の存在しない問題については，集団で話し合わせると一般的に多数決が好まれます。正解がある問題を扱った表3.1 と比べて，表3.3 では多数派の方向に集団の結論が決まっていることが見てとれます。

3.4.2　意見の強さの程度──集団極性化

　次に，賛成か反対かのように 2 つの選択肢から選ぶような意思決定ではなく，もっと選択肢がたくさんある問題についてみてみましょう。
　以下のような状況を想像してみてください。あなたの友人に，ほどほどの給料を得ているある大企業の電気技師がいたとします。その人にベンチャー企業から声がかかりました。彼から「今の仕事を続けたほうがよいか，それとも，将来の保証はないが，かなりの高給が見込める新しい仕事に転職したほうがよいか迷っている」という相談を受けたら，あなたなら，どの程度の成功の見込みがあれば転職をすすめるでしょうか。

　また，あなたの親戚の一人が，重い心臓病を患っていたとします。このままでは普通の生活はできませんが，完治するための手術は難しく，成功すればよいのですが，失敗すれば命に関わります。その人は，その手術を受けるかどうかで迷っているとあなたに相談してきました。あなたなら，どの程度の成功の見込みがあれば手術をすすめますか。

　ワラックら（Wallach et al., 1962）は，この2つを含む多様な状況について，個人の決定と集団での決定とを比べました。そして，集団の意見決定は個人の意見決定よりもリスクを含む内容になる，つまり，より危険な決定をするという現象を示しました（リスキー・シフト（risky shift））。この実験について，もう少し詳しく説明しましょう。

　ワラックらはまず，先ほど挙げた転職や手術のようなジレンマを含む12の状況について，実験参加者たち個人の意見を書かせました。具体的には，ある人物が2つの選択肢のうちどちらを選んだらよいか迷っていて，選択肢のうち一方が他方よりも成功する確率が少ないという意味ではリスキーですが，それと同時に成功したときの利益が大きいという状況が描かれていました。参加者たちは，それぞれの物語の人物に，成功する確率がどのくらい以上ならばその選択肢を選ぶようアドバイスするかを尋ねられました。次に，同じ状況について，互いに面識のない同性の6人集団で話し合い，全員一致の結論を出すようにと指示されました。そして，話し合いの終了後，参加者たちは個人的な意見をもう一度個別に尋ねられました。つまり，12の状況について成功率がどのくらいあればリスキーな選択肢をすすめるのかをもう一度答えたのです。

　その結果，集団で出された結論はメンバーたちの事前の判断の平均よりもリスキーな方向に偏る傾向がありました。手術の例では，個人では成功率50％ならばすすめるとしていたのが，集団では成功率40％ならばすすめるという結論を出したのです。この傾向は男性集団にも女性集団にも共通してみられました。さらに，各メンバーたちの話し合い前後の個人意見を比べたところ，話し合い後のほうが話し合い前よりも個人の意見がリスキーな方向に動く傾向もまた認められました。つまり，集団での話し合いを経ると，集団の結論のみならずメンバーたちの考えまでもがリスキーな方向に動いたのです。

　一方，ワラックらの実験のうちある状況については，実は，個人決定の平均よりも集団決定のほうがむしろ慎重な方向に動いていました。具体的には，「ある婚約したカップルが，最近意見の根深い食い違いに気づき，このまま結婚するかどうか迷っている。ちなみに，結婚カウンセラーは，幸せな結婚は可能ではあるが保証できないと言っている」というような内容でした。この状況の特徴は，この状況についてのみ参加者たちが程度の差はあれ元々慎重な意見を持っていた点でした。それが，集団で話し合われるうちに，より慎重な結論に達していたのです。これに加え，他の状況に関しても，たまたま慎重な考えを持つメンバーたちからなる集団では，集団での話し合い後より慎重な集団での結論を導き出すこともわかりました。

　以上をまとめると，集団で話し合って下した結論は，それぞれのメンバーの平均的な意見・判断・行動傾向よりも極端なものにまとまる傾向があるといえます。この現象は，**集団極性化**（集団分極化；group polarization）と呼ばれ，リスクを含む話題に限らず，たとえば首相の人物評価やある社会制度への態度など，さまざまな話題について生じ得る一般的な現象であることがその後確認されています。

　このように課題の正解が明らかではない場合，ある回答がその集団内でどのくらい説得力を持つかはその回答に賛成する人数に依存します。ただし，この賛成者数が持つ効果というのは実はダイナミックなものです。というのは，多数派であるとわかると人は自分の意見をどんどん主張するものですし，逆に自分は少数派だと認識している人は自分の意見を表明することをためらうようになります。その結果，多数派の意見がより目立つようになるからです（**沈黙の螺旋**（spiral of silence））。このような循環的な過程が作用する際に鍵となるのが，**社会的リアリティ**（social reality）です。どのような意見が優勢か，何が世間やある集団において真実かという社会状態に対する認識が，新たな社会状態を生み出すのです。

3.4.3　集団極性化のメカニズム

　集団極性化がなぜ起こるのかについては，いくつかの説明があります。ここ

では，そのうちの代表的な2つを紹介します。

1. 情報的影響説

　話し合いにおいては，メンバーたちそれぞれが，なぜ自分がそのように考えるのかを主張し合うことになります。結論は似たようなものだとしても，他のメンバーたちの主張の中には，自分は思いつかなかった視点からの説得的な理由もあるのではないでしょうか。それを聞いて，さらにその考えを強く信じるようになる過程が考えられます。人が持つ，自分の元々持っている考えと合致した意見に価値を置きやすいという傾向（**確証バイアス**）が，これに拍車をかけるでしょう。集団極性化は，このように，メンバー同士が互いに説得し合った末に起こると考えるのが，**情報的影響説**です。

　これに加え，多くの人たちが自分と同じ意見を持っていると判明すると，自分の考えに自信を持つことができるので，さらに極端な主張を展開できます。それが積み重なり，集団の決定はより極端になるという過程も考えられます。

　なお，何カ月かの追跡調査の結果，繰返し態度を聞かれない限り集団討議後に極性化した態度は徐々に元に戻ることが示されています（Liu & Latané, 1998）。つまり，相互作用を持続させたたとえばSNSのようなものに継続的に触れていれば，態度は極性化したままになると考えられます。

2. 社会的比較説

　人には自分について「能力や価値がある人間」だというイメージを持っていたいという動機づけがあるため，集団での話し合いの場でより社会的に価値のある意見を言おうとするでしょう。そして，その集団内での望ましい意見がリスキーな意見なら，自分の評価を上げるために，他のメンバーたちよりもリスキーな考えを主張すると考えられます。

　社会的比較説では，ワラックらの実験を次のように解釈します。ワラックらの実験が行われたアメリカでは，「勇敢さ」や「自信があること」が尊ばれるので，リスキーな意見のほうが高く評価されることが予想されます。そのため，実験参加者たちは高い評価を求めて他の人たちよりもリスキーな意見を表明するようになり，集団での判断がリスキーな方向に動いたのだろうと考えられます。その場限りの集団メンバーたちであっても，高く評価されたいという気持

ちが起こるだろうと考えたのです。

3.5 　集団意思決定のプロセス

3.5.1　民意は反映されるか

　ここまでのところで，集団での意思決定が必ずしも個人の意思決定よりも優れているわけではないことがわかりました。それでも「話し合いによる決定」という手法が好まれる理由としては，適切な決定が下せること，創造的な意見を得られること以外に，「全員の意見を適切に反映させることができる民主的な手続きだから」，というものが考えられます。これは決め方の公正さに対する信頼といえましょう。次はこの点をみていきましょう。

　結論から先に述べますと，話し合いの進め方次第で，決定の行方を操作することが可能です。それを亀田（1997）が用いた，3人の会社重役が集まり，ある会社に投資するかどうか話し合っているという例を引用して説明します。

　3人の考えは表3.4にまとめたとおりで，すでに十分に話し合った結果としてこうなのでこの考えは変わらないとします。そうしますと，3人中2人の総合判断が反対なのですから，投資しないという結論になるはずです。けれども，投資に積極的なAが議長となり，「結論を急ぐのではなく，投資の条件についてまずみんなでよく考えてみよう」と言って話し合いを進めていくと，どうなるでしょうか。条件1（たとえば資本金が十分にあるかなど）についてAとBの2人は異議なしと考えており，この点について反対しているのはCだけです。そのため，条件1については多数決で了承されるでしょう。また条件2（たとえばその分野の伸びしろがあると思うかなど）についても，3人中2人が賛成しているので，同様に了承されるでしょう。そうなると，いずれの条件

表3.4　複数の条件判断を含む集団意思決定の例（亀田，1997より作成）

メンバー	条件1	条件2	総合判断
A	○	○	賛成
B	○	×	反対
C	×	○	反対

についても同意が得られたことになり，投資するという結論が出てしまうのです。

この例は，総合判断についての話し合いと各条件についての話し合いを比べています。ここからわかることは，個々のメンバーの意見が集団意思決定にそのまま反映されるとは限らないということです。この例は，意思決定手続きの公正さの重要さを示す例の一つです。

亀田（1997）は，他にも多数派過程を巧みに利用して集団での結論を操る具体的な方法をまとめています。興味のある方はぜひ参照してみてください。

3.5.2 話せばわかる⁉

近年ではさらに，話し合いによって本当に理解し合えるのかどうかが疑問視されています。ここでは，集団での話し合いによる知識の共有化と意思決定の関係について紹介します。

集団による話し合いの良い点は，自分と異なる意見や情報を持った人たちが一堂に会し，それぞれが自分の持っている知識や意見を出し合い共通の認識を持つことによって，より賢明な決定を下す助けになる点にあります。少なくとも，そのように考えられています。たとえば，学校現場で気になる生徒がいたとしましょう。直接その生徒と接する担任や補助教員だけではなく，校長や副校長といった管理職，養護教諭，スクールカウンセラーらの情報を総合して状況をとらえた上で，対策を練る必要があります。当然の成り行きとして，現状把握と方針決定のための話し合いの場（カンファレンス）が設けられます。結論から先に言えば，この例のように集団メンバーたちがそれぞれ専門的な知識・視点・役割を持っている場合には，話し合いの場での情報交換は比較的うまくいきます。一方，メンバーたちの役割分担が曖昧な場合には，話し合いの場で議論される情報に偏りが生じてしまい，その結果，以前から個人が持っていた情報に極端に強く依拠した決定が下されやすいことがわかっています。

これを，アルバイトの正規職員への登用という例を用いて説明しましょう。ある会社で職員を採用することになり，すでにアルバイトとして働いている2人の候補者（仮に斉藤さんと田中さんとしましょう）のうちどちらにするかを

表3.5　アルバイトの正規職員への採用についての情報

	斉藤さん	田中さん
委員1	明るく前向き	大変気配りができる
委員2	明るく前向き	企画力がある
委員3	明るく前向き	正直である
委員4	明るく前向き	思慮深い
委員5	明るく前向き	ユーモアセンスに富む

5人の選考委員で決めることになった，という状況を想像してください。2人ともそれまでの約1年間この会社でアルバイトとしての勤務実績があり，委員たちはある程度2人について知っています（表3.5）。具体的には，斉藤さんは明るく前向きな人物で，このことは委員全員が知っています。一方，ある委員は田中さんは大変気配りのきく人物であることを，別の委員は田中さんには企画力があることを，また別の委員は田中さんが正直であることを，また別の委員は田中さんが思慮深いことを，さらに別の委員は田中さんがユーモアセンスに富んでいることを知っていたとします。つまり俯瞰的にみれば，斉藤さんが田中さんより勝っているのは，明るく前向きな点であり，人への配慮，企画力，正直さ，思慮深さ，ユーモアセンスにおいて田中さんが斉藤さんより勝っているわけです。そして，斉藤さんの長所2つは委員全員が知っていますが，田中さんの長所については委員が知っているのはそれぞれ1つのみという状況です。仮に7つの特性がどれも同じくらい大切な性質だとすれば，望ましい特性を2つしか持たない斉藤さんよりも，望ましい特性を5つ持つ斉藤さんのほうが優れています。話し合いの場での情報交換がうまくいけば，それは誰の目にも明らかになるはずです。

　ところが，実際にはなかなかそうはなりません。集団での話し合いでは，すべての情報が均等に言及され考慮されるわけではなく，話し合い前に参加者がすでに共通に持っていた情報（先の例では，斉藤さんが明るく前向きだという情報）ほど，話題に上る確率が高くなるからです。

　ある情報が集団での話し合いの場に提示される確率 p は，次式によって与えられます（Stasser et al., 1989）。ちなみに，p は個人がある情報を思い出して

言及する確率であり，n はその情報を話し合いが始まる前に持っている参加者
の人数です。

$$\rho = 1 - (1-\rho)^n$$

　このモデルによれば，各情報は少なくとも 1 人のメンバーが思い出せば，集
団での話し合いの場で引き合いに出されます。したがって，その情報を持つ人
数（n）が増えるほど，話題に出される確率は上がり，その情報について話さ
れる時間が長くなると予想できます。ステイサーらは，このモデルの検討のた
めに行った一連の実験から以下のような結果を得ています。

（1）共有情報のほうが非共有情報よりも話し合いの場で言及されやすく，集団
サイズが大きくなるほどこの傾向は強くなること（図 3.3 で，集団の人数が 3
人の場合よりも 6 人の場合により共有情報への言及率が高くなっていることに
注目してください）。

（2）共有情報のほうが非共有情報より言及されやすいという傾向は，情報量が
多くかつそれに占める共有情報の比率が高いほど強いこと。

（3）課題の重要度が高いかどうかとか，慎重な検討が必要であるかどうかなど
は，あまり影響しないこと。

　ステイサーらのモデルではあくまで話し合いで話題に出される確率を論じて

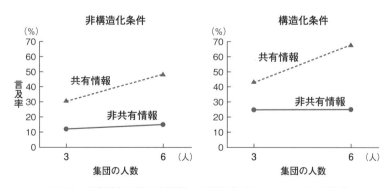

図 3.3　共有情報と非共有情報への言及率 (Stasser et al., 1989)
非構造化条件：最初から最後まで自由に討論させる。
構造化条件：最初は意見を述べずにみんなですべての情報を吟味させ，その後自由に討議
　　　　　させる。

いますが，実際の集団決定への影響力の違いについて検討した実験もあります。3 人集団での話し合いによって架空の学生たちの評価を決めさせたジゴンとヘイスティ（Gigone & Hastie, 1993）は，話し合いの前に参加者たちに手がかりとなる資料を渡すときに，与える情報を共有している人の数を操作しました。2 種類の情報は 3 人に，2 種類の情報は 2 人に，2 種類の情報は 1 人に渡して，架空の学生について一人ひとり成績を評定させたのです。40 集団の総計をみると，6 種類中 4 つ（高校時代の評定平均，入試の成績，自己申告した出席率，自己申告した授業の楽しさ）の手がかり情報において，情報を共有するメンバー数が増えるほど最終評価への影響力が増していました[2]。また，興味深いことに，人は共有情報について議論する人を独自の情報を議論する人よりも知識があって有能でその上信頼できるととらえる傾向があることも示されています（Wittenbaum et al., 1999）。

　以上の研究は，集団での話し合いが，新しい情報を新たに共有する場というよりも，すでに共有されている情報をメンバー同士で確認する場となっていることを示唆しています。話し合いの際重要な情報が共有されず各自が最初から持っている情報の陰に隠されてしまうこの現象は，**共通知識効果**（common knowledge effect）あるいは**隠れたプロフィール**（hidden profile）と呼ばれます。

　共有知識効果は確かに問題ですが，話し合いのメンバーの持つ情報が偏っていて，かつ本人たちがその偏りを意識していない状況でのみ問題となります。実際には先に例に出した正社員への登用の例のような，それぞれが同一人物の違う面をみていてかつそのことにまったく気づかないことはまれだと思われます。

　飛田・三浦（2017）は，これらの結果をみて，特に指示がない場合に，集団での相互作用過程においてメンバーたちは，互いの類似性に注目し類似性を確認することを動機づけられているのではないかと考えました。そして，大学生の 2 人集団を対象にして，ある日常的な品物を示して通常の利用法とは異なる

---

[2] ちなみに，学業への不安と他科目の負担は情報を共有する人数の影響がみられませんでしたが，そもそもその科目の成績には関係が薄いと判断されていました。

表3.6　多様性注目条件と類似性注目条件との比較 (飛田・三浦，2017より作成)

	多様性注目条件	類似性注目条件
アイディア数	11.71 (7.55)	7.83 (4.84)
斬新さ平均以上数	6.07 (3.73)	3.19 (2.73)
面白さ平均以上数	7.14 (4.17)	4.25 (3.02)
実用性平均以上数	5.43 (2.17)	3.81 (2.29)

注：カッコ内は標準偏差。

利用法のアイディアを数多く考えることを求める課題を用いて実験を行いました。その結果，相手との類似性注目条件よりも多様性注目条件において，アイディアの総数・質共に，集団はより優れていたのです（表3.6）。この結果から，集団メンバーたちの多様性の顕在化が集団の創造的な出来につながる可能性がうかがえます。

3.6　ま と め

　この章では，集団意思決定の過程を扱いました。

　はじめに，集団での意思決定が好まれる理由として以下の3点を挙げました。すなわち，話し合って決めたほうが，①より的確な判断ができる，②創造的な問題解決が可能になる，③民意を反映した民主的な決定ができる，です。しかしながらさまざまな研究をみてみると，集団で話し合っても必ずしも妥当で公正かつ民主的な結論が得られるわけではないことがうかがえます。

　それでも，何かを決めるにあたって集団での話し合いが使われ続ける理由として，以下の2点が考えられるでしょう。

(1) それ自体が民主的価値を実現するためのものであるため。

　1人であるいは少人数で決めてしまうと，横暴であると不満を呼ぶことが多々あります。これは決定された内容に対する非難ではなく，決め方に対する非難です。たくさんの人の意見を反映させる機会がある「話し合い」というのは，民主主義的な手続きであり，これを経て決めたことならば正当性を持つとされやすいと思われます。

(2) 2人以上の意見が一致しないと優れているようにみえてもこれを採用しないというやり方は，大きなエラーを防ぐ意味では有効であるため（詳細は3.2節参照）。

コラム 3.1　集合知の再認識

　集団研究においては長い間集団の愚かさが強調され，「群衆」は誤った判断に同調する愚かな存在として語られてきました。けれども，インターネット時代に際し，多くの人の解答を機械的にまとめたものが正解に近いという事実から，集団の賢さが認められるようになってきました。具体的な例はオープンソース・プログラムのリナックスの成功です。

　「個体の総計以上の知性（環境に対する適応能力）が群に発現する現象」は**集合知**（collective intelligence）と呼ばれ（有馬，2019，p.1），その典型例は，ハチの餌場選びやアリなどの巣作りです。彼らの個体の認知は限られていますが，リーダーの指示もなく，複雑な巣を作り，仕事を分業し，適切に集団意思決定を行います。情報の集約によって平均的な個体レベルからは実現できないほどの高い集団の結果が生じることがあります。

　近年，多数の解答を集約した解答は，1人の優秀な人の解答よりも優れていることがさまざまな実験で示されています。たとえば，大学生にいろいろな事柄をネットで調べさせた実験では，ペアのほうが個人よりも早くかつ正確に必要な情報を見つけることができること（成功数が 2.0 と 3.6，かかった時間が 6.4 分と 4.3 分）や，検索方法がより多様であることがわかっています（Lazonder, 2005）。また，ウォルフら（Wolf et al., 2015）は，乳がんの診断を題材に集合知の有効性を示しました。彼らは，専門医にマンモグラフィの画像を見せて再検査をするかどうかを各人に尋ねました（「悪性」画像についてすべて再検査と判断すれば正解）。その後，名目集団を作り，多数決ルール，定足数ルール（一定以上の票で決定），過去診断による重みづけをした指標を比較したところ，どの指標を用いても3人以上の集団のほうがベストメンバーよりも成績が良いことが明らかになりました。なお，メンバー数が多いほど成績は伸びましたが，9人で頭打ちとなりました（図3.4）。3つのやり方の中で

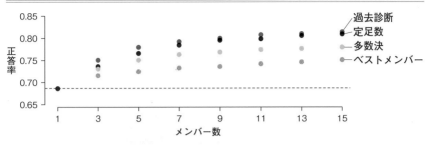

図 3.4　集合での正確性（Wolf et al., 2015 より）

は，過去成績で重みづけした指標の成績が最良でしたが，定足数ルールで十分でした。同じような結果は，内科系の判断課題でも得られています。

　これらの結果はどう判断したらよいのでしょうか。スロウィッキーは著書『「みんなの意見」は案外正しい』（Surowiecki, 2004 小高訳 2009）の中で，多数の判断がもたらす集合知が生み出される条件を 4 つ挙げています。それは，多様性（たくさんの人から解答を得ていて，しかもそれぞれが自分なりの情報を持っているために解答がばらついていること），独立性（個々が独立した判断をしていること，他の人たちの判断に左右されないこと），分散性（問題を解くための知識や技術が分散していること），集約性（集約するためのアルゴリズムの存在）です。そのため個人が集合知の解答を知ってしまうと，集合知の前提条件が崩れるというジレンマがあり，また，知り合い同士が集団に加わることは「独立」条件を満たさなくなります。

理解度テスト

1. 以下の文を読み，内容が正しいと思うものには○，正しくないと思うものには×を記してください。また，×の場合はどこがどのように違うのかも答えてください。

(1) 話し合いにおいても社会的手抜きは起こる。

(2) 集団で話し合うと，1人で考えたときよりもリスキーな結論に至りやすい。

(3) 集団で話し合うことによって，新しい情報を効率的に共有することができる。

(4) 1人では誰も考えもつかなかった正解が，集団での話し合いから生まれることが多い。

(5) 1人が決めるより，集団で話し合って決めたほうが人は満足する。

2. 集団意思決定の具体例を1つ挙げ，この章で学んだ事柄があてはまるかどうか考えてみましょう。

【解答】

1.

(1)		(2)		(3)		(4)		(5)	

2.

| |
| |

（正解は巻末にあります。）

集団内の相互依存性 4

■学習達成目標

　この章では，引き続き，集団内でのメンバーたちの関係について扱います。集団内でのメンバーたちの相互依存関係について，社会的交換，すなわち，双方にとってより良い状態を作り出すために行う価値のある何か（食物，情報，時間，エネルギーなど）のやりとり，という視点から検討します。この視点に立つと，人間の集団でよくみられる協力関係はどのように説明されるのでしょうか。

　皆さんには，集団内で満足のいく関係を持つ方法について考えてほしいと思います。特に，集団が自分で自分の首を絞めてしまう状況「社会的ジレンマ」について，その性質と解決法について理解してほしいと思います。

4.1　相互依存と社会的交換

　本書ではここまで，一人のときと比べて，集団になるとどのようなことが起こるのかに焦点をあててきました。この章では，集団内の人間関係について取り上げたいと思います。その際，集団メンバーたちはお互いに影響し合う，**相互依存**（interdependence）関係にあることから考えていきたいと思います。

4.1.1　社会的交換理論

　まず考えておきたいのは，集団内で協力するのは当たり前なのかということです。

　集団といえば，メンバー同士が仲良く協力している様子を思い浮かべる方が

多いのではないでしょうか。でも，集団内ではお互いに接触も多いため，利益
が対立することも多いものです。たとえば，サル山のサルたちは仲間であると
同時にボスの座や食料や異性をめぐって争うライバルでもありますし，スポー
ツチームのメンバーたちは共に高め合える仲間であると同時にレギュラーの座
をめぐってのライバルでもあり，兄弟姉妹はもっともわかり合える相手である
と同時に親の関心と資源をめぐるライバルなのです。学校でのクラスメートた
ちも，協力することもありますが，成績や先生からの評価をめぐってのライバ
ルといえるでしょう。

　では，なぜ集団といえば「協力」というイメージと結びつくのでしょうか。
それは，おそらく集団内では協力行動が多く観察されているからだと思われま
す。

　社会的交換理論（social exchange theory）とは，集団内でのメンバーたちの
相互依存の本質は資源（resource）の交換にあるとみなす立場を指します。交
換される資源の中には，金銭や物以外に，サービス，情報，尊敬や感謝の気持
ちなどさまざまな目に見えないものも含まれ，この交換によって双方にとって
より良い状態を作り出すことができると考えます。この考え方は，私たちの人
間関係の一部をうまく説明することができます。たとえば，猟師と農民が互い
の収穫物を交換すれば，そうしない場合よりも，栄養的に良い結果が双方に得
られるでしょう。また，学生たちが互いに聞き漏らした個所を教え合えば，そ
うしない場合よりも，双方とも授業内容への理解がより深まるという意味で良
い結果が得られるでしょう。そのため，メンバー固定的な集団で生きていく上
では，利益が相反することがあっても基本的に協力的に振る舞い，安定的な交
換関係を築いたほうがよいと思われます。

　社会的交換理論では，人は基本的に利己的であるとの前提に立ち，人は他の
人たちとの相互作用から生じる利益を最大化しようと動機づけられていると考
えます。ただし，人は単に自分の利益を最大にできればよいと考えているわけ
ではありません。自分が相手に与えている量と相手が自分に与えてくれる量が
釣り合っているとき，人は，相手との人間関係にもっとも満足するといわれて
います。

つまり日常用語でいう「ギブ・アンド・テイク」が成り立つときということですが，心理学ではこれを**互恵性**（reciprocity）と呼びます。この互恵性の規範があるからこそ，人々は社会的交換を持続的に行い，その結果として結束することができるのです。

「他者から受けたものに対して自分も同じようなものを返す」という互恵性の規範は，洋の東西を問わず幅広く用いられています。また互恵性は，物のやりとりにとどまらず，社会的交換の資源一般について幅広く観察されます。すなわち，自分に好意を示してくれた相手を自分も好きになったり，個人的な打ち明け話をしてくれた相手に自分も打ち明け話をしたりといったこともまた，互恵性の規範が作用している例だといえるでしょう。

興味深いことに，この互恵性の規範は本人も意識しないまま，自動的に働くこともあります。セールスや交渉などでよく使われるドア・イン・ザ・フェイスという技法が，その例です。これは，はじめに拒否されることを見越して過大な依頼をし，わざと相手に断らせておいてから，最初の依頼より譲歩した，本当に引き受けてほしかった依頼をするという説得法です。はじめに大きな依頼を拒否してしまった人たちは，そのようなことがなかった人たちと比べて，次の依頼を承諾しやすくなります。たとえば，環境保護のためにボランティアをやってくれと依頼されたら大変そうなのでつい断ってしまいますが，その後，宣伝のためのポスターを庭先に貼らせてほしいと頼まれれば了承してもよいと感じるのではないでしょうか。なぜそのように感じるかといえば，この技法が「譲歩には譲歩で報いるべきだ」という互恵性の社会規範に訴えるからなのです（Cialdini, 1988 社会行動研究会訳 2007）。次に，これをもっと厳密にモデル化した衡平モデルを紹介しましょう。

4.1.2　衡平モデル

ウォルスターらが提唱した**衡平モデル**（equity model；Walster et al., 1976）では，報酬とコストという視点から自分と相手とを比較することで 2 人の関係を評価します（図 4.1）。「自分ばかりがやってあげている」という気持ちになると不満を感じ，その人間関係がうまくいきにくいのは，皆さんも経験上よく

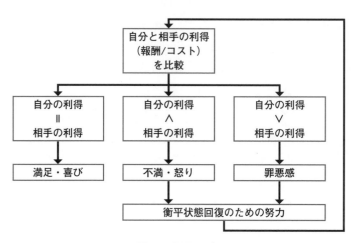

図 4.1　衡平モデル

理解できると思います。自分のほうが損をしている（利得が少ない，コストが多い）とわかれば不満や怒りを感じることは当然です。では，逆に自分が得をしている（尽くしてもらっているなど）関係ならば，問題ないでしょうか。そうでないところが人間の複雑なところです。自分のほうが得をしているときにも，罪悪感という不快な感情が生じます。そのため，このように不衡平な関係に陥ったとき，人は衡平状態を回復しようと努め，それが難しいときには関係自体を解消する傾向があります。一方，衡平な関係にあるとき，人は心理的にもっとも満足を感じることができ，関係がもっとも安定的で長続きするといわれています。

　このモデルは，現実の友人関係や恋愛関係などにあてはまることがわかっています。たとえば，カップルの外見の良さにはかなりの相関があることが知られていますが，これは格好良さ・美しさという意味で2人の貢献量にバランスがとれていると解釈できます。カップルを9カ月間追跡調査したホワイト（White, 1980）は，外見的魅力度が似ているカップルほど関係が進展していたことを報告しています。また，恋愛の初期・中期において，別れたカップルより，別れていないカップルのほうが魅力度の差が小さかったのです。日本の調査でも，交際中のカップルの男女それぞれに，報酬（相手との関係から自分が

得ているもの），コスト（自分が相手との関係にかけている負担），関係を継続する気持ちの強さ，関係満足度などを尋ねたところ，報酬やコストがカップルで釣り合っている傾向がありました（奥田，1994）。

　私たちは，物事が公正であるかどうかについて敏感です。不公正を感じたときには怒り感情や攻撃行動やストレスなどが生じます（Robbins et al., 2012 など）。また，報酬を受け取った後の皮膚電位反応が報酬の適正さによって違いがあることを報告した実験があります（Markovsky, 1988）。この実験では賃金を受け取ったときの皮膚の電位反応を測定したのですが，過少賃金条件および過剰賃金条件でのみ生理的覚醒を示す電位反応が強くなりました（図4.2）。これは生理的覚醒が高まったことを意味し，不衡平に際し不満を感じたことを示しています。

　以上の研究は，衡平な関係にあるとき，もっとも相手との関係への満足度が高いことや相手との関係を長続きさせたいという気持ちが強いことを示唆しています。実際にはこの理論をあてはめることが難しい関係もあるものの，かなり多くの人間関係を理解できるものの見方だといえるでしょう。ちなみに，分配の結果だけではなく，どのようにその決定がなされたかというプロセスも重

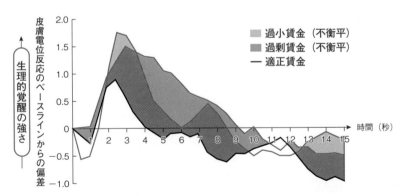

図4.2　衡平および不衡平に対する皮膚電位反応（Markovsky, 1988）

過小賃金，過剰賃金，適正賃金の条件ごとに，報酬受け取り後の皮膚電位反応を，受け取り前のそれ（ベースライン）と比較すると，適正賃金条件では，報酬受け取り後の変化はいずれの時点でもベースラインより統計的に有意に上昇することはありませんでした。しかし，過小および過剰賃金条件では，いくつかの時点でベースラインより有意に反応が大きくなりました。

要で，このような決め方の公正さのことを**手続き的公正**（procedural justice）
と呼びます。

　なお，不公正なことがあったときに否定的に感じる程度には個人差があるこ
とがわかっています。これは，**公正感受性**（justice sensitivity）と呼ばれ，そ
の不公正な出来事における立場によって以下の 3 種類に分けられます
（Schmitt et al., 2005）。すなわち，不公正な出来事によって自分が損失を受け
ることに対する感受性（被害者公正感受性），不公正な出来事から自分が受動
的にではあるが利益を得てしまうことに対する感受性（受益者公正感受性），
不公正な出来事を自分が能動的に引き起こしてしまうことに対する感受性（加
害者公正感受性），です。それぞれの公正感受性は社会的場面における行動に
異なる形で影響することがわかっています。具体的には，被害者公正感受性が
高い（自身の損失に対する感受性が高い）人は非協力的に振る舞う傾向がある
のに対し，受益者公正感受性が高い（他者の損失に対する感受性が高い）人は
協力的に振る舞う傾向がみられます（Gollwitzer et al., 2005）。

4.1.3　資源の種類

　社会的交換に使われる資源は経済学で扱われる範囲を越えて多種多様だと考
えられていますが，具体性と個別性の 2 次元で整理することができます（Foa
& Foa, 1976）。具体性とは，それぞれの資源が具体的な形を持つ程度のことで，
個別性とは誰から受け取ったかによって資源の価値が変化する程度のことを指
します。好意を向けられたり尊敬されたり何か手伝ってもらったり（サービス
にあたる）したときには「誰が」それをくれたかによって嬉しさが違いますが，
金銭や物品なら嫌いな人からもらっても同じくらいの価値を感じるのではない
でしょうか。

　図 4.3 は交換される資源の種類をこの 2 次元に沿って配置したもので，距離
が近いほど資源として似ているとみなされやすく，交換されやすいことを意味
しています。たとえば，ものを教えてもらった（情報にあたる）お礼に相手に
お金を渡したり，片づけを手伝ってもらったので（サービスにあたる）お返し
にお菓子をプレゼントしたり（物品にあたる）という位置の近い資源同士の交

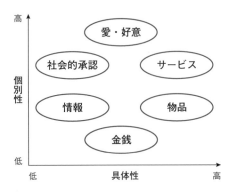

図 4.3　交換される資源の種類（Foa & Foa, 1976 より作成）

換は衡平な交換だと感じると思いますが，相手からの好意を得たいためにお金や物を渡すという遠い位置の交換には問題を感じるのではないでしょうか。

　また，具体性が低い資源や個別性が高い資源が交換されるゆえに，ある二者の間で交換がきちんと行われたのかを確認することは困難です。そのため，お返しを繰り返す形で長期にわたって交換関係が続きやすいと考えられます。その一つの例は「恩」です。日本文化について研究した文化人類学者ルース・ベネディクトは，恩を受けた場合相手に尽くしても返しきれないものとして理解されているため，恩に基づく対人関係は長期にわたって続く傾向があると指摘しています（Benedict, 1946）。

4.1.4　分配の公正

　次に，社会的交換理論の拡張として，**分配の公正**（distributive justice）について考えてみましょう。交換というと二者関係ですが，私たちの社会ではむしろ，集団にプールされた報酬や利益を各メンバーに分配することが多いものです。たとえば，会社は得た利益を社員たちに給与という形で分け与えますが，この際，額を全員一律とするのか，年齢や経験の多い人に多めに渡す（年功序列）のか，出来高に応じて渡す（能力給）のか，扶養家族が多かったり病人がいたりする人に割り増しを出すのか出さないのかなど，正しいとされて使われている分配ルールは実はいろいろあります。また，健康保険制度も集団にプー

表4.1   **チラシ配りのアルバイト**

	A	B	C	D
性別	男	男	女	女
配った枚数	300	250	200	250
考慮すべき事項	なし	なし	なし	学費を稼ぎながら通学

ルされた資産の分配ととらえることができます。なぜなら，各人が収入や人員数に応じて供出した資金をプールしておき，必要に応じて個人に分け与えるシステムだからです。

　たとえば，知り合い同士でチラシ配りのアルバイトをしてそれぞれの仕事量が表4.1のとおりになったと考えてみてください。このグループが，段ボール1箱分の報酬としてまとめて5,000円を渡されましたとしましょう。あなただったらそれぞれにいくら分けるべきだと思いますか。この仕事に費やした時間は全員同じであったと考えてくださいね。

　この質問をすると，案外多様な答が返ってきます。たくさんチラシを配ったAに多めに渡し，あまり配れなかったCの取り分は少なくするというように貢献度に応じて差をつける人もいるでしょう。その差のつけ方も1,500円と1,000円というようにはっきりつけるケースと，1,300円と1,200円のように少しだけつけるケースがあります。また，労働時間は同じなので報酬も全員同額と考え1,250円ずつ分ける人もいるでしょう。さらに，学費を自分で稼いでいるという必要性を考慮してDに多めに渡す人もいるでしょう。この「多め」にもいろいろな考え方があり，200円だけ多くする（AからCに平均1,200円渡し，Dに1,400円渡す）ケースもあれば，極端な場合，Dのみ2,000円で残りは1,000円ずつという分け方もあり得ます。

　公正だとされる分配ルールには，大きく分けると以下の3種類があります。

1.　衡平ルール（equity rule）

　これは，貢献に応じて報酬を分配するという方法です。つまり，たくさん働いて成果を上げたメンバーは多くの報酬を得て，あまり働かず集団に十分貢献できなかったメンバーはあまり報酬を得られないというやり方です。この好例

は多くの会社で導入されている能力給でしょう。上の例でいえば，Aに多くC
に少なく配分するようなやり方がこれにあたります。

　他の人と同程度かそれより多く報酬を得ることができた人は満足し，動機づ
けを高めることができます。そのため，このやり方は一般的に貢献度が中程度
以上のメンバーの動機づけを高めるので，その結果として集団全体の生産性を
上げる効果があります。その一方で，各メンバーの受け取る報酬量が異なるた
め，また，貢献度が抽象的でわかりにくいこともしばしばあり意見の食い違い
が起こりやすいため，貢献が少ないと評価されたメンバーたちに不満が募り，
その結果として集団内の雰囲気が悪くなるリスクが避けられません。

2．平等ルール（equality rule）

　これは，各人の貢献度や仕事量に関係なく，全員に同一量を分配する方法を
指します。上の例でいえば全員に同一額（1,250円）を渡すというのがこれに
あたり，これに限らずいわゆる時給制のアルバイトはみんな平等ルールに該当
するといえます。

　全員に同じ量の報酬を配るため，もっとも簡便な分配方法であり，かつ集団
内の調和的な人間関係を保つ効果が期待できます。それは貢献量や能力などに
ついて議論しなくてよいからです。けれども，いくら努力しても報酬が増える
ことがないため，実際にはもっと頑張れる能力を持っていたとしても，メン
バーたちはやる気をなくして仕事の手を抜く傾向があります。その結果として，
集団全体として生産性が下がるリスクは大きくなります。

3．必要ルール（need rule）

　これは，メンバーたちの貢献度や仕事量に関係なく，それぞれの必要度に応
じて報酬を分配する方法を指します。上の例でいえば学費を稼いでいるDに
多めに渡すことがこれにあたります。健康保険や扶養手当がこのルールの好例
です。

　このルールの長所は，ともかく弱者を守ることができる点にあります。その
ため，特にその集団が貧しく，他のルールを使っていては生活できない人が出
るような状況において威力を発揮します。一方，平等ルール同様，いくら努力
しても報酬が上がることがないために，メンバーたちはやる気をなくして手を

抜くようになるという問題があります。

　この3つのルールはそれぞれ上に挙げたような長所と短所はありますが，基本的にはどれも公正だとみなされています。そして，先ほど挙げた会社での給与分配の例のように，現実には多くの集団で3つのルールの混合形が使われています。

4.1.5　分配の公正と文化

　何らかの報酬や資源や権利や義務などを複数の人たちの間で分配する状況に置かれたとき，どのような分配が良いのか考えることがしばしばあります。たとえば，会社の報酬分配は業績に応じた分配と同一勤続年数内での平等分配のどちらが良いのか，家庭の家事負担はどのように分担すると公平か，などです。

　どのような分配が公正とされるかは，分配の目標により異なってくることが指摘されています（Deutsch, 1975）。具体的には，仕事集団など集団の生産性を上げることが主な目標である場合は，衡平分配が公正とみなされる傾向があります。一方，友だち集団や家族など集団の和や結束を強めることが主な目標の場合は，平等分配が公正とみなされる傾向があります。また，とても集団が貧しい場合など教育や福祉が強調されている場合は，必要分配が公正とみなされやすいとされています。さらに性別による差も指摘されており，女性は平等，男性は衡平をより好むといわれています（Sampson, 1975）。

　また，課題の種類によっても好まれる分配が異なります。大坪ら（1996）は，用いた課題がもっとも成績の悪いメンバー次第で集団の成績が決まる結合型課題であった場合は平等分配，集団の成績がその中でもっとも成績の良いメンバー次第で決まる非接合型課題であった場合は衡平分配が好まれることを示しました。

　さらに，分配ルールの好みには文化による違いもみられます。東アジア人は欧米人に比べ，平等分配を好むことが明らかになっています。たとえば，集団のプロジェクトに大きな貢献をしたメンバー，中程度の貢献をしたメンバー，少ない貢献をしたメンバーのそれぞれに報酬を分配するよう求めると，中国人はアメリカ人よりも平等に報酬を分配する傾向がみられました（Bond et al.,

1982)。また，韓国人を対象とした別の研究においても，韓国人がアメリカ人に比べ，平等分配を公正だとみなす傾向が強いことが示されています（Leung & Park, 1986）。このように，分配を行うにあたり東アジア人は平等を好む傾向がありますが，その背後には集団の和の重視があると考えられています。

　ただ，東アジア人は，どんな相手に対しても良い関係を維持しようとするわけではありません。集団の和を促進すると思われる平等分配を東アジア人が好むのは，分配対象が赤の他人ではなく，仲間である場合に限られることが実証研究で示されています。レオンとボンド（Leung & Bond, 1984）は，中国人とアメリカ人の実験参加者に，貢献に応じた衡平分配と，貢献に関わらない平等分配のそれぞれをどのくらい公正だと思うか評定させました。すると，分配の対象者が仲間である場合は，それが他人である場合よりも，中国人は平等分配をより公正だと判断していました。ちなみに，アメリカ人は逆に，分配の対象者が仲間である場合は，それが他人である場合よりも，衡平分配をより公正と判断していました。この結果は，「東アジア人が集団の和を重視する」というときの「集団」は，内集団（第5章参照）を指していることを示唆しています。

4.2　囚人のジレンマ

4.2.1　囚人のジレンマゲームとは

　先の節では，私たちはさまざまな資源を通じて相互依存関係にあることを紹介しました。この相互依存状況をとらえるための道具として，対人ゲームがいくつか開発されています。その特徴は，ジャンケンのように，各プレーヤーの得る結果が，本人の選択・戦略だけでは決まらず，相手の選択や戦略にも依存する点です。

　そのうちの一つ，囚人のジレンマゲーム（prisoner's dilemma game）をまず紹介しましょう。これは共犯での犯罪を検挙するために使われる司法取引をヒントに作られたゲームで，一見すると得にならない協力行動がなぜ集団の中にみられるのかを解き明かすことを目指しています。

　ゲームは以下のように進みます。まず，状況の説明があります（表4.2）。

表 4.2　囚人のジレンマの状況

あるとき，2 人組が共犯で銀行強盗に成功した。警察は，犯人に目星をつけるところまで行ったが，物的証拠に欠けるためこの件では逮捕できず，悔しい思いをしていた。そこで，警察は，別件の軽い罪状（たとえば詐欺）で 2 人を別々に逮捕し，尋問によって銀行強盗の件を自白させるという作戦に出た。警察は 2 人を別々の部屋で尋問し，次のような司法取引[1]をちらつかせながら自白を迫った。

「おまえたち 2 人が共謀してやったことはわかっている。もし，お前が自白するなら，特別に不起訴処分にしてやるぞ。あっちが自白して，お前が黙秘し続けていれば，お前の刑は重く，30 年だ。2 人とも自白したら，この犯罪の重さからして 2 人とも 15 年の刑だ。2 人揃って黙秘を続けるなら，犯罪は成立しないからなあ，こっちの件だけだからまあ 2 年というところだろうな。同じことをお前の相棒にも言ったぞ。早く自白したほうがいいと思うが，どうだ？」

容疑者 A の選択

		黙秘（協力）	自白（非協力）
容疑者 B の選択	黙秘（協力）	2 年 / 2 年	0 年 / 30 年
	自白（非協力）	30 年 / 0 年	15 年 / 15 年

図 4.4　囚人のジレンマの例（1）

　このような状況に置かれたとして，あなただったら自白するでしょうか，それとも黙秘を続けるでしょうか。黙っていれば 2 年か 30 年，自白すれば不起訴処分（0 年）か 15 年，どちらになるかは，相棒次第。この状況の得点構造を図 4.4 に図式化しました。ここで，相手が黙秘するだろうと考えて自分も黙秘するのは，相手を信頼した協力的行動と呼べるでしょう。一方，相手が黙秘すると考えて自分だけが自白するのは，利己的行動ですね。また，相手が自白

---

[1] 裁判の際，被告人が共犯者を告発するなど捜査に協力する代わりに，求刑の軽減や罪状の取り下げなどを行うという，被告人と検察官の取引を指します。日本ではこれまで行われてこなかったためなじみが薄いのですが，アメリカなどでは頻繁に行われています。日本においてもそのメリットが認められ，2016 年 5 月に改正刑事訴訟法が成立し，司法取引制度が導入されました。

すると考えて自分も自白するのは，報復的で自己防衛的な行動で，最後に，相手が自白するだろうと恐れつつ自分は黙秘するのは，自虐的行為でありましょう。

このジレンマ状況の特徴として，以下の3点が挙げられます。

1. 選択の自由

各プレーヤーは，協力（cooperation；このケースでは黙秘）または非協力（dis-cooperation；このケースでは自白）という2種類の行動のうちどちらを選ぶのかを自由意思で決めることができます。同時に相手も自由意思でどちらかを選びます。

2. 個人的な利得

相手がどのような選択をしようと，あなたにとっては非協力（このケースでは自白）が常に得になります。といいますのは，相手（B）が自白を選んだ場合，あなた（A）が黙秘したときの結果（30年）よりも，あなたも自白したときの結果（15年）のほうが，あなたにとっては得になります。また，相手（B）が黙秘を選んだ場合，あなた（A）も黙秘したときの結果（2年）よりも，あなたが自白したときの結果（0年）のほうが，あなたにとっては得となっているのです。

3. ペアとしての利得

2人揃って非協力（このケースでは自白）を選ぶと，2人揃って協力（このケースでは黙秘）を選んだ場合よりも，明らかに損です。2人が揃って黙秘すれば2年ずつですみますが，自白すれば2人とも15年間服役することになってしまうからです。

このように，個人的な利得とペアとしての利得に葛藤があるところから，囚人のジレンマと呼ばれているのです。

4.2.2 囚人のジレンマゲームでの最適戦略

この状況をゲーム仕立てにして——つまり，自分の手と相手の手によって稼げる得点が変わるように設定し——囚人のジレンマの条件1〜3が成り立つような得点構造に仕立ててゲームを行う実験も行われています。たとえば，図

		相手の選択	
		C	D
あなたの選択	C	7　　7	1　　10
	D	10　　1	3　　3

左下：あなたの得点，右上：相手の得点。

図4.5　囚人のジレンマの例（2）

4.5のような得点構造のゲームをプレーさせます。するとどんなことが起こるでしょうか。2人が揃って非協力を選ぶ共貧関係が頻繁に観察されます。これは，対話を禁じられていて相手がどう出るかまったくわからない1回限りの関係としては，合理的な判断でもあります。

　また，同じゲームを同じ相手と20回とか50回とか繰り返させると，何が起こるでしょうか。図4.5のようなマトリックスを使って2人でプレーすると考えてください。この場合，共貧関係から抜け出せないケースがまずよくみられます。もっとも得点が高い状態は2人揃って協力を選ぶ相互協力状態（共栄関係）です。共栄関係を得るもっとも手っ取り早い方法は，対話して協力を約束し合うことでしょう。けれどもこのゲームは通常対話を禁じますので，この方法は使えません。そのため，ゲームでの自分の選択を通して自分の気持ちを相手に伝え，説得する必要があります。このゲームを同じ相手と繰返しさせると，「1回目は協力。その後は前回の相手の手を出す」応報戦略をとる人がもっとも高得点を上げます。それは，応報戦略の採用により，協力的な相手に対しては自分は信頼できるということを，非協力的な相手に対しては一方的な搾取は不可能だということを伝え，そのことによって，さまざまな相手と共栄関係を築くことができるからなのです。

　応報戦略の強さは，アクセルロッド（Axelrod, 1984 松田訳 1998）によるコンピューター・トーナメントで実証されています。彼は，囚人のジレンマゲームの得点マトリックスを説明し，世界中のゲーム理論家から高得点が上げられるプログラムを募集しました。そして，ゲーム理論家たちが応募してきた14種類のプログラムとランダムに協力・非協力を選択するプログラム，合わせて

15 のプログラムに，自分自身を含む 15 のプログラムそれぞれを相手に囚人の
ジレンマゲームを 200 回行わせて，合計得点を記録したのです。その結果，最
高点を上げたのはもっとも短いプログラムでもある応報戦略でした。また，自
分からは非協力を積極的に選ばない「上品な」戦略がおおむね好成績を収め，
相手の協力につけ込もうとする「汚い」戦略（たとえば，しばらく協力するこ
とで相手を乗せた後で時折裏切ることで点を稼ぐ戦略や，ずっと非協力を選び
続ける戦略など）は，平均してあまり高い得点を稼げませんでした。

　　応報戦略の長所は以下の 4 点に集約されます（Axelrod, 1984 松田訳 1998,
p.20）。

(1) 相手が協力している限り，不要ないさかいは避けること。

(2) 相手が不意に裏切ってきたときには，怒りを表す可能性を示すこと。

(3) 一度怒りを表した後は，心を広くして長く遺恨を持たないこと。

(4) 相手が自分についていけるように，明快な行動をとること。

　　応報戦略の長所について理解を深めるために，まず，非協力戦略と応報戦略
が相対した場合を考えてみましょう。この対戦においては初回こそ非協力を出
した非協力戦略がリードするわけですが，次の回からはずっと双方が非協力を
出し合う展開になるため，最終的には非協力戦略の得点は低く抑えられてしま
います。次に，非協力戦略同士が対戦した場合ですが，この場合は共貧関係に
陥るため，当然ながら得点は低くなります。つまり，相手が誰とでも協力する
ような「お人よし」戦略でもない限り，非協力戦略の得点は全然高くならない
のです。それでは，応報戦略が応報戦略と対したときにはどのような結果にな
るでしょうか。応報戦略は，「笑顔には笑顔を返す」ことによって安定した共
栄関係を作り出せるため，手堅く得点を上げていくことができます。

　　アクセルロッドはコンピューター・トーナメントを 2 回（戦略の種類を増や
した）行っていますが，どちらでも応報戦略が優勝しています。これらの結果
は，共栄関係を多くの相手と安定して生み出したほうが，結局は得になること
を示しています。

4.2.3　囚人のジレンマゲーム研究から示唆されること

　さて，以上の結果からわかることは何でしょうか。それは，一度限りの関係
とは異なり，持続的な関係においては，自分の利益のみを考えて行動していて
はうまくいかないということです。非協力の手をとり続けると，相手からも非
協力で返され，結局相手よりはわずかにましかもしれませんが，集団の他のメ
ンバーたちと比べると明らかに低い得点に終わってしまいました。持続的な関
係の中では，相手と安定した共栄関係を持つことこそが重要であり，そのため
には互恵性が大切なのです。

　興味深いことに，アクセルロッド（Axelrod, 1984 松田訳 1998）は，友好関
係がなくても条件さえ整えば敵対する者同士の間でさえ，互恵主義に基づく相
互協力関係が結ばれることを，戦争時の前線部隊同士における「殺しも殺され
もしない関係」を例に挙げて解説しています。彼は，膠着（こうちゃく）した状況での戦いは，
囚人のジレンマの繰返しととらえることができると主張します。つまり，ある
地区で対峙している小さな部隊2つがプレーヤーであり，選択肢は殺意を持っ
て攻撃する（非協力にあたる）か，わざと狙いを外す（協力にあたる）のどち
らかです。相手の出方がわからない一度限りの対戦であれば，相手が本気で攻
撃してくるにせよしないにせよ，自部隊にとっては殺意を持って攻撃したほう
が，手加減した攻撃をするよりも得でしょう。けれども，長期的に2つの部隊
が対峙したままになる状況では，双方が本気で攻撃し合うことは，死傷者がた
くさん出るためどちらの部隊にとってもまったく得ではなく，それよりは双方
が手加減し合ったほうがましな結果が得られることになります。実際に，第1
次世界大戦中の西部戦線において，ある時期，ドイツ軍とイギリス軍とが儀式
化された攻撃を行っていたそうです。具体的には，規則正しい時間や場所のみ
に見回りや攻撃（ミサイル攻撃など）を行うことで，部隊へのダメージを最小
限に抑えるという意味において一種の協力関係を作り上げていたそうです。

4.2.4　間接的互恵性と評判システム

　血縁関係のない人に対する協力行動がなぜ進化したのかは，他の人に親切に
したら別の誰かが自分の必要なときに親切にしてくれるという**間接的互恵性**

(indirect reciprocity) によって説明することができます (Nowak & Sigmund, 2005)。この,「情けは人のためならず」を意味する間接的互恵性について考えるときのキーワードは「評判」です。評判とは, その人が過去にした良い行いと悪い行いについての情報であり, これに応じて他の人たちはその人を助けます。ここでのポイントは, 悪い人を助けなかったからといって評判は下がらず, あくまでも良い人を助けることで評判は上がるということです。このようにして, 助け返しをしない人を探知し, その人とは関係を持たないようにすることができるようになるわけです。

　このような評判システムがあるので, 自分が困ったときに助けてもらえるように, 進んでみんなが他の良い人たちに手を差し伸べるようになります。このようなシステムは実験的に検証されています。匿名でさまざまな人と囚人のジレンマゲームをしてもらう実験において, 対戦相手がそれまで何回協力したのかに関する情報を与えるようにしたら, 協力率は上がりました (Wedekind & Milinski, 2000)。また, 協力率が高い相手には協力し, 協力率の低い相手には協力しないという区別を多くの人がつけていました。

　目のような模様があるところで実験を行うと違反行動が減ったり実験内での寄付行動が増えたりする実験結果がありますが (Haley et al., 2005; 中俣・阿部, 2016), これは他人の目は評判に直結しているので, 目のように見えるものには自動的に反応して, 用心深く振る舞うことを示しているのでしょう。

4.3 社会的ジレンマ

4.3.1 社会的ジレンマとは

　ここまでみてきた囚人のジレンマゲームに登場するプレーヤーは2人でした。しかし一般に3人以上メンバーがいるときに集団と呼ばれ, 人はさまざまな集団に所属しています。そこで, この囚人のジレンマを3人以上の集団に拡張して考えた, 社会的ジレンマ (social dilemma) を次に取り上げます。社会的ジレンマとは, 簡単に言えば, 人々が自分の利益や都合だけを考えて行動すると, その集団に属する者全員にとって望ましくない状態が結果として生まれてしま

うような状況を指します。

　個人の利益の追求が意図せずに集団全体を破滅に導いてしまう古典的な例として，中世のヨーロッパにおける**共有地の悲劇**（tragedy of commons）が挙げられます（Hardin, 1968）。共有地とは，村人であれば自由に使ってもよい土地のことで，日本の農村の入会地（いりあいち）がこれにあたります。産業革命が起こる前は，村の人々は自分たち家族が消費する程度の数の羊や牛をこの共有地で放牧していました。けれども，産業革命以後は，羊毛がお金に換えられるようになったため，羊の飼育の意味が変わりました。人々は自分の家族の分だけの羊を細々と飼育するのだけでは我慢できなくなったのです。多く飼育すればするほど豊かな生活ができるので，誰もが飼育する家畜の数を増やそうとしました。けれども，共有地に生えている牧草の量には限界がありますから，羊の数が一定数を超えると牧草を食べ尽くしてしまい，次の牧草が育たなくなってしまいました。その結果として，羊たちはどんどん餓死していき，村全体が損害を被ることになったのです。これを共有地の悲劇といい，典型的な社会的ジレンマ状況です。

　このような問題は，産業革命期のヨーロッパに限らず，地球上の至る所で実は今でも進行しています（山岸，1990）。たとえば，サハラ砂漠に南接するサヘル地域における砂漠化の進行は，気候変化によるところもありますが，人口と家畜数の増加による部分が多いことが知られています。先進国からの援助を得て，井戸が掘られたり疫病が減ったりしたために飛躍的に増えた人間と家畜を養うために，樹木が伐採され，牧草が食べ尽くされてしまいました。すると，その土地に降った雨は地面に吸収されにくくなり，木や草はますます育ちにくくなってしまったのです。この場合も，樹木を切って燃料などにしたり，家畜に牧草を食べさせたりするのは自己利益的な行動であり，それぞれが自己利益的に行動した結果として砂漠化進行というみんなにとって困った状況に陥るため，社会的ジレンマ状況になっています。

　一人ひとりが快適さを求めること自体は社会的に認められているはずですが，多数の人が一斉にそのように行動すると，社会全体にとって結果的に好ましくない事態が起こり，それが各人にも返ってくることになるという社会的ジレン

マの例は，枚挙にいとまがありません。たとえば，ヒートアイランド現象です。これは，都市の気温が周囲よりも高くなる現象です。暑いからといってみんながエアコンをつけて涼しく過ごそうとすると，その排気によって外気がより暑くなってしまい，エアコンなしには過ごせない気温の高い地域になってしまいます。誰もエアコンを使わなければ，東京の夏はもっと涼しく快適なはずです。また，便利だからといって多くの人たちが駅前に自転車を放置して買い物など用をすませたりしていると，放置自転車のために道路が狭くなってしまいます。そのため，緊急車両が通れなかったり，結果的に事故が起こりやすくなったりして，自転車を放置した人を含めてそのあたり一帯の住民が困ることになります。誰も路上駐輪しなければ，駅前はずっと広くて快適なことでしょう。

ドゥズは，社会的ジレンマの特徴を以下の3点にまとめました（Dawes, 1980）。

1. 選択の自由

各プレーヤーは，協力または非協力を自由意思で選ぶことができます。同時に同じ集団に所属する他の人たちもそれぞれ自由意思でどちらかを選びます。

2. 個人的な利得

一人ひとりにとっては，協力を選択するよりも非協力を選択するほうが，望ましい結果が得られます。

3. 集団としての利得

全員が自分にとって有利な非協力を選択した場合の結果は，全員が協力を選択した場合の結果よりも望ましくないものになります。このようになってしまうのは，あくまで意図していない結果であることもまた特徴です。社会的ジレンマ研究で著名な山岸は，『社会的ジレンマのしくみ』（1990）の冒頭で，社会的ジレンマを「集団全体が自分で自分の首を絞めている状況」と表現しています（p.1）。なぜなら，集団としてはこうすればよいとわかっているにもかかわらず，誰も自分から進んでそうしない点が特徴だからです。

ちなみに，社会的ジレンマと似て非なる現象に社会的迷惑があります。たとえば，ある地域で川岸に建てられている工場が河川を汚染するような廃棄物を出しているとしましょう。工場経営者と従業員が他の地域に住んでいれば，廃

棄物を出し続けてでも安価に生産を続けたほうが，環境に配慮することにコストをかけるよりも得ということかもしれません。しかし，その地域の住民は被害を受け続けることになります。このように，全体に被害を与える人間がいて，その人たちにとっては全員非協力の状態のほうが全員が協力した状態よりも望ましいという状況は，社会的ジレンマとは呼びません。

4.3.2　社会的ジレンマのゲーム

　社会的ジレンマについても，囚人のジレンマと同じように，人がどのような得点構造のときにどのような状況でどのような選択をするのかが，実験室実験で検討されています。その際に使われている一般的な手続き（give some game）を紹介しておきましょう（図4.6）。

　まず，実験参加者は互いに面識のない3～8人です。互いに面識がないことをあらかじめ依頼の際に確認しておき，さらにその場で面識ができてしまうことを防ぐために，実験室に着いた参加者同士に顔を合わす機会を作らないように到着順に小部屋に誘導します。また，実験終了後も顔を合わせないように配慮されていることを伝えます。これらは，匿名性を保ち，他の参加者たちからどう思われるだろうという心配（評価懸念）を起こさせないようにするための手続きです。

　実験が始まると，各参加者はまず元手としていくらか（ここでは100円とし

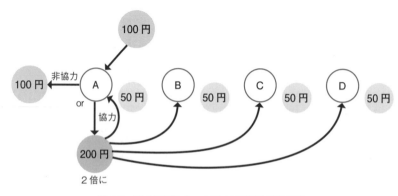

図4.6　社会的ジレンマにおける利得構造の例

ます）を与えられ，その中から他の参加者たちのためにいくら寄付するか決めるように求められます。元手（100 円）のうち何円寄付するかは，参加者がそれぞれ自由に決めるのですが，参加者が寄付した金額は 2 倍に増やされ，他の参加者たちに平等に配られるシステムになっています（本人は含まれない）。このような意思決定を一定の回数繰り返します。

　この手続きにドゥズの挙げた社会的ジレンマの 3 つの特徴がきちんと含まれていることを確認してください。この状況では，まったく寄付しない場合（非協力），元手の 100 円はそっくり自分のものになります。だから，個人的な利得は非協力にあります。また，全員が 100 円ずつ寄付すれば（協力），自分の元手は失いますが，それぞれが寄付した金額が倍になって他の人たちに回るため，結局のところ全員が 200 円を受け取ることになるのです。一方，誰もまったく寄付しなければ（非協力），全員が元手の 100 円を持ったままの状態になります。損はしないようにみえますが，みんなが協力した場合と比べると報酬は少ない状況です。たくさん寄付することは集団全体をみれば好ましいのですが，自分が寄付しても，他の人が寄付してくれなければ自分の元手を失うだけに終わります。したがって，他の人たちの選択にかかわらず，自分は寄付をしないほうが常に得なのです。このようにみてみると，実験状況が社会的ジレンマになっていることがわかるでしょう。

4.3.3　囚人のジレンマとの違い

　社会的ジレンマは，囚人のジレンマのプレーヤー数を増やしただけにみえるかもしれません。けれども，プレーヤー増に伴いいくつかの質的な変化があります。

　まず，囚人のジレンマでは相手が協力を選んだか非協力を選んだかを確実に知ることができますが，社会的ジレンマでは，多くの場合誰が協力して誰が協力していないのかがわかりません。つまり，匿名性が高いのです。次に，囚人のジレンマでは，非協力の結果生じる損害は直接相手のプレーヤーに集中しますが，社会的ジレンマでは，個人の非協力の結果生じる損害が集団の大多数のメンバーの間に拡散します。

　以上の 2 点により，社会的ジレンマ状況では，囚人のジレンマでは良い戦略であった応報戦略の効果が薄く，解決がとても難しくなります。

　といいますのは，集団状況で応報戦略を使うとすれば，集団内に何人（あるいは何％）以上協力する人がいれば自分も協力する，協力者がそれより少なかったら協力しない，という形をとることになるでしょう。ただ，ある人が応報戦略をとって，非協力的な 1 人か 2 人を罰するために非協力を選んでも，その非協力者当人はあまり困りません。下手をすると気がつかないでしょう。そのため，非協力者を協力に転じさせるパワーに欠けてしまうのです。その上，たった 1 人の非協力者を罰するために，他の多くの善良な人たちが損をしてしまうこともあります。たとえば，夜中に生ごみを出す人が 1 人いるため，近所の人たちがみんなで非協力行動（夜中のごみ出し）をとったと考えましょう。この場合，このごみ収集所はネコやカラスがごみ袋を破ってごみが散らかる，臭いが出るなど荒れることが予想されますが，みんながそれに耐えて非協力を選び続けても，肝心のごみ出しルールを守らない人が改心して夜出すのをやめてくれるかどうかはわかりません。そうなると，ひどい臭いや汚れに耐えたことが馬鹿らしくなるでしょう。このような事情のため，集団メンバーとしても利益は享受したいけれども個人的なコストは負担しない，**ただ乗り**（free rider）を許すことになってしまうのです。これに加えて，協力しなかった人が誰なのかわかりにくいがために普段は協力的な人もつい非協力的な行動をとることがあります。

　大きな集団の場合，数パーセントの人間のただ乗りを許しておくことも可能でしょう。けれども，人は互恵性に価値を置く生き物なので，元々協力的な人たちであっても，非協力者を目のあたりにすると腹が立ってきて，まじめに協力する気を失いがちです。そうすると，非協力者の割合が徐々に増え，最終的には集団として望ましくない状態（共貧状態）に陥ってしまいます。一度このような流れが生まれると，それを押しとどめることは難しいものです。自分一人が協力しても，どうしようもないからです。これまでの実験によれば，集団サイズが大きいほど，また匿名性が高いほど，共貧状態に陥りやすいことがわかっています。

4.3.4 社会的ジレンマ状況での罰の意味

それならば，非協力者のみを選んで制裁を与えればよいと思われるかもしれません。けれども，人々の行動を監視したり，非協力者へ制裁を与えたりすることもまた社会的ジレンマになっていて，解決は難しいのです。というのは，非協力的な相手を探し出して特別に制裁を与えるためには，その人たちは何らかのコストを払う必要があるからです。

例として，駅の近くに違法駐輪している人たちに罰を与えたい場合を考えてみましょう。まずは誰がルールを破っているのかを知るため，その人たちが自転車を止めに来るまで見張っている必要がありますが，これは時間と手間という意味でコストがかかります。また，相手が見つかったら，抗議するなど何らかの形で制裁行動をとることになりますが，これには，相手から逆に反撃されるというリスクがあるという意味でコストがかかります。その場で怒鳴られて嫌な思いをするだけではなく，殴られたり，仕返しとして変なうわさを近所で流されたり，ポストに生ごみを入れられたりするかもしれません。そのようにコストのかかる行動を誰かがやってくれればよいのですが，果たして喜んで引き受けてくれる人がいるでしょうか。誰かがそのルール違反者を制裁してくれればみんなにとって得になりますが，個人的には，制裁行動をとるよりとらないほうが得です。かといって，制裁を下す役割を誰も引き受けなければ，その違反者は増長するし，まねして違反する人が出てしまいそうです。このように違反者への制裁もまた社会的ジレンマ状況になっているのです（**2 次的ジレンマ**の問題と呼ばれます）。

このような 2 次的ジレンマの問題を何とか解決し，相互監視・相互制裁のシステムがうまく働くようになったとしても，さらなる問題が待っています。それは，行動を監視され統制されているうちに，自発的に協力しようという気持ち（内発的動機づけ）が薄れる傾向があることなのです。同時に，他の人たちが協力しているのはしたいからではなく制裁システムがあるからだと考えるようになり（原因の内的帰属），他者への信頼感も薄れてしまう危険性もあります。これもまた長期的な視点に立てば問題をはらんでいます。

たとえば，ゲームにはまっている子どもや数独にはまっている人は，暇を見

つけてはそれらに熱中しています。このようなとき，その人たちは純粋に自分自身の楽しさという心の内側から動機づけられており，外部からの報酬はないという意味で，内発的に動機づけられた状態であると心理学では解釈します。教育心理学的研究によれば，すでに内発的に動機づけられている人に，外発的動機づけを与えて同じ作業をさせると，内発的動機が下がることがわかっています。たとえば，元々絵が好きで描いている子どもに，「うまくできたらご褒美をあげる」と伝えて絵を描かせると，その後多くの子どもが自主的に絵を描くことをやめてしまいます。これは，元々好きだからやっている（内発的に動機づけられていた）ことに対し外から別の報酬が与えられるようになると，自分は好きだからやっているのではなく報酬がほしいからやっているのだと，自分の行動の原因を誤って考えるようになるからだと考えられています[2]。

　この知見を，社会的ジレンマにどのように応用できるでしょうか。山岸（2002）は，相互制裁システムがない社会的ジレンマ状況において，日本人はアメリカ人よりも協力率が低いことを示しています。この日米比較実験では，4.3.2 項で紹介した罰金の存在しない統制条件に加えて，「罰金あり」条件が設けられていました。罰金あり条件の参加者たちは，①自分が集団のためにいくら寄付するか，に加え，②4 人の中でもっとも寄付金額の少ない参加者に対してどのくらいの罰を与えるか，も決めるように求められました。そして ③寄付金額の最少の参加者には，4 人が罰金用に寄付した金額の合計の 2 倍または 3 倍の罰金が科せられたのです。たとえば，4 人全員が 10 円を罰金用に寄付した場合，その合計金額は 40 円となります。そこで，集団のための寄付が一番少なかった参加者の取り分からは 80 円（罰金が 2 倍の場合）または 120 円（罰金が 3 倍の場合）が差し引かれたのです。

　この社会的ジレンマ実験を日本とアメリカの大学生に対して行い，罰金がある場合とない場合の協力率（元手に対して寄付した割合で測定）を調べました。

---

[2] 事前にご褒美を予告すると興味を失っていくのであって，先に作業させてからサプライズでご褒美が出る場合には動機づけの低下は起こりません。ただ，毎回ご褒美があるようにすると言わなくても期待してしまうようになりますから，時々サプライズであげるのが，効果的な使い方ではないでしょうか。

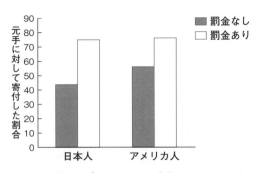

図 4.7　**社会的ジレンマでの日米差**（山岸，2002）

　すると，罰金あり条件では協力率に日米差はありませんでしたが，罰金なしのときには日本においてより協力率が低いという違いがみられました（図 4.7）。

　このような日米差が現れたことについて，山岸は，日本社会はいわゆる集団主義と呼ばれる社会であり集団内での相互協力が頻繁に行われてはいますが，それは相互監視が強いからだろう，と論じています。実際に調査で，日本人には協力しようという内発的動機づけや他の人は放っておいても協力するだろうという意味での信頼感は薄いことが示されています（**表 4.3**）。

　その背景として，日本では集団間の移動がきわめて小さかったという歴史的な経緯が無視できません。生まれた村と同じ村で一生を終えるという生き方が日本では長い間一般的であり，社会的ジレンマが生じたとしても，その集団から抜けて他の集団に移るという解決手段をとることが難しかったといわれています。ここでのキーワードは**関係流動性**（social mobility）です。関係流動性とは，転職率や引っ越し回数など人間関係を変えるような移動の多さを指すのですが（Yuki & Schug, 2012），関係流動性のいわゆる閉鎖的な社会では，問題を何とか集団の中で解決するために，集団による監視や制裁が発達しました。これは安心できる状況に置かれたともいえますが，他のコミュニティとつながりたいときに機会費用のコストがかかってしまいます。一方，アメリカのような関係流動性が高い開放的な社会では，社会的ジレンマが起きた集団から抜けることで各人が問題を解決することができたために，集団として社会的ジレンマを解決するシステムが発達しにくかったのではないでしょうか。その反面，

表 4.3　信頼感の日米比較研究 (山岸, 1998)

尺度および項目	男子学生サンプル		女子学生サンプル		男性一般サンプル		女性一般サンプル	
	日本 n＝583	アメリカ n＝75	日本 n＝330	アメリカ n＝124	日本 n＝167	アメリカ n＝138	日本 n＝39	アメリカ n＝106
一般的信頼尺度 (以下の 6 項目の平均)	3.12	3.60	3.35	3.53	3.53	4.13	3.38	3.85
ほとんどの人は基本的に正直である	3.03	3.29	3.27	3.36	3.93	4.25	4.08	3.86
ほとんどの人は信頼できる	2.57	3.23	2.81	3.12	2.65	4.06	2.41	3.65
ほとんどの人は基本的に善良で親切である	3.20	3.40	3.43	3.41	3.75	4.07	3.51	3.82
ほとんどの人は他人を信頼している	2.89	3.16	3.04	2.85	3.05	3.51	2.92	3.11
私は，人を信頼するほうである	3.60	4.33	3.85	4.37	4.04	4.55	3.79	4.39
たいていの人は，人から信頼された場合，同じようにその相手を信頼する	3.14	4.20	3.60	4.14	3.67	4.32	3.54	4.20

太字は，日米の間で平均値に有意な差 (t テスト，5％水準) のある項目で，平均値の大きい数字である。実際の n は，欠損値に応じて項目ごとに異なっている。

他のコミュニティで悪い評判を得た人が移ってくることがあるので，他者について信頼できる人かどうかを判断する力が養われているといわれています。

　なお，私たちが協調的に振る舞うということはかなり無意識かつ反射的なことのようです。ランドら (Rand et al., 2012) は，公共財ゲームと呼ばれる社会的ジレンマゲームを用いた実験で，考える時間を与えた条件のほうが，考える時間を与えない条件と比べて協力率が下がることを示しました。

4.3.5　社会的ジレンマの解決法

　次に，社会的ジレンマをどのようにしたら解決できるのかを考えていきましょう。環境問題などについては，自然の大切さや社会のことをもっと考えるように説明するなど道徳心に訴えるという対策法をまず思いつきますが，残念ながら，それだけでは社会的ジレンマは解決されないことは数々の実験結果が示しています。囚人のジレンマには応報戦略という効果的な戦略がありました。

けれども先述したように，この戦略は社会的ジレンマでは有効ではなく，社会的ジレンマの解決法はまだ見つかっていません。しかしながら，どのようなときに人は協力しやすいのかについてはいくつかの知見が得られています。ここでは解決法へのヒントということで，5つ紹介しておきたいと思います。

1. 利得構造の変更

　社会的ジレンマ状況は，個々人にとっては，協力したときよりも非協力を選んだときのほうが得になる利得構造をしています。そのため，人々の心構えの問題というよりも，むしろ社会構造上の問題であると考えられます。

　したがって，集団全体にとっての損得には心が及ばず個人の損得構造のみに目を向ける利己主義的な人を協力させるためには，個人にとっての利得構造を変えてしまうことがもっとも効果的でしょう。つまり，協力したほうが個人的に得になるように利得構造を変えてしまうのです。具体的には，協力的な行動をとる人には報酬を，非協力的な行動をとる人には罰を与えるようにすれば，協力のほうが非協力よりも個人的に得になる状況を作ることができます。たとえば，買い物にエコバックを持ってくれば2円割引するなど，エコ行動に対して報酬がもらえるとなれば，利己主義的な人も面倒ではあってもエコバックを持参するようになるでしょう。

　ただし，このようなやり方には問題も残ります。それは，4.3.4項で触れたように，人々の行動を監視し統制するためにはコストがかかり，そのコストの負担をめぐって2次的な社会的ジレンマが起こってしまう点と，行動を監視され統制されているうちに自発的に協力しようという気持ちが薄れる（アンダーマイニング効果）懸念がある点です。

2. はじめの協力率を高めておく

　何度か類似した選択が繰り返される場合，最初の協力率が高いほどその集団での最終的な協力率も高くなるという関係があり，はじめの協力率の影響は大きいようです。

　協力に関する考え方は人によってさまざまです。他のメンバーみんなが非協力を選んでも自分だけは協力を貫く「信念の人」もいれば，他の人たちがどうだろうと協力する気がまったくない根っからの利己主義者もいるでしょう。た

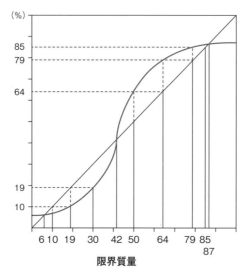

図4.8　**限界質量の説明図**（山岸，1990）

だ大多数は，ある程度の人々が協力するなら，自分だけ馬鹿を見るわけではな
いから協力しようかな，と考えているのではないでしょうか。この「ある程
度」が5割なのか7割なのか9割なのかには差があるにしても。

　山岸（1990）は，はじめの協力率が限界質量を超えることが肝要であると指
摘しています。ある集団における人々の協力傾向の累積分布図を表したものが
図4.8です。この横軸は実際に協力している人の割合，縦軸はそれだけの割合
の人間が協力している状況において自分も協力しようと考える人の割合（共
に%）を示しています。この図によれば，たとえば，50%以上の協力者がいれ
ば自分も協力しようと考える人が64%いて，30%以上の協力者がいれば自分
も協力しようと考える人が19%いることになります。

　最初にたとえば30%が協力した場合を考えてみましょう。すると，グラフ
によれば協力率が30%であっても協力すると考える人は19%しかいません。
そのため，30%中19%は協力を続けますが，残りの11%は協力をやめて非協
力に転じるでしょう。グラフから，19%が協力している状況で自分も協力しよ
うという人は10%しかいません。そのため，協力者はさらに減り，最終的に

6％に落ち着くことが予想されます。

　これに対し，もしもはじめに協力者が50％いたとしたらどうなるでしょうか。50％が協力しているのなら自分も協力するという人は，グラフによれば64％います。すると，次には64％が実際には協力するようになるでしょう。64％が協力するなら自分も協力するという人は，グラフを見ると79％います。そのため，次は79％が協力するでしょう。さらに，79％が協力するなら自分も協力するという人は87％いるので，その次は87％が協力するでしょう。このように協力者がどんどん増えた結果，最終的に87％に落ち着くことが予想されます。

　この2つの例の対比から，明らかになったことは何でしょうか。集団全体の行動傾向からその集団のメンバーたちの性格・行動特性を推測しようとすると，大きな間違いを起こす可能性があることがうかがえます。なぜなら，最初に何％のメンバーが協力しているかが最終的な協力率に大きく影響するからです。言い換えれば，最終的な協力率である6％と87％は45度の直線と交わる点にあたり，6％が協力している状況で自分も協力しようという人は6％いること，87％が協力している状況で自分も協力しようという人がちょうど87％いることから，それ以上協力率が上下しない均衡点にあたります。

　さて，よく見ると，図4.8では45度線と交差する点がもう1カ所あります。それは真ん中のあたり，42％が協力している状態のところです。これが集団の最終的な協力率を決める分岐点にあたり，限界質量と呼ばれます。最初の協力率が42％を超えていれば最終的な協力率は87％まで上がるし，最初の協力率が42％未満なら最終的な協力率は6％まで落ちる，その境目になる最初の協力率なのです。

　このように，2つの集団で最終的な協力率が違ったとしても，それはメンバーたちの生まれ持っての性質（協力的である程度）が異なるわけではなく，最初の協力率が違っただけということがあり得るわけです。そのため，最初の協力率を高くすることが，最終的な協力率を高めるためにとても効果的です。

　それでは，最初の協力率はどうすれば高くなるのでしょうか。この初期値を決めるのは，結局のところ他の人たちをどのくらい信頼できるかではないで

しょうか。他のメンバーの行動について何の情報もない場合には，このような
状況でどのくらいの人たちが協力するかを推測することになりますが，その推
測値は一般的な他者に対する信頼感に大きく左右されることは自然の成り行き
でしょう。

　教室でのいじめ生起に対しても同様のことが適用できます。山岸（2002）は，
先生が誘導するクラスの雰囲気が実際にいじめが起こるかどうかに大きく影響
するという例を使って説明しています。他者への信頼感を高めること（3.で後
述）以外に，4.利己主義的利他主義の学習，5.コミュニケーションもまた，初
期協力率を高めるために有効だと考えられます。

3.　他のメンバーへの信頼感を高める

　他人が信頼でき，自分が協力的な行動をとったとして他の人たちはつけ込ん
だり搾取したりしないと信じることができることが，社会的ジレンマ状況で協
力行動が起こる重要な条件だと考えられます（山岸，1990）。というのは，協
力的な人間と非協力的な人間の違いの中でもっとも目立つのは，他人がどのよ
うな行動をとるかについての予想だという指摘があるからです（Kelly &
Stahelski, 1970）。つまり，非協力的な人は，他の人たちも非協力を選ぶだろう
と考えているからこそ，自分だけ協力しても馬鹿らしいからと，非協力を選ぶ
のです。一方，協力的な人は，人の考え方はさまざまであると考え，相手に
よって自分の行動を変える傾向があります。他の人たちも自分と同じように基
本的には協力することを望んでいて，自分の協力につけ込んだりせずにきっと
協力してくれるだろうと信頼できる場合には，自分も協力的に振る舞うし，相
手が非協力的だとわかれば非協力的に振る舞います。

　興味深いことに，協力的な人と非協力的な人とでは，人が協力する理由につ
いての理解もまた異なるようです。一般に人が他者について持つ印象は，評価
（良いか悪いか）・力動性（強いか弱いか）・活動（活動的か活動的ではないか）
の3要素に分けることができます。リーブランドら（Liberand et al., 1986）は，
この3要素のどれに重点を置くかが，協力的な人と非協力的な人とで異なるこ
とを見出しました。つまり，協力的な人は，人をとらえる際評価にもっとも重
点を置きやすく，協力行動をした人について良い人（道徳的に優れた人）とい

う印象を持つ傾向があります。一方，非協力的な人は，人をとらえる際力動性
次元を重視しやすく，相手が協力的な行動をとったのは腰抜けで弱いからだと
考える傾向がありました。そのため，相互協力の必要性を感じて協力している
相手のことを，搾取しやすい「弱虫」とみなしてしまい，その結果として非協
力行動を続けるのだと考えられます。とすれば，非協力的な人を協力に転じさ
せるためには，相手になめられない毅然とした態度が必要になり，そのために
は非協力には非協力で返す応報戦略が効果的なのです。

　仲が良い集団内，集団が小さいとき，集団にアイデンティティがあるときに
もまた，メンバーへの信頼性が高まるので，協力が起こりやすいこともわかっ
ています。たとえば，クレーマーとブリューア（Kramer & Brewer, 1984）は，
集団としてのアイデンティティを高められた条件で，そうではない条件よりも，
協力関係が増えるかどうかを検討しました。この研究では，たとえば，半数の
集団には，この地域における住民の行動を調べることが実験の目的であると告
げ，残りの半数の集団には，若者と高齢者の行動の比較が目的であると告げる
ことでアイデンティティ意識を高めました。その後6人集団で社会的ジレンマ
のゲームをさせました。その結果，集団のアイデンティティを高められた条件
では，そうでない条件よりも参加者たちはより協力的に振る舞っていました。

4. 利己主義的利他主義を身につける

　「情けは人のためならず」ということわざがあります。最近は親切にするこ
とだけが相手のためになるわけではない（ので親切にする必要はない）という
解釈もあるようですが，本来は「人に親切にしておけば，回り回って自分のた
めになる」という意味です。このように，最終的には自分自身の利益になると
考えて他の人のためになる行動をとることを，**利己主義的利他主義**（山岸，
1990，p.47）と呼びます。社会的ジレンマ問題は構造的な部分が大きいため精
神論での解決は難しいですが，多くの人々が相互協力の重要性を理解すれば，
進んで協力する人が増えるため，社会的ジレンマ解決に向けての助けにはなる
のではないでしょうか。

5. コミュニケーションをとる

　囚人のジレンマも社会的ジレンマもゲーム中の会話を禁じています。これは

手続き上の都合であって，相互に影響を与えない状態で実験をしたいためにそのようにします。しかしながら，現実では多くの場合，私たちは他の人の考えを聞くことができますし，積極的に相談もします。

　当然ながら，メンバー同士がコミュニケーションできる場合には，それができない場合よりも，協力行動が起こりやすいことがわかっています。これはお互いに相互協力が最終的には得であることを確認し合い，採用する戦略を約束することができるからです。さらに，コミュニケーションをとることによって集団としてのアイデンティティが高められることも理由として挙げられます。

コラム 4.1　　感謝の効果

　公共のお手洗いなどで，「きれいに使っていただいてありがとうございます」のような貼り紙を目にする機会が増えました。不特定多数の人が使用する場所をきれいに使ってもらうためには，お願いするよりも，先回りして感謝を表出してしまったほうが効果的なのでしょうか。

　このことについて実験が行われています。たとえば，油尾・吉田（2012）は，駐輪場の使用をテーマにシナリオを用いてこれを検討しました。この実験では，よく使うスーパーの駐輪場がかなり混んでいる状況を描き，駐輪スペースではない場所に止めてしまうか，他の自転車を動かして場所を作って止めるあるいは別の空いている駐輪場を探すというルールを守った行動をするかなどを尋ねました。その際，メッセージ内容（「きれいに駐輪してください」という命令，または「きれいに駐輪していただきありがとうございます」という感謝），送り手情報の有無が操作された貼り紙があったという状況です。この実験では，送り手情報のある感謝メッセージが書かれていた場合にもっとも違法駐輪の意図が低いという結果が得られています（図4.9）。

　また，酒井・相川（2021）は，繰返しのある囚人のジレンマゲームで協力行動に対して感謝を示すことの影響を検討しました。この実験では，実験参加者が初めて協力行動を選んだときに，ゲーム相手であるサクラが「（協力）を出してくれてありがとうございます」と笑顔で発言した実験群と，特に何もしない統制群を設けて比較しました。その結果，協力行動が，統制群（生起率の平均が75.8％）よりも実験群で高くなっていました（同92.5％）。さらに，実験群の参加者たちは，互恵意識がより強く，ゲーム相手により好意を持っていることもまた示されました。

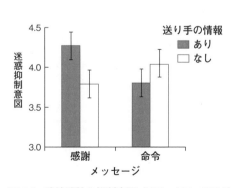

図 4.9　**違法駐輪の抑制意図**（油尾・吉田，2012）

コラム4.2　いじめの心理学的解釈（2）

　第2章でいじめの状況で働く社会的影響に触れましたが，これは社会的ジレンマの知見を使って解釈することもできます（山岸，2002）。

　先述したように，いじめの仲裁役が出にくい最大の原因は，そう行動することでいじめっ子ににらまれていじめの標的にされてしまうからだと考えられます。そのため，いじめが悪いことだと思っても，いじめられっ子がかわいそうだと思っても，自分の身を守るためにいじめに加わらざるを得ないのです（傍観も含む）。

　しかし，もしも多くの生徒がいじめを止めさせようしていたらどうでしょうか。いくら力が強いいじめっ子でも，クラスメート全員をいじめるわけにはいきません。自分までいじめられるのが怖いという理由で観衆や傍観者に回っていた子どもたちは，安心していじめを止める側につくことができるでしょう。

　ここからわかることは，「いじめを止める」行動を選んだことで得られるリスクの大きさがどのくらい多くの他の人たちがその行動をとっているかに依存しているということなのです。このいじめの例では，他の人が同じ行動をとっていればいるほど，その行動をとることによって自分に降りかかるリスクが減ることになります。そのため，他のたくさんの人がいじめを止める行動をとっていればいるほど，自分も同じ行動をとりやすくなるのです。

　実際，いじめ状況は社会的ジレンマ構造になっています。この場合の非協力はいじめる行動（観衆や傍観者も含む），協力はいじめ阻止行動となります。子どもたちはそれぞれどちらの行動をとるかを自分で決めることができ，非協力行動をとったほうが協力行動をとるよりも得です。なぜなら協力したほうがいじめっ子から攻撃対象にされるリスクが低いからです。しかし，みんなで非協力行動をとっているといじめはなくなりませんが，みんなで協力行動をとればいじめを教室から追放することができるので，最終的にはより望ましい結果が得られます。

　ここで，他のどのくらいの子どもがいじめを止める側につけば自分もいじめを止める側につくか，その判断には個人差があります。つまり，クラスの大半がいじめ阻止行動をとらない限り自分はいじめを止めないという安全志向の子どももいれば，他の誰も同じ行動をとる人がいなくてもいじめっ子に抗議する勇者もいることでしょう。

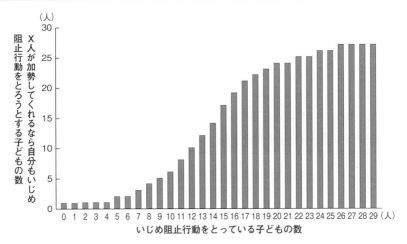

図 4.10 あるクラスにおけるいじめ阻止行動の分布 (山岸, 2002)

仮に 30 人のクラスで子どもたちの意見が図 4.10 のように分布しているとしましょう。はじめにいじめを止めようとした子が 16 人いたとすれば，16 人以上そのような人がいれば自分もいじめを止める側につこうと考えている子がいじめ反対派に回るので，いじめ反対派は 19 人に増えるでしょう。すると，19 人以上そういう人がいれば自分もいじめを止める側につこうと考えている子がいじめ反対派に回るため，いじめ反対派は 23 人に増えます。すると，23 人以上そういう子がいれば自分もいじめを止める側につこうと考えている子がさらにいじめ反対派に回るため，いじめ反対派は 25 人に増えます。このようにしてクラスの大半がいじめ反対の態度をとった結果，いじめは沈静化すると予想できます。

一方，誰もいじめを止める者がいないクラスでは何が起こるでしょうか。たとえ 1 人でもいじめを止めようと思う勇者がいたとしても，それに続く者が出ません。結局その子もいじめっ子に攻撃されて終わるでしょう。

このように，はじめの協力率が大変重要です。そのためには担任の態度も重要で，いじめは許さないという雰囲気を出すことで，同じ行動をとる子どもが少ししかなくてもいじめを止める側につくような子どもを増やすこと（全体的にグラフの棒が高くなります）ができるのです。

┌ **理解度テスト** ─────────────────────────────┐

1. 以下の文を読み，内容が正しいと思うものには○，正しくないと思うものには×を記してください。また，×の場合はどこがどのように違うのかも答えてください。

(1) 社会的交換理論によれば，人々の間で交換される資源には，物やお金やサービスのみならず尊敬の気持ちや愛情のような目に見えないものも含まれる。

(2) 社会的ジレンマは，囚人のジレンマを 3 人以上の集団に拡張した点以外は基本的に同じととらえてよい。

(3) 社会的ジレンマを解決するためには，非協力者に制裁を与えるシステムを作ることが効果的である。

(4) 社会的ジレンマ状況で協力するための一つの重要なカギは，他の人たちも協力すると信頼できるかどうかである。

(5) 日本人のほうが，アメリカ人よりも他の人たち一般への信頼感は高い。

2. 図 4.11 は，台風前のスーパーマーケットの様子です。このような買い込みによる品薄も社会的ジレンマの一つだと考えられます。この場合，プレーヤーは誰で，協力行動は何で，非協力行動は何で，どのようにジレンマになっているのか説明してみましょう（300 字程度）。

図 4.11　**都内西部にあるスーパーマーケットの様子（2019 年 10 月 11 日夜）**

【解答】

1.

(1)		(2)		(3)		(4)		(5)	

2.

（正解は巻末にあります。）

集団間の関係と態度 5

　私たちはさまざまな人と関係を持って社会生活を送っています。その中では，相手を理解し，良好な関係を築けている場合もありますが，考えが合わず，険悪な関係になってしまう場合もあります。このことは集団同士の関係でも同様ですが，集団レベルでは厄介な問題が生じてきます。それは偏見や差別の問題です。人は時に，相手のことをよく知らないにもかかわらず，ある集団の一員であるという理由で悪い印象を抱いたり，相手が不利になるような扱いをしたりします。

　本章では，集団間の関係に焦点をあてて，人がなぜ偏見を抱き，差別するのかという問題について考えていきたいと思います。自分はそのようなことはしないから関係ないと思う人もいるかもしれません。しかし，人には偏見や差別を示す心理的なメカニズムが備わっていることが，社会心理学の研究から明らかになっています。社会で実際に問題となっている偏見や差別とも関連づけながら，なぜ偏見や差別が生じるのか，どうすればそれらを解消できるかについて考えていきましょう。

5.1 現代社会と偏見・差別

　「先入観で人を判断してはいけない」「偏見や差別のない社会を目指そう」といった考え方について，あなたはどう思いますか。おそらく，多くの人は「そう思う」「賛成だ」といった意見を持っていることでしょう。少なくとも，こうした考え方を拒否して，積極的に偏見に満ちた発言をしたり，あからさまに

差別的な行動をしたりする人は多くないと思われます。道徳や公民，倫理など
の授業では，偏見や差別はよくないものとして教わりますし，現代社会では
「人は皆平等である」といった信念が広く共有されています。日本国憲法第14
条でも，「すべて国民は，法の下に平等であって，人種，信条，性別，社会的
身分又は門地により，政治的，経済的又は社会的関係において，差別されな
い。」と定められています。

　しかしながら，現代の社会が偏見や差別のない平等な社会であるかと問われ
れば，否と答えざるを得ません。男女格差の大きさを示すジェンダー・ギャッ
プ指数が毎年発表されていますが，日本は調査対象となっている約150カ国中
で110〜120位くらいの順位となっており，特に政治と経済の分野で男女の格
差が大きくなっています。性別に関していえば，性的マイノリティに対する偏
見の問題もあります。その他にも，障害者やアイヌの人々，部落出身者に対す
る差別も存在します。

　偏見や差別は，その対象となっている人々の排除や迫害につながる可能性が
あります。たとえば，男尊女卑傾向が強い会社では，男性は昇進しやすく，同
じ業績を残したとしても女性は昇進しづらくなっているかもしれません。
STEM[1] に関連する職種では，「女性は数学が苦手」というイメージによって，
そもそも女性が採用されにくくなっているかもしれません。近年では，憎悪犯
罪（ヘイト・クライム）も問題になっています。新型コロナウイルスの感染拡
大とともに，アメリカではアジア系に対する憎悪犯罪が多くなっているといわ
れています。日本でも，感染者やその家族，医療従事者に対する差別的な発言
は，SNSなどインターネット上で多く見受けられます。人種や民族，宗教，
性的指向，職業など，ある「集団」の一員であるというだけで，暴行や暴言を
浴びせられたり，生命を脅かされる事態に遭わせられたりしてしまうのです。

　私たちはさまざまな集団に所属して生活しています。第1章でも触れたよう
に，集団への所属は私たちにさまざまな利点をもたらしてくれます。その一方
で，集団に所属するがゆえに生じる問題もあります。偏見や差別はその一つで

---

[1] Science（科学），Technology（技術），Engineering（工学），Mathematics（数学）
の頭文字をとって STEM（ステム）と呼ばれます。

しょう。では，なぜ人は偏見を抱いたり，差別をしたりしてしまうのでしょう
か。それらはどのような場合に強くなり，どうすれば弱めたりなくしたりする
ことができるのでしょうか。この章では，こうした問題に関わる心理について，
集団間の関係に注目して考えていきたいと思います。

5.2 集団に対する態度

5.2.1 集団間態度

人や物事に対する感じ方や評価を，社会心理学では**態度**と呼びます。偏見や
差別は，集団やその成員（メンバー）に対する感じ方や接し方ですので，集団
に対する態度，すなわち**集団間態度**であるといえます。集団のイメージをステ
レオタイプといいますが，ステレオタイプもまた集団間態度の一つとして位置
づけられます。

態度は一般に，認知的要素，感情的要素，行動的要素の3つの要素から成り
立っていると考えられています（Rosenberg & Hovland, 1960）。ステレオタイ
プ，偏見，差別は，日常ではしっかりと区別されることなく使われているとこ
ろがありますが，態度を構成する3つの要素に対応づけると，ステレオタイプ
は認知的要素，偏見は感情的要素，差別は行動的要素に該当し，それぞれ異な
る概念として扱われます。

この章では，集団間態度に集団間の関係がどのように影響しているかをみて
いきますが，その前に集団間態度を構成する3つの概念がどのように定義され，
区別されているかを理解しておきましょう。なお，人種や民族，性別，年齢，
職業など，人々を何らかの基準で分けるくくりを**社会的カテゴリー**といいます。
黒人，日本人，女性，高齢者，弁護士などの社会的カテゴリーに対する態度は，
社会的・文化的に広く共有されており，人種差別やホロコースト（たとえば，
ナチス・ドイツによるユダヤ人の虐殺）など，重大な社会問題に関わっている
場合もあります。第0章で述べた集団としての特徴を備えていない場合が多い
ですが，社会的カテゴリーも集団間態度の対象となる「集団」に含まれます。

5.2.2　ステレオタイプ，偏見，差別の定義

　私たちは，「黒人は運動神経が良い」「女性は感情的になりやすい」「高齢者は頑固である」など，ある集団の人々の特徴に関して特定のイメージを持っていることがあります。このように，集団やその成員が持つ属性（性格や能力，身体的特徴など）に関する一般化された知識や信念を**ステレオタイプ**（stereotype）と呼びます。日本語では「固定観念」（あるいは「紋切り型」）と訳されることがありますが，固定観念は集団に限らず，凝り固まった考えを指す言葉ですから，社会心理学ではそのままカタカナ書きで「ステレオタイプ」を用います。

　ステレオタイプは，元々印刷の版型を指す語でした。これを上記のような社会心理学的な概念を表す語として初めて用いたのは，アメリカのジャーナリスト，ウォルター・リップマンです。彼は，著書『世論』（Lippmann, 1922 掛川訳 1987）の中で，ステレオタイプを「頭の中の画像（pictures in mind）」と表現し，人々は集団に対して，個性や多様性を無視して心の中に作り上げたイメージに反応しているのだと論じました。感情的な女性もいれば，理性的な女性もいます。頑固な高齢者もいますが，柔軟で新しいことに寛容な高齢者もいます。しかし，私たちはこうした多様性を無視して，目の前にいる女性を感情的だろうとか，高齢者を頑固だろうなどと，ステレオタイプにあてはめてとらえがちになってしまいます（このことについては，第6章で詳しくみていきます）。このように，ステレオタイプには固定的で画一的な判断につながりやすいという，否定的な側面があります。

　一方で，ステレオタイプには，目の前に広がっている複雑で混沌とした世界を理解する上で有効な認知的枠組みとして機能する側面もあります（McGarty et al., 2002）。私たちは日々，多くの人に出会います。新学期に初めて会うクラスメート，カフェで隣の席に座っている人，帰り道の途中ですれ違う人。毎日数え切れない人に会っていて，個人について詳しく知る時間も機会もないことがほとんどです。そこで私たちはステレオタイプを用いるわけです。ステレオタイプは知識として持っているものですから，それを使えば思考の節約になりますし，合っているかどうかはわかりませんが，相手がどのような人である

かを理解することにもなります。リップマンもこうしたステレオタイプの機能を指摘して，ステレオタイプは必要悪だと言っていますし，集団間態度研究の先駆的研究者であるオルポート（Allport, 1954 原谷・野村訳 1968）も，ステレオタイプは知覚および思考の単純さを維持する装置であると述べています。

　ステレオタイプは，集団やその成員に関する単純なイメージであり，好き嫌いなどを含まない認知的なものです。これに対し，集団に対する感情や，ステレオタイプに感情的な要素や評価が加わったものを**偏見**（prejudice）と呼びます。「黒人は怖い」「女性は感情的だからリーダーには向いていない」「高齢者は頑固だから嫌い」などがその例です。「お金持ちは欲しいものを買えてうらやましい」など，集団に向けられる感情がポジティブである場合も，定義上は偏見に含まれます。ただし，一般的にはネガティブな感情や評価を含んだものが偏見ととらえられ，社会的にも問題となりやすくなります。なお，ステレオタイプはその内容に肯定的なものも否定的なものも含みます。

　最後に差別です。**差別**（discrimination）は，集団の成員に対してとられる否定的な行動です。「黒人の入店を拒否する」「理性的な判断が必要な職種だから女性は雇わない」「高齢者の発言を無視する」といった例が挙げられます。ステレオタイプと偏見が，人々の心の内側にあり，直接的には目に見えないものであるのに対し，差別は外から観察可能な行動を伴います。

5.2.3　ステレオタイプ，偏見，差別の関係

　以上のように，ステレオタイプ，偏見，差別は概念的に区別できるものですが，いずれも集団に対する態度に関わるものですから，一貫した関係を持っていることが多くあります。ある集団に関して否定的なステレオタイプを持っていれば，その集団には否定的な感情を抱きやすくなり，偏見や差別を示しやすくなります。しかし，否定的なステレオタイプを持っていても，偏見を示さなかったり，差別行動をとらなかったりするなど，三者が一貫しないこともあります。

　この点に関して，人種に対する態度と行動が必ずしも一貫しないことを示したものとして有名なのが，ラピエール（LaPiere, 1934）の研究です。彼は，中

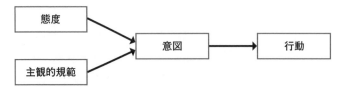

図 5.1 合理的行為理論 (Fishbein & Ajzen, 1975 より作成)

国人夫婦と一緒にアメリカ国内を旅行し，ホテルやレストランで中国人夫婦が客として迎え入れられるかどうかを調べました。その結果，128 軒中 118 軒で中国人夫婦は迎え入れられ，入店を拒否されるケースはほとんどありませんでした。一方で，中国人を客として迎え入れるかどうかを質問する調査を行ったところ，251 軒中 250 軒，つまりほぼすべてのホテル，レストランが「迎え入れない」と答えました。差別の対象となっている人々を拒否しようとする感情的な反応と実際の行動の非一貫性が示されたわけです。

　こうした非一貫性はどのように説明できるでしょうか。フィッシュバインとアイゼン（Fishbein & Ajzen, 1975）の**合理的行為理論**（theory of reasoned action）によれば，行動に直接的に影響するのは行動をとろうとする意図であり，意図は態度と主観的規範によって規定されます（図 5.1）。主観的規範は，周囲の人々がその行動をとることをどの程度期待しているかといった，行動の望ましさに関する認知を指します。この理論に従えば，態度と主観的規範が一致している場合には，態度と行動は一貫しやすくなります。逆に，態度と主観的規範が一致せず，意図に対して態度よりも主観的規範の影響が強い場合には，態度と行動は一貫しなくなると考えられます。ある集団に対する態度が否定的なステレオタイプや偏見に彩られていたとしても，「平等であるべき」「差別は忌避されるべき」といった規範の影響が強ければ，差別行動は生じにくくなります。

　しかし，ラピエールの研究が行われたのは，黒人やアジア人など，有色人種に対する差別が公然と行われていた 1930 年代のアメリカです。こうした時代において，差別を望ましくないとする規範は強くなかったはずです。それでも調査の結果と実際の行動が一貫しなかったのは，調査で尋ねられているのが中

国人であったのに対し，実際にホテルやレストランに出向いたときは，白人（ラピエール自身）と一緒に来店した中国人であったことが関係していると考えられます。来店場面では，白人と同伴している者は入店拒否すべきでないという主観的規範が働いたとすれば，合理的行為理論の枠組みで態度と行動の非一貫性を説明できます。

5.3　集団間の葛藤

5.3.1　内集団ひいき

　高校野球の全国大会（甲子園）で地元の高校が試合をしているのを見ると，選手たちと直接的な知り合いでなかったとしても，応援したり，勝ってほしいと願ったりする人は多いと思います（少なくとも負けてほしいと願う人はほとんどいないでしょう）。そして，勝てば喜び，負ければ悔しくなったり，負けた原因を審判の判定のせいにしたりすることもあるでしょう。自分が所属している集団を内集団，所属していない集団を外集団といいますが，人は一般に，外集団よりも内集団を高く評価し，好意的に扱おうとする傾向があります。これを**内集団ひいき**，あるいは内集団バイアスと呼びます。

　するほうであれされるほうであれ，内集団ひいきは日常的に身近なところで経験されますが，自分たち内集団を好意的にとらえている分には，大きな問題が生じることはほとんどありません。しかし，外集団を否定的に評価し，敵意や嫌悪が伴うようになると，容易に差別が行われるようになり，集団間が対立し，いがみ合うような事態も起こり得ます。たとえば，サッカーチームの熱烈なサポーターが暴徒化し，相手チームのサポーターと衝突して死傷者が出るような事故が，過去に何度も起きています。内集団ひいきを発端として民族間で対立が生じ，それがエスカレートすれば，紛争や戦争につながる危険性もあります。内集団ひいきはこうした大きな問題の原因にもなり得ることから，その心理過程を検討する研究が古くから行われてきました。

5.3.2　現実的葛藤理論と泥棒洞窟実験

　内集団ひいきを説明する初期の理論として，**現実的葛藤理論**（realistic group conflict theory）があります（Campbell, 1965）。この理論では，集団間で現実的に生じる利害の葛藤が内集団ひいきを強め，偏見や差別を生むと考えられています。集団の間には，一方の集団が手に入れると，もう一方は得られないという競争関係がある場合が多くあります。スポーツの試合の勝敗もそうですし，希少な資源をめぐる競争もそうです。このような両立不能な利害が集団間にあるとき，内集団に対する所属意識と集団成員同士の連帯が高まり，他方で，外集団に対する敵意や嫌悪が生じるというのが，現実的葛藤理論の基本仮説です。逆に言えば，利害の葛藤がなかったり，利害が両立可能なものであれば，外集団に対する態度は寛容で友好的なものになるともいえます。

　現実的葛藤理論を実証したものとして有名なのが，シェリフら（Sherif et al., 1961）が行ったフィールド実験です。実験は全部で3回行われたのですが，いずれも少年たちが夏休み中に行うキャンプを利用して行われたことから，サマーキャンプ実験と呼ばれています。以下では，1954年に行われた3回目の実験を詳しく紹介します。この実験は，アメリカのオクラホマ州にある泥棒洞窟（Robbers Cave）州立公園で行われたことから，泥棒洞窟実験とも呼ばれます。

　実験に参加したのは，22人の11歳の少年たちでした。彼らは事前に面識がなく，全員白人で，安定した標準的な家庭で生活している「普通」の少年でした。実験期間は3週間で，1週目を第1段階，2週目を第2段階，3週目を第3段階として，各段階で行われたこととその結果を説明していきます。

　第1段階は，少年たちが互いを知り，集団生活の基礎を作る期間でした。22人の少年たちは11人ずつ2つの集団に分けられ，キャンプ生活をスタートさせます。このとき，集団ごとに集合場所は違っており，同じようなキャンプ生活を送っている別の集団があることは知らされていませんでした。2つの集団は，広い公園内の離れた場所で集団生活を送ります。そうしているうちに，リーダーが出現し，集団内での役割分担も進み，各メンバーが集団の一員として振る舞うようになりました。「ラトラーズ（ガラガラヘビ）」「イーグルス」

といった集団名もつけました。まさしく「集団」が出来上がったわけです。そして，第1段階の最後で，別の集団がいることを少年たちに伝えます。もう一つの集団があると知って，相手集団と競うことを望む少年もいました。

　第2段階では，勝ち負けのつく競技などを行い，2つの集団が競争関係になるようにしました。野球の試合や，綱引き，テント張り競争，宝探しゲームなどが行われ，勝利した集団にはトロフィーやメダルが与えられ，総合優勝すれば賞品としてナイフがもらえることになっていました。集団間に両立不能な利害の葛藤がある状況です。すると，試合中には相手集団にヤジを飛ばし合い，食堂で会えば互いをからかい罵るようになりました。夜に相手集団に奇襲攻撃をかける少年たちも現れ始めました。外集団に対する敵意が示されたわけです。一方で，集団内での不和やいざこざも生じましたが，それらは解決され，結果として団結力は強くなった様子でした。競争は最終的にイーグルスが勝利したのですが，イーグルスのメンバーは飛び跳ねて喜び，ラトラーズのメンバーは意気消沈し，静かに地面に座っていました。

　第2段階の終了時に，実験者は少年たちにいくつか質問しました。まず，実験に参加している少年の中で友人と思えるのは誰かを答えてもらったところ，どちらの集団でもほとんどの少年が自分たち，すなわち内集団のメンバーを選んでいました（ラトラーズで93.6％，イーグルスで92.5％）。また，勇敢な，友好的など，6項目で各集団の好ましさを評定してもらいました。その結果は図5.2の上側に示すとおりでした。どちらの集団も内集団を肯定的に，外集団を否定的に評定していたことが読みとれます。集団間に競争や葛藤がある状況では，外集団に対する敵意や偏見が伴う，強い内集団ひいきが生じることが示されたわけです。

　そして，実験は第3段階に入ります。第3段階では，集団間の対立や偏見の解消が試みられました。まず，2つの集団で一緒に映画を見る，同じ食堂で食事をとる，花火をするといったレクリエーションイベントが開催されました。しかし，これらはうまくいきませんでした。食堂では食べ物を早く得ようとして競争になり，さらには食べ物を投げ合う事態になりました。外集団を非難したり侮辱したりする発言も多くみられました。単に交流，接触するだけでは，

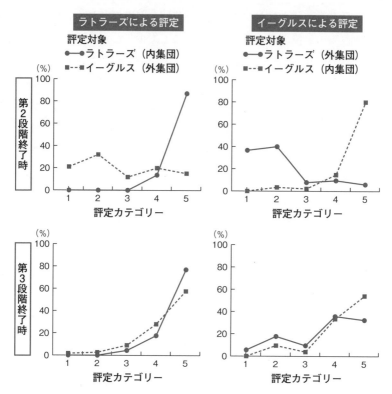

図5.2　泥棒洞窟実験における内集団・外集団に対する評定（Sherif et al., 1961 より作成）
各グラフとも，横軸は評定カテゴリーであり，「1」がもっとも好ましくない評定，「5」
がもっとも好ましい評定。縦軸は各評定カテゴリーが選択された割合（%）。

集団間の対立や偏見は解消するどころか，むしろ深まってしまいました。

　第3段階の後半では，上位目標が導入されました。上位目標とは，自分たち
の力だけでは達成できないが，お互いが協力して取り組めば達成できる目標で
す。具体的には，公園の給水装置が故障し，両集団が協力して取り組まないと
直せない状況を作りました。また，食料を載せたトラックが故障して立ち往生
し，両集団のメンバー総動員で1本のロープを引っ張らなければ，トラックが
動かないようにもしました（トラックを動かさなければ，食べ物が得られな
い！）。

　こうして2つの集団が同じ目標を達成するべく協力していくうちに，外集団

に対する敵意は少しずつ弱くなっていきました。第2段階と同じように，友人選択をしてもらったところ，内集団メンバーは依然として選ばれやすかったのですが，その割合は第2段階終了時に比べて低くなっていました（ラトラーズで63.6%，イーグルスで76.8%）。各集団に対する好ましさの評定も，内集団ひいき傾向が弱くなっていました（図5.2の下側）。キャンプが終わって家に帰るときには，両集団は別々ではなく，一緒のバスに乗って帰りたいと言うまでになりました。上位目標のもとで互いに協力することが，集団間の対立と偏見の解消につながったのです。

5.3.3　現実的葛藤理論と実際の集団間態度

　泥棒洞窟実験は，①競争による集団間の葛藤が，一方では集団内の結束を生み，他方では外集団に対する偏見や差別を生むこと，②上位目標の達成に向けた集団間の協力が対立や偏見，差別を解決すること，を示しており，現実的葛藤理論を明確に支持する証拠を提供しています。また，集団間の関係が短期間のうちに敵対的なものから友好的なものへと変化し，偏見や差別が解消することをダイナミックに示しています。集団間態度は固定的なものではなく，集団同士を取り巻く環境や状況によって変化するものであるといえます。

　現実的葛藤理論は，社会における集団間態度の実例も説明してくれます。1941年に日本軍がハワイの真珠湾を攻撃し，日本とアメリカは太平洋戦争に突入しましたが，その前後でアメリカ人の日本人に対する態度は非好意的に変化しました（Seago, 1947）。1982年，南大西洋にあるフォークランド諸島の領有をめぐり，イギリスとアルゼンチンが戦争状態になりました（フォークランド紛争）。それまで，アルゼンチン人に対して好意的な態度を持つイギリス人が多かったようですが，戦争開始後にその態度は急激に悪化したといいます。そして，1986年に行われたサッカーのワールドカップでアルゼンチン代表がイングランド代表に勝利すると，アルゼンチン国民は熱狂しました。国家間の敵対関係が，相手国民（外集団）に対する反感を生じさせ，自国（内集団）への所属意識と結束を強めたといえるでしょう。ちょうど，泥棒洞窟実験の第2段階でみられたように。

　外集団との関係の知覚に影響する文脈を変化させると，その集団に対する態度が影響を受けることも示されています。ハスラムら（Haslam et al., 1992）は，1990年のイラクのクウェート侵攻後から1991年の湾岸戦争終了時にかけて，オーストラリア人学生を対象として，アメリカに対する態度の変化を検討しました。このとき，アメリカに加え，オーストラリアとイギリスを評定対象に加える場合と，イラクとソ連を評定対象に加える場合がありました。その結果，前者ではアメリカに対する態度が非好意的に変化したのに対し，後者ではあまり変化していませんでした。評定対象となっていた国々との関係において，前者ではアメリカが外集団として知覚されやすく，後者では内集団として知覚されやすかったため，こうした結果が得られたのだと考えられます。

5.3.4　集団間で協力関係を築くことの難しさ

　集団間葛藤理論や泥棒洞窟実験から，集団同士が協力し，友好的な関係を築くことができれば，偏見や差別は生じにくくなると考えられます。しかし，歴史を振り返れば，集団間には敵対的な関係が付き物のように思えます。現代の社会を見渡してみても，確かに友好関係を築いている集団同士もありますが，敵対関係にある集団同士のほうが目につきます。

　協力と競争のどちらをとるかについては，個人間と集団間で異なり，集団間のほうが競争をとりやすい傾向があります。これを**個人—集団不連続性効果**といいます。インスコら（Insko et al., 1987）は，**囚人のジレンマゲーム**を用いて個人—集団不連続性効果を検証しました。囚人のジレンマゲームでは，自分と相手のそれぞれが「協力」か「競争（非協力）」のどちらかを選択し，双方の選択の組合せによって得られる報酬の大きさが決まります（詳しくは第4章参照）。インスコらの実験では，このゲームが10試行行われたのですが，ゲームの進め方には4つの条件がありました。「個人」条件では1対1で対戦しました。「相互依存」条件では，参加者は3人集団の一人として対戦するのですが，得た報酬の3分の1を他の2人と共有することになっていました。つまり，対戦は個人で行いますが，報酬は集団内で相互依存がある状況です。「集団」条件では，3人集団同士で対戦が行われ，3人が相談して集団の選択を決定し

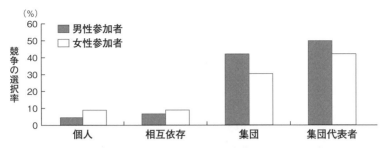

図5.3　囚人のジレンマゲームにおける「競争」の選択率 (Insko et al., 1987より作成)

ました。「集団代表者」条件は「集団」条件と同様の手順でしたが，集団の決定は代表者が伝えることになっていました。各条件で競争が選択された割合は図5.3に示すとおりで，「個人」条件や「相互依存」条件よりも，「集団」条件や「集団代表者」条件では競争が選択されやすくなっていました（なお，参加者の性別による違いはみられませんでした）。個人レベルに比べて集団レベルでは競争がとられやすくなり，集団の代表者がいる場合にはそれに拍車がかかることがわかります。

　ワイルドシュットら（Wildschut et al., 2003）は，個人―集団不連続性効果を検証した研究をレビューし，個人間の相互作用よりも集団間の相互作用のほうが競争的になりやすいことを報告しています。そして，参加者が行動やコミュニケーションを制約されていない場合や，集団で意思決定を行う場合，利害関係の対立が強い場合に，この傾向は顕著なものとなることを見出しています。泥棒洞窟実験で，集団間での競争が始まる前から相手集団と競うことを希望する少年がいたことも，集団間関係が競争的になりやすいことを示唆しています。

　集団間で友好的な関係を築くことの難しさは，原因帰属からもみてとれます。原因帰属は，ある出来事がなぜ起こったのか，その原因を推論することです。原因を，性格や能力など行為者本人の要因に帰属することを内的帰属，他者や状況など行為者以外の要因に帰属することを外的帰属といいます。原因帰属に関しては，自身の望ましい行動は内的に，望ましくない行動は外的に帰属されやすいことが示されています。これを**自己奉仕的バイアス**と呼びますが，同じ

ようなバイアスが集団間の文脈でもみられます。たとえば，インドのヒンドゥー教徒とイスラム教徒を対象とした研究では，望ましくない行動をとったのが内集団成員であった場合は外的帰属が，外集団成員であった場合は内的帰属が行われやすいことが示されています（Taylor & Jaggi, 1974）。逆に，望ましい行動については，内集団の場合は内的に，外集団の場合は外的に帰属されやすくなります（Hewstone, 1990）。**究極的帰属のエラー**（ultimate attribution error）と呼ばれるこうしたバイアスは，集団間関係を敵対的なものにしやすく，内集団ひいきを加速させると考えられます。

5.4　集団への所属と社会的アイデンティティ

　ここまで，集団間の葛藤が内集団ひいきを生じさせること，集団間の関係が競争的になりやすいことをみてきました。しかし，これらを合わせて考えると，一つの疑問が生じます。それは，集団間に明確な競争や葛藤がなかったとしても内集団ひいきが生じるのではないか，ということです。泥棒洞窟実験では，確かに2つの集団が競争的な関係になることで内集団ひいきが生じていました。しかし，競争的な関係がなくても内集団ひいきが生じたかどうかは不明です。つまり，集団間の競争や葛藤は内集団ひいきが生じるための十分条件であるとは言えても，必要条件であるかはわかりません。内集団ひいきは，競争や葛藤がないような，人々が単純に二手に分かれたような集団でも生じるのでしょうか。

5.4.1　最小条件集団実験

　内集団ひいきを生じさせる必要最低限の条件を探ることを目的として，タジフェルら（Tajfel et al., 1971）は**最小条件集団パラダイム**（minimal group paradigm）と呼ばれる方法を用いた実験を行いました。実験には小学校高学年の子どもたちが参加したのですが，最初に2枚の絵を見せ，どちらが好みであるかを答えてもらいました。1枚はパウル・クレー，もう1枚はワシリー・カンディンスキーという画家が描いたものでした。そして，選んだ絵に基づいて，

表 5.1 **報酬分配マトリックスの例**（Tajfel et al., 1971 より作成）

【マトリックス A】

	(a)	(b)	(c)	(d)	(e)	(f)	(g)	(h)	(i)	(j)	(k)	(l)	(m)
クレー集団 No. 74	19	18	17	16	15	14	13	12	11	10	9	8	7
カンディンスキー集団 No. 44	1	3	5	7	9	11	13	15	17	19	21	23	25

【マトリックス B】

	(a)	(b)	(c)	(d)	(e)	(f)	(g)	(h)	(i)	(j)	(k)	(l)	(m)
クレー集団 No. 25	7	8	9	10	11	12	13	14	15	16	17	18	19
カンディンスキー集団 No. 38	1	3	5	7	9	11	13	15	17	19	21	23	25

注：クレー集団が内集団であるときの例。

参加者を「クレー集団」と「カンディンスキー集団」の 2 つの集団に分けました。この集団分けは，性別や人種，仲良しグループなど，現実に存在する集団とは無関係で，どちらの絵を選んでいたかだけで行われたものでした[2]。

　次に，表 5.1 のようなカード（分配マトリックス）を参加者に渡して，クレー集団とカンディンスキー集団の他の参加者にポイントを分配する課題に取り組んでもらいました。参加者には，分配されたポイントによってその人がもらう実験の報酬が決まると伝えておきましたが，分配マトリックスには集団名と参加者番号が書かれているだけで，分配の相手が具体的に誰なのかはわからないようになっていました。また，分配マトリックスは，表 5.1 に示した例と同じポイントの組合せでも，振り分け対象となる集団が上下逆になっているものもあるなど，いくつもの種類がありました。こうした手続きでポイントをどう振り分けるかを，分配マトリックスに示された組合せの中から 1 つずつ選んでもらいます。さて，自分がクレー集団の一員であるとしたら，(a) から (m) のうち，どの組合せを選びますか。

　できるだけ平等に分配する，自分と同じ集団（内集団）の人が得るポイントがなるべく多くなるように分配する，自分とは異なる集団（外集団）の人に多くのポイントを分配する，など，ポイントの分け方にはさまざまな方略があり

---

[2] 最小条件集団パラダイムでは，多くの点が描かれたスライドを見せ，その数を推測させたときに多く見積もるか，少なく見積もるかを基準として集団分けが行われることもあります。

ます。2人の合計が多くなるような組合せを選ぶという方略も考えられます
（このときは実験者が多くを支払うことになりますね）。実験の結果を総合する
と，内集団に多くのポイントを振り分ける傾向がありました。それも単純に内
集団のポイントを多くしようとしたのではなく，外集団よりも内集団のポイン
トが多くなるように分配するというものでした。つまり，内集団ひいきが生じ
たわけです。

　表5.1の2つのマトリックスを用いたときに得られた結果を具体的に説明し
ます。Aのマトリックスでは，右側は分配対象の2人の合計ポイントが最大に
なります（最大合同利益方略）。一方，左側は内集団のポイントが最大になる
（最大内集団利益方略）と同時に，内集団と外集団のポイント差も最大になり
ます（最大差異方略）。左右中央の（g）は平等的な分配となります。Aのマト
リックスはこうした構造になっているわけですが，参加者（ここではクレー集
団）が選択した組合せの平均は，（e）と（f）の中間でした。できるだけ平等
に分配しようと努めていたけれども，外集団よりも内集団の人が多くなるよう
にポイントが分配されたことがわかります。

　興味深いのは，マトリックスBを用いたときの結果です。Bのマトリック
スでは，右側は最大合同利益方略であると同時に，最大内集団利益方略となっ
ています。一方，左側は最大差異方略となっています。実験の結果はというと，
参加者が選んだ組合せの平均は（f）と（g）の中間でした。この結果は一見，
平等的な分配が行われているように思えますが，どうやらそうではないようで
す。マトリックスBは，上段が内集団，下段が外集団になっていますが，こ
の上下を入れ替えて，上段を外集団，下段を内集団とした場合，右側の組合せ
が3つの方略すべてを含むことになります。このときの平均的な選択は，ちょ
うど（i）のあたりでした。これらの結果を合わせて考えると，分配の選択に
は最大差異方略が用いられやすかったと解釈できます。つまり，外集団よりも
内集団に多くのポイントを与えようとする中で，内集団になるべく多くのポイ
ントを与えられるような分配が行われていたといえます。

　最小条件集団パラダイムにおける集団は，実験室の中で人工的に作られたも
ので，成員が協力して何かの作業に取り組むことはありませんし，泥棒洞窟実

験のように，両集団が競争状況にあるわけでもありません。集団内であれ，集
団間であれ，相互作用はない状況です。誰がどちらの集団に所属しているかは
知らされておらず，ポイントの分配対象も，どちらの集団であるかはわかって
も具体的に誰であるかはわからず，匿名性は保証されています。集団分けの基
準もほとんど意味のないもので，集団成員間の共通点や類似性もありません。
まさに，集団であるための最小条件を満たしただけの集団であったわけですが，
こうした集団でも内集団ひいきが生じることを，タジフェルらの実験は示して
います。

5.4.2　社会的アイデンティティ理論

　単に集団に割り当てられただけでも人は内集団ひいきを示すというタジフェ
ルらの実験結果は，当時の社会心理学者たちに大きな衝撃を与えました。その
後，最小条件集団パラダイムを用いた追試研究がいくつも行われていますが，
その多くで同様の結果が得られています（レビューは Brewer, 1979 を参照）。
たとえば，ビリッヒとタジフェル（Billig & Tajfel, 1973）は，コイン投げの裏
表によって集団分けを行った場合でも，内集団ひいきが生じたことを報告して
います。絵の選択による集団分けでは，集団成員に類似性があった可能性が残
りますが，ビリッヒとタジフェルはその可能性を排除したわけです。

　では，なぜ単に集団（カテゴリー）に分かれただけで内集団ひいきが生じる
のでしょうか。タジフェルとターナー（Tajfel & Turner, 1979, 1986）は，**社会
的アイデンティティ理論**（social identity theory）を提唱してこの点を説明し
ています[3]。

　自己紹介などで自分がどのような人であるかを説明しようとするとき，私た
ちは自分の性格や能力，外見的特徴，趣味といった情報を用いたり，出身地や
血液型，職業といった情報を用いたりします。自分自身についてとらえた内容
や知識を自己概念といいますが，このうち前者のように個人的な特徴に基づく
自己概念の側面を個人的アイデンティティといいます。たとえば，「私は親切

---

[3] 社会的アイデンティティ理論を詳しく知るためには，ホッグとアブラムス（Hogg
& Abrams, 1988 吉森・野村訳 1995）や，柿本（1997）が参考になります。

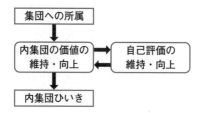

図5.4　社会的アイデンティティ理論に基づく内集団ひいきの生起過程

だ」「自分は数学が得意だ」と言うとき，個人的アイデンティティから自分を
とらえていることになります。一方，自分が所属する集団や社会的カテゴリー
に基づく自己概念の側面を社会的アイデンティティといいます。「私は〇〇県
出身だ」「自分は〇〇大生だ」と言うとき，社会的アイデンティティから自分
をとらえていることになります。

　社会的アイデンティティ理論では，自己概念に社会的アイデンティティが組
み込まれていると仮定されています。また，人は一般に肯定的な自己概念を維
持し，自己評価を高めようとする動機を持っているとも仮定されています。こ
れら2つの仮定を組み合わせると，人は肯定的な社会的アイデンティティを獲
得しようと努力したり，自己評価を高めるために自分が所属している集団，つ
まり内集団の価値を高めようとしたりすると考えられます。内集団の価値が高
まれば，その一員である自分の評価も高めることができるためです。最小条件
集団状況における内集団ひいきも，この点から説明できます（図5.4）。最小
条件集団状況では，内集団と外集団のどちらが優位であるということはないた
め，内集団の成員により多くのポイントを与えることによって内集団の優位性
を確保し，肯定的な社会的アイデンティティを獲得しようとしたと解釈できま
す。

5.4.3　社会的アイデンティティ理論の展開

　社会的アイデンティティ理論は，集団状況で生じるさまざまな現象を説明す
ることができます。たとえば，どちらの集団が勝っているかがはっきりしない
場合でも，内集団の性格や能力を外集団よりも肯定的に評価したり（Ferguson

& Kelley, 1964），外集団の望ましくない行動はよく覚えているのに対して，内集団の望ましくない行動は覚えていなかったりします（Howard & Rothbart, 1980）。前節で紹介した究極的帰属のエラーも含め，これらの現象は肯定的な社会的アイデンティティを求める傾向が原因となって生じていると考えられます。また，内集団の好ましい成員は，同程度に好ましい外集団の成員よりも高く評価され，内集団の好ましくない成員は，同程度に好ましくない外集団の成員よりも低く評価されることが示されています（Marques et al., 1988）。この現象は，家族や組織の厄介者を黒い羊（black sheep）と呼ぶイギリスの慣用句にちなんで，**黒い羊効果**と呼ばれます。好ましい内集団成員を高く評価すれば，集団の価値は高まり，その集団の一員である自分自身の評価も高められます。一方，内集団に好ましくない成員がいると，その集団から得られる社会的アイデンティティの価値が低くなり，自己評価の脅威になります。そのため，このような成員はきわめて低く評価され，内集団から切り離されることになります。このように，黒い羊効果もまた，社会的アイデンティティ理論によって説明できます。

　ただし，集団に分けられたとしても，自分がその集団の一員であると認識していない場合，内集団ひいきは生じません（Tajfel & Turner, 1986）。言い換えると，集団に同一視し，その程度が強いほど内集団ひいきは生じやすくなります（Hinkle et al., 1989; Karasawa, 1991）。黒い羊効果も，内集団に同一視している場合に生じることが示されています（大石・吉田，2001）。

　社会的アイデンティティ理論は，肯定的な自己概念を得ようとする動機的な側面から内集団ひいきを説明するものですが，ターナーら（Turner et al., 1987 蘭ら訳 1995）は，集団に同一視する認知的な過程に焦点をあてた**自己カテゴリー化理論**（self-categorization theory）を提唱しています。私たちはいくつもの集団に所属していますが，この理論では，そのときの状況において自分がどの集団，社会的カテゴリーの一員であるとみなし，同一視するかは，メタ・コントラスト比によって決まるとされています。メタ・コントラスト比は，集団内の類似性と集団間の差異の比率です。集団内の成員が似ているほど，そして，集団間に違いがあるほど，この比率は大きくなり，自分がその集団の一員であ

ると感じられるようになります。そして，集団に同一視すると，自分は典型的
な集団の成員であり，内集団の特徴を強く持っていると認知するようになりま
す（**自己ステレオタイプ化**）。結果として，内集団ひいきや他の成員の成功な
どによる内集団の優位性が，自己高揚につながるようになります。オリンピッ
クで日本代表選手が金メダルを獲得したり，日本人がノーベル賞を受賞したり
すると，自分のことのように嬉しい気持ちになり，「同じ日本人」であること
に誇らしさを感じることがあります。自分と関わりのある他者や集団が成功し
たときに，その他者や集団とのつながりを強く意識したり，強調したりするこ
とを栄光浴といいますが（Cialdini et al., 1976），上の例では自分を日本人とし
てカテゴリー化し，内集団の成功を自己高揚に結びつけていると解釈できます。

5.4.4　内集団の厚遇か外集団の冷遇か

　社会的アイデンティティ理論や，その発展形である自己カテゴリー化理論は，
集団への同一視と自己高揚という点から内集団ひいきを説明するもので，人が
なぜ偏見や差別を示すかを理解する上で有力な理論となっています。これらの
理論をよりどころにして現在までに多くの研究が行われていますが，その一方
で異議があることも事実です。

　その一つとして，山岸らの研究グループは，内集団ひいきは肯定的な社会的
アイデンティティを得ようとして生じるのではなく，集団成員間での助け合い
への期待が内集団ひいきの原因であると主張しています（Yamagishi et al.,
1999; 清成，2002）。最小条件集団実験では，参加者全員が他の参加者にポイン
トを分配しますので，自分に分配されるポイントは他の参加者によって決まる
ことになります。この相互依存性のある状況は，「内集団の人に多くのポイン
トを分配すれば，きっと他の人も自分にそうしてくれるだろう」といった**互恵
性**への期待を生むと考えられます。実際，分配を行うのは自分だけで，内集団
の他のメンバーは行わないと教示した場合には（つまり，互恵性が期待できな
い状況），タジフェルらの実験で観察されたような内集団ひいきが生じないこ
とが示されています（神ら，1996）。

　山岸らの研究は，集団分け（カテゴリー化）に基づく内集団ひいきは，集団

内の成員間にある相互依存性から内集団を厚遇する形で生じているものであり，外集団を冷遇しようとしているものではないことを示唆しています。前節で述べたことと合わせてまとめれば，外集団をおとしめようとする偏見や差別は，単純に集団に分かれただけで生じることはあまりなく，現実的葛藤理論で想定されているように，集団間に競争や葛藤がある状況で顕著になるといえるでしょう。

5.5　偏見の解消

　社会的アイデンティティ理論による内集団ひいきの説明には異議や批判はあるものの，集団に分かれるだけで内集団ひいきが生じ得るという最小条件集団研究の知見は，いったん「われわれ」と「彼ら」に分かれると，少なくとも相対的には外集団を低く評価したり，不利に扱ったりすることにつながることを示しています。集団間に利害の葛藤があれば，外集団に対して偏見や差別が容易に発生することは，泥棒洞窟実験からも明らかです。では，どのようにすれば偏見や差別を解消することができるでしょうか。この点について，集団間の接触による効果と，「われわれ」と「彼ら」を分けるカテゴリー化の変容による効果をみていくことにします。

5.5.1　集団間の接触

　オルポート（Allport, 1954 原谷・野村訳 1968）は，ステレオタイプや偏見，差別は，相手集団に対する無知から生じるとの考えから，集団が接触し，互いを知ることでそれらを低減，解消することが可能であると論じました。この考え方は，接触仮説（contact hypothesis）と呼ばれます。しかし，泥棒洞窟実験（Sherif et al., 1961）から明らかなように，敵対する集団同士が単純に接触するだけでは，相手集団に対する否定的な反応がかえって強くなり，偏見や差別を強めてしまう場合もあります。オルポート自身も，居住地が黒人居住区に近いほど，白人が持つ黒人に対する態度が否定的であることを示すいくつかの証拠を参照し，偏見や差別を解消するには，単純な集団間接触では不十分であ

表 5.2　**効果的な集団間接触の条件**（Brown, 1995 橋口・黒川編訳 1999 より作成）

社会的・制度的支持	接触の促進を企図した諸方策を，社会的および制度的に支持する枠組みがあること。
知悉可能性	接触している成員間が関係を築くために十分な頻度，期間，密度があること。不十分だと，好意的な態度が育まれず，関係を悪化させることさえある。
対等な地位	接触ができる限り対等な地位で行われること。
協同	別々の集団の成員が，どちらにも望ましい共通目標の達成のために，共同で課題を遂行すること。

ることを認めています。そして，集団同士が対等な地位で接触すること，集団同士が共通の目標（上位目標）のもとで協力することなどを，接触仮説が成立する前提条件として指摘しました。

　効果的な**集団間接触**の条件は，その後も追加されたり修正されたりしています。ブラウン（Brown, 1995 橋口・黒川編訳 1999）はそれらを概観し，**表 5.2**の 4 つの条件をもっとも重要なものとして挙げ，それぞれが重要である理由と証拠となる研究知見をまとめています。また，クック（Cook, 1985）は，地位の平等性，反ステレオタイプ的な行動，ポジティブな相互依存性（共通の目標のもとでの協力），個人として知り合う機会，平等主義的な社会規範の 5 つを，効果的な集団間接触の条件として挙げています。

　集団間接触は偏見や差別を解消する上で有効な手段ですが，多くの前提条件（制約といってもいいでしょう）があり，それらすべてを満たす接触の機会を設けるのはなかなか難しいことです。また，外集団の成員に接触する機会を設けること自体が難しい場合も多々あります。たとえば，パプアニューギニアのある部族の人と接触するのは，インターネットを介して多くの人とつながることができる現代であっても，簡単なことではありません。しかし，直接的な接触がなかったとしても，自分の友人や内集団の成員の中に，外集団の成員と友人関係にある人がいて，その人づてに外集団のことを知るだけでも，外集団に対する態度が肯定的になることがあります。こうした間接的な接触による効果は，**拡張接触効果**（extended contact effect）と呼ばれています（**図 5.5**）。

　拡張接触を提唱し，その効果を検証したのは，ライトら（Wright et al.,

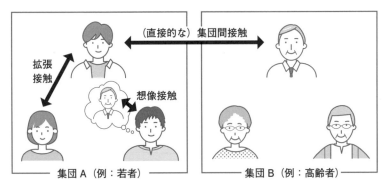

（直接的な）集団間接触

拡張
接触

想像接触

集団 A（例：若者）　　　　　集団 B（例：高齢者）

図 5.5　**集団間接触・拡張接触・想像接触**（熊谷，2014 を改変）

1997）です。彼らはまず，白人を対象とした調査を行い，外集団（アジア系，アフリカ系，ラテン系）の知り合いを持つ内集団成員が多い人ほど，これらの集団に対する偏見が弱いことを示しています。さらに彼らは，実験室内でその場限りの集団を作り，拡張接触効果を検証しています。実験ではまず，参加者を 2 つの集団に分け，集団内で共同作業を行わせて，連帯感を醸成します。次に，集団同士を競わせ，集団間に敵対的な関係が生じるように仕向けます。その後，各集団から代表者をランダムに 1 人ずつ選び，代表者同士が友好的な関係を築ける機会を設けます。そして，代表者は自分の集団に戻って，相手集団の代表者と何をしていたのかを内集団のメンバーに伝えます。その結果，代表者が外集団のことを伝える前に比べ，伝えた後では，外集団よりも内集団を肯定的に評価する傾向が弱くなり，外集団との関係も良好であると評価されていました。報酬分配課題も実施していたのですが，内集団により多くの報酬を分配する傾向も弱くなっていました。外集団を知る内集団成員を通じて外集団のことを知った結果，内集団ひいきが弱まり，外集団に対する態度が肯定的に変化したのだと考えられます。

　接触仮説をさらに拡張したものとして，外集団との接触を想像しただけでも偏見を弱める効果があることを示した研究もあります。ターナーら（Turner et al., 2007）は，大学生に高齢者と会話する場面を想像させると，高齢者よりも若者を肯定的に評価する傾向（つまり，内集団ひいき）が弱くなることを示

しています。また，同様の効果は，同性愛者に対する偏見でもみられ，不安の低下が媒介していることもわかりました。つまり，接触の想像によって外集団に対する不安が和らぐことで，外集団に対する偏見が弱くなるのです。こうした接触による効果は，**想像接触仮説**（imagined contact hypothesis；Crisp & Turner, 2009, 2012）と呼ばれています（図5.5）。

5.5.2　カテゴリー化の変容

　外集団成員との直接的な接触でなくとも，拡張接触や想像接触によって外集団に対する態度が肯定的に変化することを示す研究知見は，偏見や差別の低減や解消を目指す上で明るい材料といえます。しかし，それでも限界はあります。たとえば，外集団成員と相互作用する接触場面を想像するためには，少なからず外集団に関する知識が必要でしょうし，ネガティブな接触場面を想像してしまう場合もあるでしょう。また，接触した相手と肯定的な関係を築けたとしても，それが外集団全般に波及（般化）しなければ，外集団に対する態度は変化

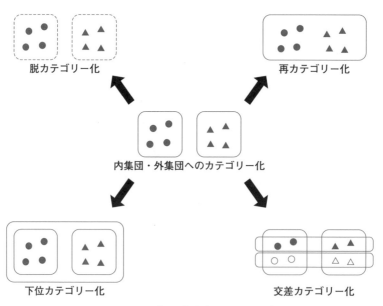

図5.6　カテゴリー化変容の4つのモデル

しないという問題もあります（Brown & Hewstone, 2005）。

　内集団ひいきや偏見が生じる基礎にあるのは，「われわれ」と「彼ら」への集団分け，すなわちカテゴリー化です。したがって，人々をカテゴリー化する認知的な枠組みを変化させることでも，内集団ひいきや偏見を弱めることができると考えられます。こうした観点から，偏見の低減に有効なカテゴリー化の変容が提案されています（図5.6）。

1. 脱カテゴリー化

　内集団と外集団の境界をなくせば，他者を内集団の成員あるいは外集団の成員としてみることができなくなり，一人の個人としてみるほかなくなります。このように，集団の一員ではなく，一個人としてとらえることを，**脱カテゴリー化**（decategorization）といいます（Brewer & Miller, 1984）。脱カテゴリー化した外集団成員との接触は，偏見に基づく判断や行動を抑制できると考えられますが，集団から切り離した接触ですから，集団に対する元々の態度は変化しないという問題が残ります。

2. 再カテゴリー化

　集団の境界をなくしたり目立たなくしたりすることができなければ，脱カテゴリー化は難しくなります。そのような場合は，両集団を包含する上位のカテゴリーで「1つの集団」とすることが効果的です。これを**再カテゴリー化**（re-categorization）といいます。共通の敵に対抗するために，元々2つに分かれていた集団が1つにまとまるといった例が，再カテゴリー化にあたります。泥棒洞窟実験では，敵対していた2つの集団が上位目標を達成するために協力することで偏見が解消していましたが，これも2つの集団が1つの集団として再カテゴリー化され，一体感が生まれたからだと解釈できます。ガートナーら（Gaertner et al., 1993）は，**共通内集団アイデンティティモデル**を提唱し，再カテゴリー化によって外集団成員であった相手を内集団成員と認知し，共通運命にあるという認識があることで，再カテゴリー化前の外集団に対する敵意や偏見が弱まるとしています。

3. 下位カテゴリー化

　2つの集団が1つの集団になろうとしても，元の集団が派閥のようにして残

り，なかなか1つの集団としてまとまらない場合もあります。たとえば，会社が併合したとき，「旧A社社員」「旧B社社員」といった認識があると，一体感は生じづらいですし，出世競争などで対立して敵意が強くなってしまう恐れもあります。こうした場合，元の集団の境界は下位カテゴリーとして残したまま，両集団を上位のカテゴリーで包含する**下位カテゴリー化**（subcategorization）が有効です。

デシャンとブラウン（Deschamps & Brown, 1983）の実験では，文系学部の学生と理系学部の学生に，雑誌の記事を作る作業を行わせました。その際，両学部の学生に同じ役割を与える同一役割条件と，異なる役割を与える相異役割条件がありました。相異役割条件では，学部の特性に合わせて，文系学部の学生には文章作成を，理系学部の学生には統計資料の作成を担当させました。その結果，外集団よりも内集団を肯定的に評価する傾向が，同一役割条件では作業後に強くなっていましたが，相異役割条件では弱くなり，内集団と外集団の評価の差がなくなっていました。元の集団が残っていても，共通の目標を達成するために両集団が別々に貢献することでも，集団間の関係が改善され，偏見が弱まることが示唆されます。

4. 交差カテゴリー化

私たちはさまざまな集団に属していますので，ある次元でカテゴリー化したときには別々の集団になってしまうけれども，別の次元でカテゴリー化したときには同じ集団に属すことになる場合もあります。たとえば，群馬県出身のAさんにとって，栃木県出身のBさんは外集団として認知されるかもしれませんが，職業に目を向けてみると，同じ医者であるといった場合です。このとき，職業の次元では，2人は同じ集団の一員となります。このように，複数の次元でカテゴリー化することを，**交差カテゴリー化**（crossed categorization）といいます。お互いが対立しているようなカテゴリーから，友好関係にあるカテゴリーに注意を向けられれば偏見は弱まると考えられますし，より多くの次元のカテゴリーを考慮すれば，個人として相手をみることにつながり，結果として偏見が弱まるとも考えられます（Crisp & Hewstone, 2007）。しかし，複数の次元でカテゴリー化しても，それらが同じ方向で重なっていれば，内集団と外集

団の区別がより強くなってしまう恐れもあります。また，カテゴリー化に複数の次元を用いるのは認知的な負荷がかかりますし，特定の次元に注意が向いてしまい，他の次元が無視されてしまう可能性もあります。実際，中国人女性を「中国人」として認知したときには，「女性」であることは抑制されてしまうことが示されています（Macrae et al., 1995）。

　ここまで，どのようにすれば偏見を解消できるかについて述べてきましたが，集団間接触もカテゴリー化の変容も，それぞれ効果は見込めるものの，制約や欠点があり，万能な方略ではありません。偏見や差別を弱めたりなくしたりするためには，どのような心理過程によって偏見が生じているかを理解し，集団が置かれた状況なども考慮しながら，より効果が見込め，かつ実行可能な手立てを講じていくことが重要となるでしょう。

理解度テスト
---

1. 以下の文を読み，内容が正しいと思うものには○，正しくないと思うものには×を記してください。また，×の場合はどこがどのように違うのかも答えてください。

(1) 態度を構成する3つの要素に対応づけると，ステレオタイプは認知的，偏見は感情的，差別は行動的な要素に該当する。

(2) ある集団に対する偏見が人々に広く共有されてしまうと，偏見の解消はできなくなるので，最初の段階で偏見が生じないようにすることが重要である。

(3) 2つの集団が交流できる機会さえあれば，それがどのような形態の交流であっても，集団間関係は改善されやすい。

(4) クラスをくじ引きでAグループとBグループに分けただけでも，内集団ひいきは生じる。

(5) 内集団の成員と友人関係を築いている外集団の成員と知り合うことを拡張接触といい，外集団に対する偏見を弱めることができる。

2. 以下のそれぞれの場面で生じているカテゴリー化の変容がどれであるかを，選択肢の中から選んでください。

　　選択肢：A. 脱カテゴリー化，B. 再カテゴリー化，C. 下位カテゴリー化，
　　　　　　　D. 交差カテゴリー化

(1) A社とB社は，あるプロジェクトを共同で進めることになった。各社の得意分野を生かしながら，役割分担して進めた結果，プロジェクトは成功し，A社とB社のメンバーは友好的な関係を築けた。

(2) 同じクラスに障害のある人がいる。その人と話すとき，最初は当惑したが，何度も話しているうちに，障害者であることが気にならなくなった。

(3) ある外国人留学生向けの寮では，出身国が同じか近い人同士でグループができていた。しかし，言語や文化，宗教など，異なるバックグラウンドを持つ人と交流できる機会を設けたところ，出身国でまとまる頻度は少なくなった。

(4) 隣接し合うA町とB町が合併してX市になった。合併後，元A町民と元B町民が一体となって町おこしの活動を進めていくうちに元の町民意識はなく

なり，多くの人がX市民として自分をとらえるようになった。

【解答】

1.

(1)		(2)		(3)		(4)		(5)	

2.

(1)		(2)		(3)		(4)	

（正解は巻末にあります。）

集団の認知と
ステレオタイプ

　第5章では，集団間態度のうち偏見と差別に関わる問題について，集団間関係の視点から考えてきました。この章では，集団間態度を構成するもう一つの要素であるステレオタイプに着目し，ステレオタイプがどのように形成され，維持されるのか，そして，他者との相互作用においてステレオタイプがどのように影響するのかをみていきます。

　ステレオタイプは，偏見や差別の基礎になることから，社会心理学において古くから研究が行われてきました。当初は，ステレオタイプの内容やパーソナリティとの関連が検討されてきましたが，1970年代後半くらいからステレオタイプに関わる認知メカニズムが検討されるようになりました。本章では，こうした認知的アプローチに基づく研究を中心として，ステレオタイプの形成や維持，利用過程をみていきます。私たちの誰もがステレオタイプに頼っているという事実を理解し，どのようにすればステレオタイプを弱めることができるかを考えていきましょう。

6.1　ステレオタイプは「問題」?

　第5章で述べたように，ステレオタイプは，集団や社会的カテゴリーの成員が持つ属性に関する一般化された知識や信念と定義されます。「黒人は運動神経が良い」「高齢者は頑固である」といった具合です。人種や性別，年齢に基づくものなど，ステレオタイプの対象となる集団や社会的カテゴリーは多岐にわたります。

　ステレオタイプにはネガティブな内容だけでなく，ポジティブな内容も含まれます。このうち，問題になるのはネガティブなものであると考える人もいるかもしれません。しかし，たとえポジティブな内容であったとしても，「日本人だからまじめなんだね」などと，ステレオタイプにあてはめて判断されたら，個性が無視されている感じがして素直には喜べないでしょう。このように，ステレオタイプは集団成員の画一的な見方につながり，それが偏見や差別の原因になるというところに問題があります。

　その一方で，ステレオタイプは思考の節約になるという側面もあります。私たちの情報処理能力には限界があるので，出会った人一人ひとりが持つ情報を吟味して，時間をかけて処理する余裕はなかなかありません。しかし，ステレオタイプを利用すれば，他者に関する情報処理を効率的に行うことができます。つまり，ステレオタイプには，効率的な情報処理を可能にするための「道具」としての機能があり，「認知的倹約家（cognitive miser）」（Fiske & Taylor, 1991）である私たちは，この「道具」を使って目の前に広がっている複雑な世界を理解しているのです。

　本章では，ステレオタイプの形成や維持，使用に関する心理過程を概観しますが，そこには「認知的倹約家」としての性質が少なからず関わっています。このことを念頭において，ステレオタイプに関わる心理過程を理解していきましょう。

6.2　ステレオタイプの形成

6.2.1　カテゴリー化による強調効果

　私たちは，目や耳などの感覚器官を通じて多くの情報を取り入れています。その中で目の前にある対象を意味あるものとして認識するために必須なのが，カテゴリー化です。たとえば，今あなたが手にとっているものは「本」ですよね。「本」というカテゴリーにあてはめているからこそ，手に持っているものをどう扱えばよいかがわかり，読み進められているわけです。もし「本」とカテゴリー化されていなければ，手に持っているものが何であるか理解できず，

どう扱えばよいのかと途方に暮れてしまうことでしょう。対象を特定の属性や基準に基づいて分類するカテゴリー化は，人が外界を理解する上でなくてはならない心の働きです。

　カテゴリー化は当然ながら人に対しても行われますが，性別や人種，年齢などの社会的カテゴリーに基づいて人々を分類することは，特に**社会的カテゴリー化**と呼ばれます。そして，人であれものであれ，カテゴリー化が行われると，同じカテゴリーに分類されたもの同士は実際以上に似たものとして知覚されるようになります。一方で，異なるカテゴリーに分類されたもの同士は実際以上に異なるものとして知覚されるようになります。前者のカテゴリー内の類似性の強調は同化効果，後者のカテゴリー間の差異性の強調は対比効果と呼ばれ，両者を合わせて**強調効果**といいます。

　タジフェルとウィルクス（Tajfel & Wilkes, 1963）は，線分の長さを判断する実験を行って，カテゴリー化による強調効果を検証しています。実験は，等間隔で長さが異なる 8 本の線分を，実験参加者に 1 本ずつランダムな順で数回提示して，その長さを答えてもらうというものでした。このとき，短いほうの 4 本に「A」，長いほうの 4 本に「B」とラベルをつけて線分を提示する長さラベル条件，線分の長さとは無関係に「A」か「B」のラベルをつけたランダムラベル条件，ラベルをつけないラベルなし条件がありました。そして，長さが隣り合う 2 本の線分について，参加者が答えた長さの差が実際の差に対して何％のズレがあったかが分析されました。その結果を表したのが**図 6.1** です（ランダムラベル条件とラベルなし条件は結果が似ていたことから，両者を合わせた結果が統制条件として示されています）。注目したいのは，線分ラベル条件の線分刺激が「4-5」のところです。ここだけ際立ってズレが大きくなっています。「4-5」というのは，「A」ラベルがついた 4 本のうちもっとも長い線分と，「B」ラベルがついた 4 本のうちもっとも短い線分ということです。ここでズレが大きかったということは，カテゴリー間の差異が大きく知覚されたこと，すなわち対比効果が生じていたことを示しています。一方で，統制条件（ランダムラベル条件とラベルなし条件）では「4-5」のズレは大きくなく，対比効果が生じていませんでした。また，「4-5」以外の部分はカテゴリー内の

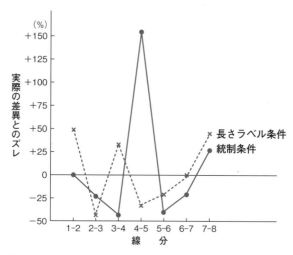

図 6.1　**実際の線分の長さと知覚された線分の長さのズレ**（Tajfel & Wilkes, 1963）

差異の知覚を表していますが，長さラベル条件では統制条件に比べて，ズレの大きさが総じてやや小さいことが読みとれます。これは，カテゴリー内の差異が小さく知覚されたこと，すなわち同化効果が生じていたことを示します（ただし，その効果は弱いことに注意が必要です）。

　強調効果は，社会的カテゴリー化でも同様に生じることが示されています（レビューとして，Wilder, 1986）。その一つとして，テイラーら（Taylor et al., 1978）の実験を紹介しておきます。彼女らは，男女 3 人ずつ，計 6 人によるディスカッションの録音を実験参加者に聞かせました。その後，ディスカッション内の発言を示して，それぞれが誰の発言であったかを答えてもらいました。この実験手法は who-said-what パラダイムと呼ばれています。実験の結果は，カテゴリーをまたいだ間違いであるカテゴリー間混同（例：ある男性の発言をある女性の発言と答える）よりも，カテゴリーの中での間違いであるカテゴリー内混同（例：ある男性の発言を別の男性の発言と答える）のほうが多いというものでした。カテゴリー内混同は同化効果，カテゴリー間混同は対比効果の表れであると考えられるので，テイラーらの実験結果は，誰が発言したかという記憶においても強調効果が生じることを示しています。

　カテゴリー化による強調効果は，同一集団内の成員を画一的にとらえること
につながりますので，ステレオタイプ形成の起源となります。また，カテゴ
リー化に内・外集団の区別が加わると，内集団よりも外集団の類似性が知覚さ
れやすくなる，**外集団均質化効果**（outgroup homogeneity effect）という現象
も生じます（Park & Rothbart, 1982; Wilder, 1984）[1]。あなたが日本人であれば，
同じ日本人の顔は区別しやすいのに対して，普段あまり接することがないよう
な外国人の顔の区別は難しいのではないでしょうか。このように感じる一因は，
外集団均質化効果にあると考えられるでしょう。第5章でみてきたように，内
集団は外集団よりもポジティブに評価される傾向があることも考え合わせると，
ステレオタイプは外集団に対して形成されやすく，その内容も少なくとも内集
団よりはネガティブなものになりやすいといえます。実際，最小条件集団（第
5章参照）でさえ，外集団の望ましくない行動はよく記憶されるのに対して，
内集団の望ましくない行動はあまり記憶されないことが示されています
（Howard & Rothbart, 1980）。

6.2.2 錯誤相関

　ステレオタイプは集団成員が持つ属性に関する知識・信念ですが，これを言
い換えると，集団成員性と属性の共変関係，あるいは相関と表現できます。た
とえば，「集団Bは（集団Aに比べて）望ましくない」というステレオタイプ
は，集団の種類（集団A vs. 集団B）と望ましさ（望ましい vs. 望ましくない）
という属性の共変関係に言及したものといえます。

　ここで，「集団Bは望ましくない」というステレオタイプが両集団の成員の
行動観察から形成される場面を考えてみます。行動観察から，**表6.1**の①のよ
うな結果が得られたとします。集団Bは望ましくない行動をとる人が望まし
い行動をとる人よりも多いですし，集団Aは逆に，望ましい行動をとる人の
ほうが多くなっています。両集団と望ましさの間に共変関係が認められますか

---

[1] 内集団が少数派である場合など，社会的アイデンティティが顕現的な状況では，
逆に内集団の類似性が強く認知され，内集団均質化効果（ingroup homogeneity ef-
fect）が生じることもあります（Simon & Brown, 1987）。

ら，集団Bに対するステレオタイプはある程度妥当といえます（ある程度というのは，共変関係が完全ではないからです）。では，②のような結果が得られたとしたらどうでしょうか。今度は，集団Bも望ましくない行動をとる人が少なくなっています。また，両集団とも望ましい行動をとる人と望ましくない行動をとる人の比率は9：4で同じです。したがって，「集団Bは望ましくない」というステレオタイプは妥当であるとはいえません。しかし，このような場合でも共変関係があるような錯覚が生じ，集団Bを望ましくないとするステレオタイプが形成されてしまうことが明らかにされています。こうした錯覚は，**錯誤相関**（illusory correlation）と呼ばれます。

　錯誤相関が生じることを最初に示したのは，ハミルトンとギフォード（Hamilton & Gifford, 1976）です。彼らは，架空の2つの集団A，Bの成員に関する行動記述文を39個用意して，実験参加者に1つずつランダムな順で提示しました。行動記述文は，「集団Aのジョンは，病院に友人を見舞いに行った」といったもので，表6.1の②の構成で用意されました。行動記述文の提示後，一つひとつの行動をとったのが集団AとBのどちらの成員であったかを参加者に答えてもらいました。結果は表6.2のとおりで，望ましい行動については実際とほぼ同じ数で答えられていました。しかし，望ましくない行動につ

表6.1　**集団成員性と属性の共変関係の例**

①共変関係がある場合

	望ましい 行動	望ましくない 行動
集団A（26人）	18	8
集団B（13人）	4	9

②共変関係がない場合

	望ましい 行動	望ましくない 行動
集団A（26人）	18	8
集団B（13人）	9	4

表6.2　**行動記述文の割当数の平均値**（Hamilton & Gifford, 1976 より作成）

	望ましい 行動	望ましくない 行動
集団A	17.5	5.8
集団B	9.5	6.2

いては，実際よりも集団Bのほうが多いと答えられていました。これは，集団Bの望ましくない行動の割合が多いと記憶されていたことを示しています。また，各集団の印象を評定してもらったところ，集団Aよりも集団Bに対する印象のほうが悪くなっていました。

　こうした結果が得られた理由を，ハミルトンとギフォードは弁別性（distinctiveness）によって説明しています。一般的に，少ないものは目立ち，注意を引きます。集団Bの人数は集団Aの半分で，望ましくない行動の数も望ましい行動の半分以下でした。よって，集団Bと望ましくない行動は，それぞれ目立ちやすくなります。これら目立つもの同士の組合せが記憶に残りやすく，実際よりも多くあるような錯覚が生じたのだろうと，ハミルトンとギフォードは説明しています。この説明が正しければ，望ましい行動と望ましくない行動の比率を4：9と，望ましい行動のほうを少なくすれば，集団Bに対して好ましい印象が形成されると考えられます。実際，ハミルトンとギフォードの第2実験では，この仮説を支持する結果が得られています。

　目立つものがよく覚えられるという記憶の歪みによって，ステレオタイプが形成されるという錯誤相関の現象は，マイノリティ集団に対してステレオタイプが形成されやすいという示唆を持ちます。さらに，他者のネガティブな行動はポジティブな行動よりも注意を引きやすいことを考慮すると（Fiske, 1980），マイノリティ集団とネガティブな属性が実際以上に関連づけられてしまう可能性があります。

6.3　ステレオタイプの維持

　ここまで，ステレオタイプの形成に関わる心理過程をみてきましたが，ステレオタイプはいったん形成されると，持ち続けられやすく，変化しづらいという性質があります。たとえば，血液型と性格は実際には無関連であることが再三指摘されていますが，血液型ステレオタイプは今でも広く受け入れられています（コラム6.1）。それではなぜステレオタイプは維持されやすいのでしょうか。この節では，①私たちの認知がステレオタイプを確証する方向に歪みや

すいこと，②ステレオタイプにネガティブな内容とポジティブな内容の両方が含まれること，③ステレオタイプが意識できないレベルで持たれていること，が，ステレオタイプの維持につながることをみていきます。

6.3.1　確証バイアス

　ある集団にステレオタイプが持たれていたとしても，その集団の中にはステレオタイプに一致する人もいれば，一致しない人もいます。しかし，いったんステレオタイプが持たれてしまうと，ステレオタイプに一致する情報（確証情報）が注目され，一致しない情報（反証情報）は無視されやすくなります。こうした認知の歪みは**確証バイアス**（confirmation bias）と呼ばれ，ステレオタイプの維持につながります。確証バイアスは情報処理のさまざまな段階で生じますが，ここでは注意，記憶，情報の解釈で確証バイアスが生じることを，代表的な研究を紹介しながらみていきます[2]。

1. 選択的な注意

　ある集団や社会的カテゴリーの成員に関して何らかの判断を行うときは，ステレオタイプに一致しない情報よりも一致する情報に注意を向けたり，重要視したりするようになります。たとえば，坂元（1995）は，ある人物について書かれた文章を実験参加者に提示し，特定の血液型を指定して，人物がその血液型にあてはまるかどうかを判断させました。文章には，各血液型のステレオタイプ的な特徴が同数ずつ含まれていたのですが，そのうち指定された血液型にあてはまる特徴に選択的に注意が向けられていました。また，この傾向は，特に血液型ステレオタイプを信じている参加者において顕著に表れていました。さらに工藤（2003）は，坂元（1995）と同様の実験を行い，人物の血液型が何型であるかの判断では血液型ステレオタイプを信じている人のほうが確証的な判断をする一方で，判断に使用する情報のレベルでは，血液型ステレオタイプ

---

[2] 確証バイアスは，認知過程全般にわたってみられる傾向で，ステレオタイプに限らず，物事や他者に関して，期待や検証しようとする命題（仮説）があるときに生じやすくなります。占いがあたっているように感じるのも，確証バイアスが一因になっていると考えられます。

コラム 6.1　ステレオタイプの「真実の核」

　ステレオタイプはさまざまな集団や社会的カテゴリーに対して持たれていますが，それらはどのくらい正確なのでしょうか。ステレオタイプが現実を反映させた正確なものであるかどうかについては，「真実の核（kernel of truth）」の問題として，初期のステレオタイプ研究で関心が持たれてきました。ここでは，血液型と性格の関連についての信念である血液型ステレオタイプを取り上げ，そこに「真実の核」があるかどうかをみていきたいと思います。

　血液型と性格の関連を検討する研究は国内外で行われていますが，日本で行われた代表的な研究としては，松井（1991）が挙げられます。この研究では，合計 1 万人以上の大規模な社会調査のデータを用いて，血液型と性格の関連性が分析されています。分析は 24 項目の性格特性について行われていますが，そのうち血液型によって差がみられたものは 1 つしかありませんでした。また，縄田（2014）も，日本人約 3,000 人と 4,900 人分のデータからなる 2 つのデータセットを用いて，生活に対する態度に関係する項目（例：日頃の生活の中で充実感を感じている）の回答傾向が血液型によって異なるかどうかを分析しています。その結果，分析された 47 項目のうち，差がみられたのは「子供の将来が気にかかる」の 1 項目のみで，その違いの大きさ（効果量）も小さなものでした。

　一方で，血液型と性格に関連があることを示した研究もあります。ただし，それらも血液型によって本来的に性格が異なることを示すものではありません。たとえば，山岡（1999）の研究では，血液型ステレオタイプに関連する 28 項目の性格特性が自分にどのくらいあてはまるかを回答してもらいました。結果，血液型によって回答の平均に違いがみられた項目は，血液型ステレオタイプを信じている人では 15 項目あったのですが，信じていない人では 1 項目もありませんでした。この結果は，血液型ステレオタイプを信じている人は，自分にそれをあてはめやすいと解釈できます。つまり，認知の歪みが血液型と性格の関連を生じさせていたのであり，血液型自体が性格の違いを生み出しているわけではありません。

　以上の他にも多くの研究が行われていますが，血液型によって性格が異なることを示す科学的な証拠はほとんどありません。どうやら，血液型ステレオタイプに「真実の核」はないようです。「そう言われても，血液型ステレオタイプは本当だ」と思う人もいるかもしれません。第 6 章全体を通じて，なぜ血液型ステレオタイプが本当のように感じられるのかについて考えてみるとよいでしょう。

を信じていない人も信じている人と同程度に確証情報を重視しやすいことを明らかにしています。

2. 記　　憶

他者に関する情報の記憶においても確証バイアスは生じます。代表的な研究として，コーエン（Cohen, 1981）の実験が挙げられます。この実験では，ある女性が夫と誕生日を祝っている様子を映した映像を参加者に見せたのですが，映像を見せる前に，半数の参加者には女性の職業を図書館司書であると，残り半数の参加者にはウェイトレスであると伝えておきました。映像には，図書館司書のステレオタイプに一致する情報（例：部屋に本がたくさんある）と，ウェイトレスのステレオタイプに一致する情報（例：ビールを飲む）が半数ずつ含まれていました。視聴後に映像の内容に関する記憶テストを行ったところ，事前に伝えられていた職業のステレオタイプに一致する情報の記憶成績のほうが良かったという結果が得られました。また，映像の視聴前ではなく視聴後に女性の職業を伝えた場合でも，ステレオタイプに一致する情報の記憶成績が良くなっていました。これらの結果は，記憶過程のうち記銘（覚える）と想起（思い出す）の各段階で確証バイアスが生じることを示しています。

3. 曖昧な情報の解釈

数学のテストで高い点数をとったと思ったら，次のテストでは低い点数，その次では高い点数，さらにその次では低い点数をとった人がいたとします。あなたは，この人は数学が得意だと思いますか。おそらく，どちらともいえないと感じる人が多いでしょう。テストの点数が高かったり低かったりしていて，全体として曖昧ですから。しかし，このように情報が曖昧であっても，ステレオタイプに一致するように情報の解釈が歪んでしまうことが明らかにされています。

ダーリーとグロス（Darley & Gross, 1983）は，「ハンナ」という名前の小学4年生の女の子が映っている映像を見せて，学力を評定してもらうという実験を行いました。映像の前半部分の内容は2種類あり，ハンナが裕福な家庭で育っているのか，貧しい家庭で育っているのかがわかるようになっていました。映像の後半部分にはハンナの学習場面が映っていたのですが，難しい問題に正

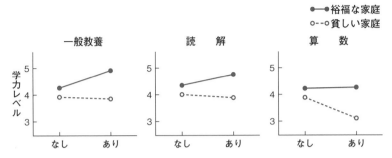

図6.2 ハンナの学力評定の結果 (Darley & Gross, 1983 より作成)
各グラフとも, 縦軸は学力レベルの評定平均, 横軸は後半映像の有無を表します。

解したり, 簡単な問題を間違ったりしていて, 学力が高いのか低いのかが曖昧な内容でした。実験では, この後半部分の映像を見る場合と見ない場合があり, 前半部分の内容と組み合わせると4つの条件があったことになります。学力は, 一般教養, 読解, 算数について評定してもらったのですが, 図6.2に示したように, 後半の映像を見た場合には, ハンナの家庭が貧しいときよりも裕福であるときに学力が高く評定されていました。この結果は, 映像前半の内容から「裕福だから優秀だろう」といったステレオタイプ的な期待が抱かれ, その期待に一致するように映像後半の曖昧な情報が解釈されたために生じたと考えられます。一方で, 後半の映像を見なかった場合には, ハンナの家庭環境は学力評定に影響していませんでした。これは, ステレオタイプ的な期待を検証する「証拠」となるような情報がない場合には, その期待がそのまま判断に用いられるわけではないことを示しています。

6.3.2 両面価値的ステレオタイプ

　平等的な規範が普及している現代では, 偏見があからさまに表明されることは少なく, ステレオタイプもポジティブな内容とネガティブな内容の両方を含んだ両面価値的なものになりやすくなっています。このことを理論化したのが, フィスクら (Cuddy et al., 2007; Fiske et al., 2002; Glick & Fiske, 2001) が提唱しているステレオタイプ内容モデル (stereotype content model; 図6.3) です。

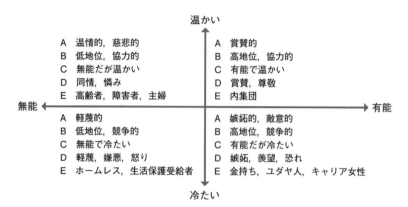

図 6.3　**ステレオタイプ内容モデル**（Fiske et al., 2002; Cuddy et al., 2007 より作成）
横軸は能力次元，縦軸は温かさ次元。各象限の A ～ E は，A：ステレオタイプ・偏見のタイプ，B：地位と集団間関係，C：ステレオタイプの内容，D：感情，E：集団の例。

このモデルの骨子は以下のとおりです。

（1）ステレオタイプの内容は主に，能力（有能／無能）と温かさ（温かい／冷たい）の 2 次元から構成され，これらを組み合わせた 4 つのタイプに類型化できる。

（2）能力次元は対象集団の社会的地位（高地位／低地位）によって，温かさ次元は対象集団と内集団の関係（協力的／競争的）によって規定される。

（3）ステレオタイプの内容から，集団に向けられる感情や偏見が規定される。

（4）ステレオタイプは，能力と温かさの次元で両面価値的（一方が肯定的であると，もう一方は否定的）になりやすい。

　（2）は具体的には，社会的地位が高い集団は有能，低い集団は無能とみなされやすくなります。温かさ次元については，集団間の関係が協力的な場合は温かい，競争的な場合は冷たいとみなされやすくなります。

　フィスクら（Fiske et al., 2002; Cuddy et al., 2007）はさまざまな集団に対するステレオタイプの内容を調査し，嫉妬的ステレオタイプ（「有能だが冷たい」）あるいは温情的ステレオタイプ（「無能だが温かい」）に位置づけられる集団が多いことを明らかにしています。これら 2 つの両面価値的なステレオタイプは，2 次元共にネガティブな軽蔑的ステレオタイプに比べれば問題がない

ように思えますが，巧妙な形で偏見や差別の維持につながると考えられます。たとえば，「無能だが温かい」とされる主婦は，温情や保護の対象となりますが，社会進出が阻まれるなど，慈悲的な性差別（benevolent sexism）を受けやすくなります。一方，「有能だが冷たい」とされるキャリア女性は，能力の高さを評価されながらも，それゆえに妬まれ，冷たい人として拒絶されるなど，敵意的な性差別（hostile sexism）を受けやすくなります（Glick & Fiske, 2001）。このように，両面価値的ステレオタイプには，偏見や差別を正当化し，その解決を困難にする性質があります。実際，両面価値的ステレオタイプに合致する人に接触すると，現行の社会システムが正しいという信念が強まり，不平等の甘受につながることが示されています（Jost & Kay, 2005; Kay & Jost, 2003）[3]。

6.3.3　潜在的なステレオタイプ

　突然ですが，ここで分類課題に取り組んでいただきたいと思います。図6.4を見てください。分類Aと分類Bがありますが，それぞれ縦一列に，男性か女性の名前（例：けんじ，めぐみ），仕事か家庭に関連する単語（例：会議，掃除）が並んでいます。名前はひらがなで，単語は漢字で表記されています。

　まず，分類Aからやってみましょう。分類Aでは，男性名または仕事関連語を左側に，女性名または家庭関連語を右側に分けていきます。それぞれ，左右どちらに分類されるかを，カッコ内に○印をつけながら分けていってください。なるべく速くかつ正確にお願いします。終わったら，今度は分類Bをやってみましょう。分類Bでは，女性名または仕事関連語を左側に，男性名または家庭関連語を右側に分けていきます。分類Aとは男女の名前だけ左右逆の位置になっていますので，注意してください。

---

[3] ステレオタイプには情報処理の効率化機能がありますが，ジョストとバナジ（Jost & Banaji, 1994）は，ステレオタイプには現行の社会システムを正当化する機能があるとする，システム正当化理論（system justification theory）を提唱しています。ジョストらは，低地位集団の人々が自分たちに対してネガティブなステレオタイプを持つことについても，システム正当化機能から説明しています。

分類A：一致ブロック				分類B：不一致ブロック			
男性 または 仕事		女性 または 家庭		女性 または 仕事		男性 または 家庭	
(　)	けんじ	(　)		(　)	通勤	(　)	
(　)	掃除	(　)		(　)	かずえ	(　)	
(　)	めぐみ	(　)		(　)	洗濯	(　)	
(　)	会議	(　)		(　)	みのる	(　)	
(　)	えりか	(　)		(　)	家事	(　)	
(　)	洗濯	(　)		(　)	めぐみ	(　)	
(　)	こうじ	(　)		(　)	会社	(　)	
(　)	職場	(　)		(　)	くにお	(　)	
(　)	ゆきの	(　)		(　)	会議	(　)	
(　)	通勤	(　)		(　)	けんじ	(　)	
(　)	くにお	(　)		(　)	料理	(　)	
(　)	家事	(　)		(　)	ゆきの	(　)	
(　)	みのる	(　)		(　)	育児	(　)	
(　)	勤務	(　)		(　)	えりか	(　)	
(　)	かずえ	(　)		(　)	勤務	(　)	
(　)	育児	(　)		(　)	こうじ	(　)	
(　)	たかし	(　)		(　)	職場	(　)	
(　)	料理	(　)		(　)	たかし	(　)	
(　)	まさこ	(　)		(　)	掃除	(　)	
(　)	会社	(　)		(　)	まさこ	(　)	

図6.4　IATの分類課題の例

　ここで取り組んでもらった課題は，潜在連合テスト（IAT; Implicit Associa-tion Test）と呼ばれています。IATは，単語や写真などの刺激の分類課題を通じて，概念間の連合（結びつき）の強さを測定する手法で，グリーンワルドら（Greenwald et al., 1998）によって開発されました。図6.4は，男女と仕事・家庭概念の連合を測定する場合のIATで，分類Aと分類Bそれぞれの分類の速さを比較することで，仕事・家庭概念が男女どちらとより強く結びついているかがわかります。分類Aは「男性」は「仕事」と，「女性」は「家庭」と組み合わされています。これは，「男は仕事，女は家庭」といった，性役割ステレオタイプに一致しています。一方，分類Bの分け方は性役割ステレオタイプとは逆の組合せになっています。このとき，分類Bよりも分類Aのほうが速く分類できたとすれば，男性と仕事，女性と家庭の連合が，その逆の連合より

も強いこと，すなわち，性役割ステレオタイプが持たれていると解釈できます。

態度に関する研究では，自覚され，自己報告できる意識的な態度と，無自覚で，それゆえに自己報告できない（あるいは正確に自己報告できない）非意識的な態度があると考えられています（Greenwald & Banaji, 1995）。前者は**顕在的態度**（explicit attitude），後者は**潜在的態度**（implicit attitude）と呼ばれます。IAT は潜在的態度を測定する手法として開発されており，測定される概念間の連合は潜在的なものであるとされています（IAT の詳細は潮村（2016）を参照）。したがって，図 6.4 の IAT で測られているのも，意識できないレベルの潜在的な性役割ステレオタイプであるといえます。

さて，分類 A と分類 B のうち，どちらが分類しやすかったでしょうか。おそらく，多くの人は分類 A のほうが分類しやすかったと思います。実際，埴田・村田（2013）は女子大学生を対象とした実験で，分類 A のほうが速く分類できていたことを報告しています。一方，「女性のいるべき場所は家庭であり，男性のいるべき場所は職場である」といった項目で性役割に関する考え方を測定した場合には，「そう思わない」といった回答が多くなっていました。これらの結果は，伝統的な性役割の信念が，意識的・顕在的には持たれていないが，非意識的・潜在的にはいまだに持たれていることを示しています。同様のことは，人種などのステレオタイプや偏見でも示されています（たとえば，Fazio et al., 1995; Greenwald et al, 1998; 埴田・村田，2016）。また，潜在的なステレオタイプや偏見は，特に意識的に制御しづらい非言語的な行動において差別として表れやすくなります（Dovidio et al., 2002）。こうしたことから，偏見も含め，ステレオタイプは潜在的なレベルで維持されやすく，気づかないうちに私たちの判断や行動に影響していると考えられます。

6.4 相互作用におけるステレオタイプの影響

本章の冒頭で，ステレオタイプを，情報処理を効率化するための「道具」と表現しましたが，私たちはこの「道具」を他者との相互作用の中でどのように使うのでしょうか。また，この「道具」を使われる側にはどのような影響が生

じるのでしょうか。この節では，ステレオタイプを使う側，使われる側それぞれの視点から，他者との相互作用におけるステレオタイプの影響をみていくことにします。

6.4.1　対人認知の過程

　他者に出会ったとき，私たちは相手が持つ情報を基にその人物の印象を形成したり，何かしらの判断をしたりします。他者が持つ情報は，その人物に固有なものである個別情報と，その人物が属している集団や社会的カテゴリーに関するカテゴリー情報に大別できます。

　フィスクとニューバーグ（Fiske & Neuberg, 1990）は，対人認知において個別情報とカテゴリー情報がどのように用いられるかを理論化した，**連続体モデル**（continuum model；図 6.5）を提唱しています。このモデルでは，カテゴリー情報に基づくカテゴリー依存型処理と，個別情報に基づくピースミール処理を対置させた連続体上で，他者に関する判断がなされると考えられています。具体的には，まず相手を何らかのカテゴリーにあてはめる初期カテゴリー化が行われます。相手に関心がない場合はここで情報処理が停止しますが，関心がある場合は個別情報に注意が向けられ，初期カテゴリーの特徴に一致するかどうかが検討されます（確証カテゴリー化）。一致する場合にはカテゴリー依存型処理が行われますが，一致しない場合には初期とは別のカテゴリーにあてはめます（再カテゴリー化）。ここでもカテゴリーの特徴と個別情報が一致しない場合は，個別情報に基づいたピースミール処理が行われることになります。

　このように，連続体モデルでは，カテゴリー依存型処理が出発点となり，対象人物がカテゴリーの特徴に一致しない場合にはピースミール処理が行われると想定されています。また，ピースミール処理は労力がかかるため，対象人物に関心があり，注意が向けられる場合や，判断を正確に行おうとする動機づけがある場合に実行できます。たとえば，共同作業の成績から自分が評価されるなど，自分の結果が相手に依存している状況では，相手に注意を向け，個別情報に基づいて判断しやすくなります。一方，結果が相手に依存しない状況（例：共同作業でも自分の貢献度が評価される）では，ステレオタイプに基づ

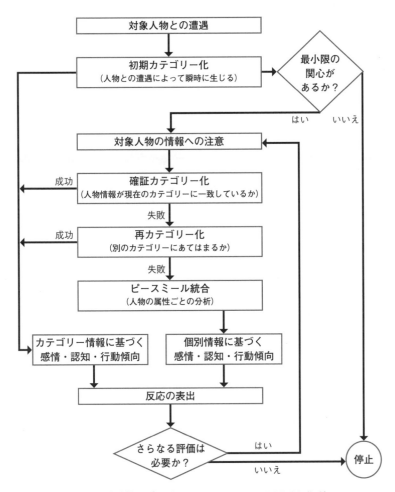

図 6.5　**連続体モデル**（Fiske & Neuberg, 1990 より作成）

いて相手を判断しやすくなります（**Neuberg & Fiske, 1987**）。また，非勢力者
（例：部下）は勢力者（例：上司）の決定などに強く依存しますので，勢力者
に注意を払い，どのような人物であるかを正確に知ろうとします。一方，勢力
者は非勢力者にあまり依存しませんので，非勢力者に注意を払いにくく，正確
に知ろうとする動機づけも低いと考えられます。よって，勢力者は非勢力者を
カテゴリー情報に基づいて，非勢力者は勢力者を個別情報に基づいて判断しや

すくなります（Fiske & Dépret, 1996）。

6.4.2　ステレオタイプ化の過程

　他者に関する判断がカテゴリーに基づいて行われる場合，その判断にはステ
レオタイプが反映されやすくなります。ステレオタイプに基づいて他者を判断
することを**ステレオタイプ化**（stereotyping）と呼びますが，デヴァイン
（Devine, 1989）はそのプロセスについて**分離モデル**（dissociation model；図
6.6）を提唱しています。彼女は，社会的・文化的に共有されている知識とし
てのステレオタイプと，そのステレオタイプを信じるか否かの個人的な信念を
区別すべきだと主張しました。そして，知識としてのステレオタイプはカテゴ
リーに関する手がかりによって自動的に活性化するが，それを他者に適用する
かどうかは個人的な信念によって回避可能であると論じています。

　デヴァイン（1989）は，3つの実験を行って分離モデルを検証しています。
まず実験1では，白人学生に個人的な考えとは別として，一般的に持たれてい
る黒人ステレオタイプを自由に記述させました。また，参加者自身の人種偏見
の強さも測定しました。その結果，高偏見者も低偏見者も，「攻撃的な」など
の否定的なステレオタイプを記述していました。つまり，個人的な信念とは関
係なく，ステレオタイプが知識として持たれていました。

　続く実験2では，白人の実験参加者に，「black」「Negro」などの黒人に関
連する単語を，「見えた」という感覚が生じないほどの短い時間で提示しまし

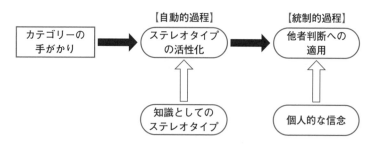

図6.6　デヴァイン（1989）の分離モデル

た [4]。その後，攻撃的であるかどうかが曖昧な人物の紹介文を読ませ，印象を答えてもらったところ，黒人関連語を提示されていた場合は，提示されていなかった場合に比べ，攻撃的な印象が形成されていました。この結果は，黒人関連語を提示された段階で，「攻撃的」という黒人ステレオタイプが自動的に活性化したため，印象の判断が影響を受けたと考えられます。また，参加者の偏見の強さによる違いがみられなかったことから，ステレオタイプは個人的な信念とは関係なく活性化することも示されました。

　最後の実験3では，実験1と同様に黒人ステレオタイプを記述してもらったのですが，一般ではなく個人としての見解を，匿名状況で答えてもらいました。すると実験1とは異なり，低偏見者は高偏見者に比べ，黒人に対して肯定的な考えを表明していました。これは，低偏見者が意識的にステレオタイプの使用を避けたことを示しています。

　以上3つの実験から，知識としてのステレオタイプは偏見の強さとは関係なく自動的に活性化すること，しかし，それを使用するかどうかは個人的な信念によって統制できることが明らかになりました。こうした実験結果を受け，デヴァインは，ステレオタイプ化を避けるためにはその適用を意識的に統制することが重要であると指摘しています。なお，その後の研究では，ステレオタイプの活性化が完全に自動的ではないことも明らかになっています。たとえば，モスコヴィッツら（Moskowitz et al., 1999）は，日常的に平等主義的な目標を持っている人では，ステレオタイプが自動的に活性化しないことを報告しています。また，情報処理を行うために必要な資源を**認知資源**といいますが，ギルバートとヒクソン（Gilbert & Hixon, 1991）は，他のこと（例：8桁の数字を暗記する）に注意が向いていて認知資源が不足している場合には，ステレオタイプの活性化が生じないことを示しています。ただし，失敗などによって自尊

---

[4] 具体的には，画面上に単語が80ミリ秒（1ミリ秒は1,000分の1秒）表示された後，残像を消すために同じ場所に無意味つづり（例：wmxygq）が表示されました。こうした手続きで表示された単語は，その内容を意識的に報告できないことが確認されています。このように，意識的に「見えた」という感覚が生じないレベルで刺激を提示することを閾下（サブリミナル）提示と呼びます。

コラム 6.2　狙撃手バイアス

　アメリカでは，警察官による黒人への暴力的行為が問題になっています。2020 年
5 月に，ミネソタ州ミネアポリスで黒人男性のジョージ・フロイド氏が，偽札使用の
容疑により白人警察官に拘束され，8 分 46 秒間頸部を押さえつけられて死亡したと
いう事件は，多くの人が知っていると思います。アメリカで黒人男性が警察官に
よって殺されるリスクは，白人男性の 2.5 倍（女性の場合は 1.4 倍）とも試算されて
います（Edwards et al., 2019）。

　黒人が警察官に誤射される事件も多くありますが，ペイン（Payne, 2001）は，瞬
間的な判断が求められる状況では，黒人に対する誤射が生じやすいことを実験に
よって示しています。実験では，パソコン画面上に白人男性か黒人男性の顔写真を
一瞬表示した後，武器（例：銃）あるいは工具（例：スパナ）の写真を表示し，武
器であるか工具であるかを 0.5 秒以内に判断する課題が繰返し行われました。そして，
判断の誤りがどの程度生じるかが分析されました。その結果，武器を工具であると
判断する誤りの生じやすさは，直前に表示されていた顔写真が白人男性であった場
合と黒人男性であった場合とで，違いはみられませんでした。しかし，工具を武器
であると判断する誤りは，直前に黒人男性の顔写真が表示されていた場合に生じや
すくなっていました（図 6.7）。

　この実験結果から示唆されるのは，黒人ステレオタイプの自動的活性化が，工具

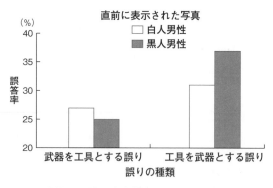

図 6.7　**武器と工具同定の誤答率**（Payne, 2001 より作成）

を武器であると誤認させ，誤射につながる可能性があるということです。黒人への暴力的行為には，こうした**狙撃手バイアス**（shooter bias）が関わっていると，ペインは指摘しています。事件の容疑者に相対する場面は，じっくりと判断する余裕がない状況が多いでしょうし，自分が撃たれてしまうかもしれないという脅威状況でもあります。死が意識される状況では，ステレオタイプの活性化が強くなったり（野寺ら，2007），外集団成員に対する攻撃行動が促進されたり（Pyszczynski et al., 2006）することも明らかにされています。事件の捜査場面に狙撃手バイアスを生じさせやすい条件が揃っていることが，問題の解決を困難にさせていると考えられます。

心が脅威にさらされている状況下では，認知資源が不足していてもステレオタイプは活性化します（Spencer et al., 1998）。これらの研究知見が示しているように，ステレオタイプの活性化は無条件に生じるわけではありませんが，その統制はなかなか難しいといえます。

6.4.3　ステレオタイプ脅威

　ここまで，ステレオタイプを使用する側の心理過程をみてきましたが，ステレオタイプは使用される側にはどのような影響をもたらすのでしょうか。特に，ネガティブなステレオタイプを持たれている集団の一員であることは，偏見や差別の対象となり，不利益を受ける恐れがあります。このように，否定的な社会的アイデンティティをもたらす特徴は**スティグマ**（負の烙印）と呼ばれ，その影響に関してさまざまな研究が行われています。ここではその一つとして位置づけられる，**ステレオタイプ脅威**（stereotype threat）に関する研究を紹介します。

　自分が所属する集団に関してネガティブなステレオタイプが持たれている場合，ステレオタイプに基づいて判断されることに不安を感じたり，自分がステレオタイプを確証してしまうかもしれないといった懸念を抱いたりすることがあります。こうした不安や懸念をステレオタイプ脅威と呼びます。特に，能力

次元でのネガティブなステレオタイプに基づくステレオタイプ脅威は，その領域での課題遂行を妨げ，結果としてステレオタイプを確証する行動につながってしまうことが明らかにされています。

スティールとアロンソン（Steele & Aronson, 1995）は，こうした影響が生じることを，「黒人は知的能力が低い」というステレオタイプを用いて示しています。実験には，同じ大学に通っており，知的能力が同等の白人学生と黒人学生が参加しました。実験では知的能力を測定するテストが実施されたのですが，そのときにテストの診断性について，「このテストで，あなたの持つ知的能力がわかります」と説明しておく場合（診断性高条件）と，知的能力とは関係ないテストであることを説明しておく場合（診断性低条件）がありました。テストの正解率の平均は，図6.8に示したとおりです。まず，診断性低条件では，白人学生と黒人学生の正解率に違いはありませんでした。一方，診断性高条件では，正解率は白人学生よりも黒人学生のほうが低くなっていました。診断性高条件の説明は，黒人学生にとってステレオタイプ脅威を生じさせやすいものでした。そのため，診断性高条件では黒人学生の課題遂行が妨げられ，成績が悪くなったと考えられます。

ステレオタイプ脅威の影響は，能力に関する他のステレオタイプでも検討されています。たとえば，スペンサーら（Spencer et al., 1999）は「女性は数学

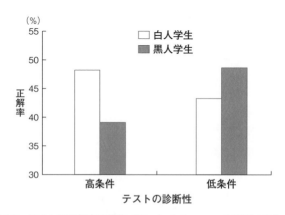

図6.8　テストの正解率の平均（Steele & Aronson, 1995 より作成）

が苦手」というステレオタイプで検討しています。結果として，「テストには
性差があります」と伝えた場合には女性の数学のテスト成績が低下しており，
ステレオタイプ脅威の影響がみられました。一方，「テストには性差はありま
せん」と伝えた場合にはそのような影響が生じなかったことも見出しています。
性差がないことを明示しておくことで，不安や懸念を感じづらくなったことが
一因であると考えられます。

　ステレオタイプ脅威は，本来の実力が発揮されるのを妨害し，結果としてス
テレオタイプが現実のものになってしまうという悪循環が生じる可能性をはら
んでいます。これを防ぐには，ステレオタイプ脅威が生じないようにすること
が重要になります。その方法の一つとして，ステレオタイプ脅威について知ら
せること，つまり，課題に取り組む際に生じる懸念や不安がステレオタイプに
よって生じていると理解することの有効性が示されています（Johns et al.,
2005）。また，コーエンら（Cohen et al., 2006）は，自分にとって重要なこと
を考えてもらうという自己価値確認を行うことで，ステレオタイプ脅威の悪循
環が断ち切られ，成績が向上することを示しています。また，「能力がわかる」
「性差がある」など，脅威を感じさせる説明を行わないことも重要でしょう。

6.5　ステレオタイプの低減に向けて

　ステレオタイプには維持されやすい性質があり，他者の判断において使われ
てしまいがちであることを述べてきました。では，どのようにすればステレオ
タイプを弱めることができるでしょうか。本章の最後として，ステレオタイプ
の低減について考えていきたいと思います。

6.5.1　ステレオタイプの意図的な抑制

　デヴァイン（Devine, 1989）も指摘しているように，ステレオタイプが集団
やカテゴリーの手がかりによって自動的に活性化してしまうのであれば，ステ
レオタイプを使わないようにする意識的な努力が，ステレオタイプ化を避ける
有力な方法となります。しかし，ステレオタイプを使わないよう抑制すると，

その後でかえってステレオタイプが使われやすくなってしまうことが知られています。この現象は，抑制によるリバウンド効果（rebound effect）と呼ばれます。

　リバウンド効果を示した代表的な研究として，マクレら（Macrae et al., 1994）の研究が挙げられます。彼らは，実験参加者にスキンヘッドの男性の写真を提示して，その人物が一日をどう過ごしていそうかを想像させ，思いついたことを書いてもらいました。このとき，半数の参加者にはステレオタイプに基づいて書かないように教示し（抑制条件），残り半数の参加者にはそのような教示をしませんでした（統制条件）。次に，別のスキンヘッドの男性の写真を提示し，同じようにしてその人物の一日について書いてもらいました。そして，参加者が書いた内容にステレオタイプがどの程度使われているかを 1〜9点の範囲で数値化し，条件間で比較しました。その結果を表したのが図 6.9 です。1 回目の記述では，抑制教示によってステレオタイプを使わずに記述されていたことがわかります。しかし，2 回目の記述では，統制条件よりも抑制条件のほうがステレオタイプ的に記述されていました。つまり，リバウンド効果が生じていたのです。

　なぜ，リバウンド効果が生じてしまうのでしょうか。ウェグナー（Wegner, 1994）は，**抑制の皮肉過程理論**を提唱し，リバウンド効果のメカニズムを説明

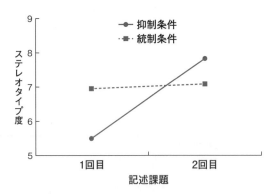

図 6.9　**記述にステレオタイプが使われた程度**（Macrae et al., 1994 より作成）
縦軸は，記述内容を「1：まったくステレオタイプ的でない」〜「9：非常にステレオタイプ的である」で数値化したときの平均値を表します。

しています。たとえば，「シロクマを考えないようにしてください」と言われたとき，別のことを考えることにすればシロクマを考えずにすみます。このように，別のことを考えて抑制対象を意識から追い出そうとすることを，実行過程と呼びます。また，抑制がうまくいっているかどうかを確認するためには，シロクマを考えていないことをチェックする必要もあります。このように抑制対象の侵入をモニターする過程を監視過程と呼びます。しかし，抑制対象が侵入していないかどうかをチェックするためには，その対象に絶えず敏感になっておく必要があります。いわば，考えないようにするために考えてしまうのです。こうした監視過程の働きは，抑制対象の**接近可能性**（accessibility；記憶内にある知識の使われやすさ）を非常に高めます。そして，実行過程の機能が停止すると，抑制対象の接近可能性が高い状態が残り，その後の判断などで使われやすくなってしまうのです。ウェグナーは，こうしたメカニズムによってリバウンド効果が生じるのだと論じています。

　リバウンド効果は何とも皮肉なメカニズムによって生じてしまうわけですが，これを生じさせずに抑制を行う方法も検討されています。たとえば，田戸岡・村田（2010）は，「高齢者は無能だが温かい」という両面価値的ステレオタイプのうち，ネガティブな側面（高齢者は無能）を抑制しようとするとき，別のこと（代替思考）としてもう一方のポジティブな側面（高齢者は温かい）を考えることで，リバウンド効果を生じさせずに抑制することが可能であることを示しています。この他にも，ステレオタイプを抑制しようとする動機づけを日常的に持っている人や，ステレオタイプの対象となっている人の視点をとって抑制する場合には，リバウンド効果が生じないことも明らかにされています。

6.5.2　潜在的ステレオタイプ・偏見の低減

　本章の6.3節で，非意識的なレベルで持たれている潜在的なステレオタイプや偏見について触れました。潜在的ステレオタイプは対象集団と属性の連合，潜在的偏見は対象集団と評価（ポジティブ／ネガティブ）の連合としてとらえることができます。たとえば，潜在的な人種偏見は，「白人」と「好ましい」，「黒人」と「好ましくない」の連合であると考えられます。こうした連合を弱

めることは，ステレオタイプや偏見の問題を解決する糸口となる可能性がある
ため，多くの研究でその方略が検討されてきました。以下ではそうした研究の
うち，ステレオタイプや偏見の「反証」による低減について検討した研究を紹
介します。

　カワカミら（Kawakami et al., 2000）の研究では，ステレオタイプの確証情
報を否定し，反証情報を肯定する訓練の効果が検討されています。彼女らは，
黒人あるいは白人の顔写真と，黒人・白人それぞれに対するステレオタイプを
表す単語を組み合わせて，実験参加者に次々と提示しました。このとき，ステ
レオタイプ的な組合せ（例：黒人─攻撃的，白人─知的）に対しては「No」，
反ステレオタイプ的な組合せ（例：黒人─知的，白人─攻撃的）に対しては
「Yes」と反応するよう求めました。こうした訓練を繰り返したところ，人種
ステレオタイプが自動的に活性化しなくなりました。つまり，潜在的な人種ス
テレオタイプが低減することが示されました。

　この実験で行われた訓練の回数は，最大で 384 回だったのですが，これほど
多量の訓練を行わなくても，ステレオタイプや偏見に反する具体的な人物（反
証事例）を提示するだけで低減効果が認められることを示した研究もあります。
たとえば，ダスグプタとアスガリ（Dasgupta & Asgari, 2004）は，「女性は
リーダーシップがない」というステレオタイプが，反証事例の提示によって潜
在的なレベルで低減したことを報告しています。実験では，アメリカ初の女性
国務長官となったマデレーン・オルブライト氏など，リーダーとして活躍する
有名女性 16 人の写真と簡単なプロフィールが提示されました。その後，IAT
で性別とリーダーシップ概念の連合強度を測定したところ，女性リーダーを提
示していた場合は，提示していなかった場合に比べ，男性とリーダーシップを
結びつける連合が弱くなっていました。また，ダスグプタとグリーンワルド
（Dasgupta & Greenwald, 2001）の実験では，ポジティブに評価される黒人
（例：著名な俳優のデンゼル・ワシントン）と，ネガティブに評価される白人
（例：連続殺人鬼として知られているジェフリー・ダーマー）の提示によって，
潜在的な人種偏見が弱くなっていました。埴田・村田（2013）も，キャリア女
性の想起によって性役割に関する潜在的ステレオタイプが低減することを報告

しています。これらの研究知見は，反証事例を見聞きしたり，想起したりする機会を設けることで，潜在的なステレオタイプや偏見が低減していく可能性があることを示唆しています。

　潜在的なステレオタイプや偏見の研究が始まった当初，それらは過去経験の蓄積によって獲得されたものであるため，変容させるのは困難で，変容するとしても多くの努力と時間が必要であると考えられていました（Wilson et al., 2000）。しかし，ここで紹介した一連の研究の成果は，比較的短時間の実験的介入や状況要因によって，潜在的なステレオタイプや偏見が変容し得ることを物語っています。第5章で取り上げた集団間接触やカテゴリー化の変容も含め，ステレオタイプや偏見の低減，解消につながる方略や要因，心理過程を総合的に理解することで，差別のない社会への前途に光明が見え出してくることでしょう。

理解度テスト

1. 以下の文章中の空欄（1）〜（10）にあてはまる語句を答えてください。

　ステレオタイプが形成される一つの要因としてカテゴリー化が挙げられる。カテゴリー化すると，カテゴリー間の差異が強調される（　1　）と，カテゴリー内の類似性が強調される（　2　）が生じる。特に，外集団に対しては（　3　）が生じ，集団成員の類似性が知覚されやすい。そのため，特に外集団に対してステレオタイプは形成されやすくなる。

　ステレオタイプがいったん形成されると，それに一致する情報に注意が向きやすくなる。こうした（　4　）がステレオタイプを維持させる。そして，ステレオタイプが他者判断に用いられるとき，その過程にはステレオタイプが自動的に（　5　）する段階と，それを他者にあてはめる（　6　）の段階がある。よって，ステレオタイプを避けて他者を判断するには，意識的な抑制が重要となる。しかし，ステレオタイプを抑制すると，（　7　）が生じ，抑制後は通常よりもステレオタイプが使われやすくなってしまう。抑制する際は，ステレオタイプを抑制できているかどうかをチェックする（　8　）と，意識的に別のことを考える（　9　）が働く。このとき，前者の働きはステレオタイプの（　10　）を非常に高める。その結果，ステレオタイプが通常よりも利用されやすくなってしまうのである。

2. 集団あるいは社会的カテゴリーを1つか2つ取り上げ，ステレオタイプ内容モデルの観点から，ステレオタイプがどのような内容になると考えられるかを論じてください。

【解答】

1.

(1)		(2)		(3)		(4)		(5)	
(6)		(7)		(8)		(9)		(10)	

2.

（正解は巻末にあります。）

社会的ネットワーク
――つながりの心理

7

■学習達成目標

　「人は一人では生きていけない」という言葉が古くから知られているように，私たちが心身共に健康に生活する上で人とのつながりが重要であることは，多くの人が納得することではないでしょうか。この章では，そうした人とのつながりの豊富さを「資本」とみなす，社会関係資本研究についてみていきます。社会関係資本の3つの柱について，また，社会関係資本の豊富さはどのような要因と結びついていくのかについて，学んでほしいと思います。また，社会関係資本には個人レベルのもの（個人の得点）と，地域レベルのもの（個人の得点の，ある地域住人の中での平均値）があります。それらが地域での防犯や精神的健康とどのように結びつくのかについても学びましょう。

　本章の後半では，「人は恐怖を感じると誰かとつながりたくなる」ことを示した少しユニークな理論，「存在脅威管理理論」についても紹介していきます。社会心理学の理論を使って，皆さんの日常生活や社会現象を説明する面白さを感じてもらいたいと思います。

7.1 ### 友だちの数は何人？

　あなたには，家を行き来したり，行事やイベントに一緒に参加したりするぐらい親しい友だちは何人いますか？　また，それほど親しくなくても，挨拶をしたり立ち話をする程度の相手は何人いますか？　日常生活で接する相手が多いほうが，あなたが困ったときに誰かが助けてくれる確率も上がりますし，ま

た，いざというときに助けてくれる人がいる，という安心感を感じることができるでしょう。また，誰かと接しているときに「この人は悪い人なのではないか」と不信感を持って過ごすよりも，「たいていの人は良い人だ」と思い，「困ったときはお互いさま」という気持ちで過ごせたほうが，人生が豊かになりそうです。地域全体でみても，隣に住んでいる人の顔も知らない，という人が多い地域よりは，隣人同士の交流が盛んな地域のほうが，何か困ったことがあったときに自然と助け合えるのではないでしょうか。阪神淡路大震災の際にも，救出された人のうち6割以上の人が，近所の人に助けられた，と述べています（1・17神戸の教訓を伝える会，1996）。

7.2　社会関係資本とは

7.2.1　社会関係資本の3つの柱

　社会学や社会心理学では，いざというときに頼れる相手の存在や，互いに信頼し助け合おうとする気持ちを，個人や地域が持つ「資本」とみなす，**社会関係資本**（ソーシャル・キャピタル；social capital）に関する研究が行われています。社会関係資本とは，「人々のつながり，すなわち社会的ネットワークと，そこから生じる信頼性と互酬性の規範であり，人々の協調行動を促すもの」と定義されています（Putnam, 2000 柴内訳 2006; 稲葉，2011）。社会関係資本の構成要素のうち社会的ネットワークは，友人や家族，親戚，関わりのある相手の数のことをいいます。信頼性と互酬性の規範のうち信頼性は，地域の人や見知らぬ人のことを「だいたいは信頼できる」と思う程度のことで，「一般的信頼」とも呼ばれます。互酬性の規範は，そのコミュニティにおける他者と助け合いたいと思う度合いや，また，社会参加の頻度などで測定されます。誰かに何かをしてもらったら自分も何かをお返しをするべきだ，という「互酬性の規範」を強く持つ人ほど，ボランティア活動や地域の活動などに参加する傾向があるためです。

　社会学や社会心理学では，社会関係資本を個人の持つ資本（個人レベルの社会関係資本）としてとらえる研究と，地域全体の資本（地域レベルの社会関係

資本）としてとらえる研究の両方が行われています。多くの場合，地域レベル
の社会関係資本は，ある地域の住民の間で，個人レベルの社会関係資本（関わ
りのある人の数，一般的信頼の得点，互酬性の規範の程度など）の得点を平均
することで算出されます。関わりのある相手が多く，一般的信頼が高く，互酬
性の規範が高い人は，社会関係資本を豊富に持つ人といえ，またそのような人
が多い地域は，社会関係資本が豊富な地域といえるのです。ここでは個人レベ
ルの社会関係資本と，地域レベルの社会関係資本の両方をみていきます。

7.2.2 結束型と橋渡し型

社会関係資本には，閉じた社会関係資本と開いた社会関係資本があります。
閉じた社会関係資本は「結束（bonding）型」と呼ばれ，家族や仲良しグルー
プ，地域の商店会等の地縁的な組織や大学の同窓会等，同質な者同士の，閉鎖
的ではありますが結束力が強い社会関係につながります（稲葉，2011）。こう
した結束型の社会関係資本が豊富な集団では，閉じた集団内部でネットワーク
が形成され，集団の成員同士の信頼感（特定化信頼）が高く，成員同士の互酬
性の規範（特定化互酬性）が強くなります（図7.1上）。つまり，集団凝集性
が高い集団では結束型の社会関係資本が豊富である，といえます。結束型の社
会関係資本が豊富な集団では規範が行き届き，集団成員同士の絆が強くなり一

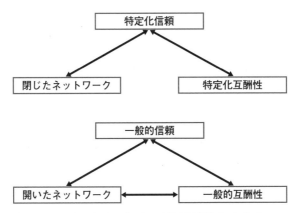

図7.1　結束型社会関係資本（上）と橋渡し型社会関係資本（下）（稲葉，2011より）

丸となって目標に進む動機づけが生まれますが，排他的になってしまい多様性が認められにくくなるというデメリットも生まれます。

　一方で，開いた社会関係資本は「橋渡し（bridging）型」と呼ばれ，異なる集団同士をゆるやかに結びつける社会関係資本です。橋渡し型の社会関係資本が豊富な集団では，成員同士の結束や絆はそれほど強くはなりませんが，人々は多様な資源や情報にアクセスできるため，変革を起こしたり新しい情報を得たりするには適した風土が形成されます。自身の属する内集団以外の世間一般の人々への信頼（一般的信頼）や，見知らぬ他者に対しての互酬性の規範（一般的互酬性）も高いのが特徴です（図 7.1 下）。NPO など，さまざまな経歴を持つ人々が集まる組織では，橋渡し型の社会関係資本が育ちやすいといわれています。

　多くの企業や組織は，役割の異なる複数の部署に分かれています。各部署の部長は，自分の部署内の人間関係に配慮し，目標を明確にして社員を鼓舞することで，結束型の社会関係資本を豊富にしようと努力するでしょう。そして，各部署のリーダー同士で情報交換をし，必要に応じて連携し合うことで，橋渡し型の社会関係資本を豊富にすることが，企業全体の利益にもつながります。

　このように多くの企業や組織では，結束型の社会関係資本と橋渡し型の社会関係資本の両方が重視されていますが，その配分は組織によって異なるといわれています。ナックとキーファーは，「たいていの人は信頼できると思いますか，それとも，用心するに越したことはないと思いますか？」という質問で一般的信頼を測定しました（Knack & Keefer, 1997）。29 カ国において一般的信頼と経済パフォーマンスとの関連を調べた結果，一般的信頼が高い国ほど経済成長率が高く，さらに，経済活動が低コストで達成できることを示しました（稲葉，2011）。一般的信頼は，橋渡し型の社会関係資本に含まれますので，橋渡し型の社会関係資本が豊富な企業ほど利益を上げる，ととらえることができます。一般的信頼が高い社会は，さまざまな取引に対してオープンにしているため，搾取を避けるために守りに入ったり，コストをかける必要がないため，といわれています。

　個人レベルにおいても，一般的信頼を高く持ち，部署同士の連携を積極的に

行う人ほど給与も評価も高い，ということが指摘されています（稲葉，2011）。
ただし，橋渡し型の社会関係資本の豊富さと生産性や利益との関連に関する実
証的研究は少なく，集団凝集性や結束型の社会関係資本に関する研究のほうが
多いのが現状です。また，日本を含む東アジア文化圏の人々は，アメリカなど
の西欧文化圏の人よりも一般的信頼が低い，といった文化差も指摘されていま
す（山岸，1998）。これは，日本を含む東アジア文化圏の人は，自分の知って
いる人や元々親しい人との和を保つことは重視しますが，仲良し集団以外の人
には警戒心が強いためだと考えられています。このような文化では，親しい集
団におけるメンバーへの信頼感は高くなりますが，一般的信頼は低めになりま
す。そうした文化では，組織においても，多様な人脈を求めることが必ずしも
良い結果につながらない可能性もあります。個人や組織によって望ましい社会
関係資本の形が異なるため，集団成員のパーソナリティ，目的や課題の性質，
組織の風土などに応じた社会関係資本を育む必要があるといえそうです。

7.2.3　強い紐帯と弱い紐帯

　社会関係資本の三本の柱の一つである社会的ネットワークは，さらに，**強い
紐帯**（strong ties）と**弱い紐帯**（weak ties）に分けることができます。強い紐
帯とは，たとえば「地域の行事や会合に一緒に行く人」「家を行き来する人」
「普段手助けや手伝いをしてくれる人」といった，かなり親しい相手とのつな
がりを指します。弱い紐帯とは，「挨拶や立ち話をする人」といった，それほ
ど親しくない相手とのつながりのことをいいます。

　どちらの社会的ネットワークにも，それぞれの機能があることが指摘されて
います。強い紐帯は，精神的な絆を高め精神的なサポートを人にもたらしてく
れますが，それに比べると弱い紐帯は，強い紐帯ほどのサポート機能を持たな
いようにも思えます。しかし，弱い紐帯には多様な情報を人に与えてくれる機
能があることも，また示されています（Granovetter, 1983）。弱い紐帯内には
多様なメンバーがいるため，同じ情報の取り合いにならないのです。強い紐帯
よりも，むしろ弱い紐帯の豊富さが，地域の防犯につながることも指摘されて
います。この点については，次の項でみていきます。

7.2.4　社会関係資本の犯罪抑制効果

　7.2.2項では，豊富な社会関係資本が企業の利益を高める可能性を示しました。社会関係資本は企業の利益だけでなく，犯罪の抑制，人々の精神的，身体的健康など，個人にもさまざまな恩恵をもたらすことが指摘されています（稲葉，2011）。ここでは，社会関係資本の犯罪抑制効果についてお話ししていきます。

　パットナム（Putnam, 2000）は，アメリカの州の社会関係資本を測定し，社会関係資本が乏しい州ほど殺人件数が多いという結果を示しました。わが国においても，ボランティア活動が活発な地域ほど犯罪発生件数が低いという結果が見出されています（内閣府国民生活局，2003）。ボランティア活動の活発さは社会関係資本の要素である互酬性の規範の高さを反映しているため，地域における社会的な連携が豊かになり，それが地域社会の安心や安全をもたらしている，と考えられています。

　高木ら（2010）は，地域の社会関係資本が犯罪抑制につながるメカニズムについて，詳細な検討を行いました。駅の落書きや公園のベンチの破壊といった地域環境の乱れが放置されている地域では，「犯行が見つかっても通報されないだろう」という安心感を犯罪者に与えるため犯罪が増える，という**割れ窓理論**を基に，地域環境の整備のための協力行動が犯罪抑制効果を持つだろう，という予測を立てました。社会関係資本として，調査協力者の社会的ネットワーク（「挨拶や立ち話をする人（弱い紐帯）」「地域の行事や会合に一緒に行く人・ふだん手助けや手伝いをしてくれる人（強い紐帯）」の人数），一般的信頼が測定されました。そして，地域環境整備のための協力行動（「自治会に参加して，地域のさまざまなことについて話し合う」「協力して地域の清掃活動を行う」）を行っている度合いが測定されました。従属変数としては，犯罪被害件数（過去5年間で，自身やまわりの人が，町内で空き巣や車，自転車の盗難，ひったくりなどの被害にあった件数）が測定されました。

　こうして測定された，個人の持つ社会的ネットワーク，一般的信頼を「個人レベルの社会関係資本」，こうした個人レベルの社会関係資本の，地域における平均値を「地域レベルの社会関係資本」として分析が行われました。その結

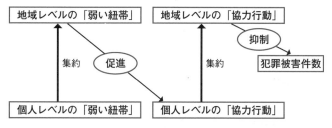

図7.2 個人レベル・地域レベルの社会関係資本と犯罪抑制との関連に関するモデル
(高木ら，2010を基に作成)

果，弱い紐帯が豊富な地域（住人の「挨拶や立ち話をする人」の平均値が高い
地域）に住む人ほど，協力行動を行っていることがわかりました。そして，地
域レベルの協力行動（住人の協力行動を行う度合いの平均値）が多い地域に住
む人ほど，空き巣や車上荒らしを経験した回数が少ないことがわかりました。
つまり，多くの人が互いに挨拶や立ち話をしているような地域では，人々は協
力行動がしやすくなり，結果的に盗難などの犯罪が抑止されると解釈されます。
一方で，個人レベルの社会関係資本は，協力行動や犯罪抑止と関連しませんで
した。これは，たとえ個人では豊富な社会関係資本を持っていなくても，挨拶
や立ち話を活発に行う住人が多い地域に住んでいるだけで協力行動がしやすく
なり，犯罪に出会いにくくなることを示しています（図7.2）。

　この研究で，犯罪抑止につながっていたのは，地域レベルの社会的ネット
ワークのうち「地域の行事や会合に一緒に行く人」といった強い紐帯ではなく，
「挨拶や立ち話をする人」といった弱い紐帯でした。つまり，犯罪抑制に効果
があるのは，地域に住む人々が，みんなで浅く広い付き合いをすることである，
と考えられます。強い紐帯，つまり仲良しグループとだけ交流をしていると，
仲良しグループ以外の人には目が届きにくいですが，顔見知り程度でも地域の
たくさんの人と交流があると，みんなで助け合って地域を住みやすくしていこ
うという意識が共有されやすく，結果的に犯罪者が犯行を起こしにくい雰囲気
が生まれるのかもしれません。そして，こういった犯罪が起こりにくい「雰囲
気」の地域に住んでいれば，人付き合いが苦手で社会関係資本を持たない人で
あっても，犯罪に巻き込まれにくくなるという恩恵を受けることができるので

す。

7.3　社会関係資本と精神的健康

7.3.1　個人レベルの社会関係資本と精神的健康

　ここでは，社会関係資本と精神的健康の関連について紹介していきます。まずは，個人レベルの社会関係資本からみていきましょう。ピンカートとソレンセンは，55歳以上の人々の主観的ウェルビーイングの規定因について，多くの先行研究で共通した傾向を調べました（Pinquart & Sörensen, 2000）。主観的ウェルビーイングは，人生に対する満足度といった認知的側面と，幸福感（happiness）やポジティブ感情，ネガティブ感情といった情緒的側面を含めた包括的概念です。自分の人生に満足しており，日常生活で幸せやポジティブ感情を感じることが多くネガティブ感情を感じることが少ない人が，主観的ウェルビーイングが高い人ということになります。ピンカートらの分析の結果，多くの先行研究で共通して，社会的ネットワークが豊富な人ほど主観的ウェルビーイングが高い，という傾向がみられました。豊富な社会的ネットワークが主観的ウェルビーイングと結びつく理由は，第1に社会的ネットワークが豊富であると「他者から認められ，尊敬されている」と感じることができるためです。第2に，社会的ネットワークが豊富であると，困ったときに社会的サポートを受けられる可能性が高くなるためです。豊富な社会的サポートは，ストレス状況下で主観的ウェルビーイングが下がるのを和らげる効果があるといわれています。サポートをしてくれる相手が直接，ストレスそのものをなくしてくれることもありますし，ストレス状況下での相手の振る舞いを見て，そうした状況での問題解決方法を学習することにもつながるためです。日本でも，豊富な社会的ネットワークを持つ人は，孤独感や抑うつ（落ち込みやすい傾向）が低く人生満足度が高いことが示されています（小泉ら，2004; 内田ら，2012）。

　一般的信頼や互酬性の規範も，精神的健康と結びつくことが示されています。芳賀ら（2015）の研究では，大学生たちのネットワークサイズ（仲間・クラス・教員・大学入学以前からの友人知人・大学入学以後の友人知人・インター

ネット上の友人知人の数）と主観的な社会関係資本（大学生活における仲間，クラス，教員に関する信頼・互酬的関係の認知やネットワークへの親近感）が測定されました。この研究におけるネットワークサイズとは社会的ネットワークのことであり，主観的な社会関係資本とは，一般的信頼や互酬性の規範といった側面であるといえます。調査の結果，主観的な社会関係資本が豊富な人は，抑うつ傾向が低く，大学満足度や人生満足感が高いことが見出されました。この関連は，ネットワークサイズの影響を統制してもみられました。たとえ社会的ネットワークが豊富でない人であっても，主観的にコミュニティの他者を信頼していたり，困ったことがあったら助け合いたいという互酬性の規範を持っていれば，精神的な健康状態を保てる，ということです。

さらにこの研究では，主観的な社会関係資本と精神的健康の関連は，ネットワークサイズと精神的健康との関連よりも強かったため，大学生の間では，社会的ネットワークの豊富さよりも，主観的な社会関係資本のほうが，精神的健康を保つ上で重要である，と解釈されました。そして，「学生の適応や主観的WB の向上には，学生のもつあらゆる人間関係の広さよりも，学生が大学生活における人間関係の資源についてどの程度利用できると考えているかが重要であることを示唆している」（芳賀ら，2013，p.108；主観的 WB とは主観的ウェルビーイングのこと）と指摘しています。

たくさんの先行研究に共通してみられる傾向について調べたピンカートらの分析においても，社会的ネットワークに関してはその量よりも質のほうが，精神的健康に結びつくことが指摘されていました（Pinquart et al., 2000）。いくら友人の数ややりとりをする相手の数が多くても，その相手とのやりとりの中でストレスを感じていたり，その相手と信頼し合ったり助け合ったりできないと感じることは，精神的健康を害してしまう可能性があります。社会的ネットワークの量だけでなく，より主観的な社会関係資本にも着目していく必要がありそうです。

7.3.2 インターネット上の社会関係資本と精神的健康

前の項で紹介した芳賀ら（2015）の研究では，ネットワークサイズの指標の

うち，インターネット上の知人の数は，抑うつ傾向と正の関連を持っていました。つまり，インターネット上で知人が多いと精神的健康が損なわれる可能性が示されています。インターネット上での社会関係資本と精神的健康との関連については，古くは「インターネットパラドックス」という言葉も生まれるなど，関心が寄せられてきました。**インターネットパラドックス**とは，インターネットが対人コミュニケーションを促進するという側面と，かえって私たちの対人関係や精神的健康を阻害するという側面との間にあるパラドックスのことです。このパラドックスを解明するため，1990年代後半のアメリカで，縦断調査（同一グループに対する繰返し調査）が行われました。この調査では，インターネットを利用したことがない93世帯を対象に，インターネットに接続可能なコンピューターを無償で配付しました。そして，1〜2年の間隔を空け，調査協力者たちの社会的ネットワークや精神的健康を，インターネット利用前と後で比較したのです。その結果，インターネットの利用時間が長い人ほど，家族とのコミュニケーションや社会的ネットワークの量が減少し，孤独感や抑うつ傾向，ストレスの値が悪化していました（Kraut et al., 1998）。しかし，この研究から1年後のフォローアップ研究では，こうしたインターネット利用の悪影響は，ほぼ消失していました。1990年代後半からインターネットが普及し，家族や身近な友人とのやりとりにインターネットを気軽に利用できるようになったため，対面の対人関係の維持のためにインターネットを利用するのであれば，インターネット上での対人関係は必ずしも精神的健康に悪影響を及ぼさなかった，と考えられています。

　最近でも，インターネット利用，特にSNSの利用と精神的健康との関連については，必ずしも一貫しない知見がみられています（Steers et al., 2014; 叶, 2019）。いくつかの先行研究の傾向をまとめた論文では，他者の投稿内容を閲覧するなどの受動的なSNSの使用は精神的健康と負の関連がみられるが，文章や写真の投稿，リンクの共有など能動的なSNSの使用は精神的健康と正の関連を持つ傾向が示されています（Verduyn et al., 2017）。同論文では，SNSの受動的な閲覧は社会的比較や嫉妬心と結びつくため精神的健康を下げるが，能動的な投稿は，社会関係資本の増加に結びつきやすいため，結果的に高い精

神的健康と結びつく，と指摘されています。

　また，対面でのコミュニケーションが難しい人々の間で，オンラインでのコミュニケーションが特に有益である，という知見もみられています。たとえば，精神疾患を持つ調査協力者で，SNS の積極的利用がコミュニティへの参加頻度と結びつくこと（Brusilovskiy et al., 2016)，日常的にストレスを感じている人々の間で，Facebook における友人数が精神的健康と結びつくこと（Nabi et al., 2013）などが示されています。特に対面でのコミュニケーションに難しさを感じたり制約がある人々の間で，オンラインでの社会関係資本は，対面での社会関係資本の維持に人々を動機づけたり，精神的健康を維持する効果が期待されます。

7.3.3　地域レベルの社会関係資本と精神的健康——スピル・オーバー効果

　周りの人々が幸せそうだと，あなたは幸せを感じますか？　社会関係資本には，幸せを運ぶ効果があるといわれています。アメリカで 1983 年から 20 年にわたって行われた追跡調査によると，幸福感が，人々の間で伝搬する，という知見がみられています（稲葉，2011)。コミュニティの中である認識や情動が伝搬されていく現象は，スピル・オーバー効果（波及効果）と呼ばれています。

　福島らの研究では，「認知されたコミュニティ内他者の幸福感（perceived community happiness)」が高い人ほど，高い幸福感を持つ傾向が示されました（Fukushima et al., 2021)。認知されたコミュニティ内他者の幸福感とは，「地域に住む他の人々は幸せだと思う」といった項目で測定される，地域の人々がどの程度幸せそうにみえるかの認識です。つまり，「地域に住む人たちは幸せそうだなあ」と感じている人ほど自分も幸せを感じる，ということなので，地域の他者の幸せが，自分にも伝搬しているということになります。さらにこの研究では，地域レベルの社会関係資本が高い地域に住む人の間で，より「幸せの伝搬」が生じやすいことが明らかになりました。社会関係資本が豊富な地域では，「地域に住む人たちは幸せそうだなあ」と感じることが自分の幸福につながりやすいのです。前述した，高木ら（2010）の知見と同様，この福島らの研究でも，個人レベルの社会関係資本は，幸せの伝搬の生じやすさとは関連を

持ちませんでした。つまり，社会関係資本を豊富に持たない人であっても，社会関係資本が豊富な地域に住んでいれば，他人の幸せを自分の幸せに伝搬することができる，と考えられます。

7.4　恐怖を感じると，人は絆を求める？

前の節では，社会関係資本には，犯罪抑制や精神的健康を維持するなど，いろいろな良い面があることを示してきました。ライアンらは，人は誰しも，「有能性（competence）の欲求」「自律性（autonomy）の欲求」「関係性（relatedness）の欲求」という 3 つの欲求を持っていると指摘し，これら 3 つの欲求を**基本的欲求**（basic needs）と名づけました（Ryan & Deci, 2000）。誰かとつながってコミュニケーションをとりたい，社会関係資本を豊かにしたい，という欲求は誰しもが持つものですが，言うまでもなく，その欲求の強さには個人差があります。誰とでも仲良くなれるような外向的な人や，寂しがりやの人ほど，人とつながりたいと願い，社会関係資本を豊かにしようとするでしょう。

人とつながりたい，と思う度合いは，個人のパーソナリティだけでなく，状況によっても変わってきます。同じ人であっても，一人になりたいと思うときもあれば，無性に人と話したい，と思うときもあるでしょう。社会心理学では，どのようなときに人は絆を求めたくなるのか，の説明の一つとして，「存在脅威管理理論」が提唱されています。

7.4.1　存在脅威管理理論とは

存在脅威管理理論（恐怖管理理論；terror management theory）とは，人には，「ある種の死の恐怖」を和らげてくれるような防衛メカニズムが備わっている，ということを説明した理論です。この「ある種の恐怖」のことを，存在脅威管理理論では**存在論的恐怖**と呼んでいます。存在論的恐怖とは，「端的に言えば『自分の死は避けることができず，またそれがいつ訪れるのかもわからないという認識から生まれる恐怖』」（脇本，2019, p.2）と定義されます。これは，たとえば車にひかれそうになってヒヤリとした，といういわゆる「死の

恐怖」とは異なるものです。車にひかれそうになったとしても，とっさに身を
かわす，などの方法で死なずにすむかもしれませんが，「人はいつかは必ず死
ぬ」ということは厳然たる事実であり，誰にも解決しようがないためです。

　存在論的恐怖は，現在知られている限りは人間特有のものです。動物であっ
ても，死が実際に迫ったときに「死の恐怖」を感じることは知られていますが，
「いつかはわからないが，自分はいつか必ず死んでしまう」という認識や，そ
のことに対する恐怖心，つまり存在論的恐怖は，高度な認知能力を持つ人間の
みに備わったものといわれています。存在論的恐怖は，人間誰しもが持つ普遍
的で根源的な恐怖であり，人が生きている限り向き合っていかなければならな
い恐怖である，といえます。

　この存在論的恐怖は，普段は意識されることはありませんが，ふとした瞬間
に思い起こされることがあります。自分がいつかは死んでしまう存在なのだ，
と感じることは不快な経験であるため，存在論的恐怖を感じたとき，人は何と
かしてその恐怖を和らげようとします。存在論的恐怖を和らげるシステムのこ
とを，**文化的不安緩衝装置**（cultural anxiety buffer）と呼びます。存在脅威管
理理論とはすなわち，「存在論的恐怖をどう和らげるか」について説明した理
論なのです。

7.4.2　文化的不安緩衝装置について

　存在脅威管理理論では，存在論的恐怖を和らげる方法として，以下の3点が
挙げられています。第1に，文化的世界観を保護すること，第2に，自尊心を
維持すること，第3に，関係性を希求することです。

　確立された文化的世界観を持っていると，人々は，自身が住んでいる世界を，
予測や解釈が可能な存在として再構築することができ，不可避な死への恐怖を
感じにくくなる，と考えられています。文化的世界観はまた，人々に「たとえ
自分が死んでも何らかの形で生き続ける」という不死の概念を与えます。不死
の概念はさらに，「直接的不死」と「象徴的不死」に分けられます。直接的不
死は，天国や極楽浄土，輪廻転生を信じることで，「死んだ後も自分の人生が
続く」と考える防衛法です。象徴的不死は，自分の作品や子孫など，自分の生

きた証がこの世に残り続けることで，「自分は死んだ後も何らかの形で存在し
続けることができる」と考える防衛法です。

　こうした不死の概念は，日常生活にも織り込まれています。たとえばいくつ
かの宗教では，生まれ変わりや天国といった，直接的不死に関する内容が含ま
れます。また，多くの作家や職人は，自身の作った作品が世の中に知られ，後
の世にも残ることを願うでしょう。「作品」という形で自身の存在を次の世に
残すことができない人でも，自身の子どもや孫が，死後も自分のことを思い出
し，懐かしんでほしいと願うのではないでしょうか。こうした願いは，象徴的
不死を願ったもの，と言い換えることができます。

　文化的世界観が存在論的恐怖を和らげる過程で重要となるのが，**自尊心**
（self-esteem）です。自尊心は，自身のことを価値ある存在と思っている程度，
と定義されます。文化的世界観は，それ単体で存在論的恐怖を和らげるという
よりは，自尊心と結びついて恐怖を緩和する，といわれています。たとえば，
さまざまな宗教で，天国や生まれ変わりといった不死概念に関する教えがあり
ますが，悪事を働いた人間が天国に行けるという教えは，あまりないでしょう。
また，その文化において「望ましい人」ではなかった人の作品や人となりが後
世に語り継がれたりすることは，あまりないと思います。文化的世界観が存在
論的脅威を和らげるには，文化的世界観を持ち，なおかつ「自分は文化的世界
観の価値基準を十分に満たしている」，つまり「自分はこの文化における良い
成員なのだ」という，高い自尊心を持つことが重要なのです（脇本，2005）。

　存在論的恐怖を和らげる第3の方法として，関係性希求が挙げられています。
これは，前述した象徴的不死とも関わっています。友人でも恋人でも子どもで
も，人と良い関係を築けば，たとえ自分が死んでも，その人たちの中に自分の
存在が残るはずです。そのため人と良い関係を作ることは，自分が死んでも何
らかの形で残り続ける，という象徴的不死の感覚を高めるため，存在論的恐怖
を和らげることができるのです（脇本，2019）。

　これらのことから，存在脅威管理理論では，人は存在論的恐怖を感じると，
文化的世界観や自尊心を守り，人とのつながりを持つことで，その恐怖を和ら
げようとする，と説明しています。次の項以降で，具体的にどのような研究が

行われてきたのか，みていきましょう。

7.4.3 存在論的恐怖の作り方

存在脅威管理理論の研究では多くの場合，実験的手法が用いられます。実験では，実験者が意図的に実験参加者の存在論的恐怖を高める操作を行い，その操作が実験参加者の反応に影響するかを調べます。このように，意図的に実験参加者の存在論的恐怖を高める操作のことを，**存在論的恐怖顕現化**（mortality salience）操作と呼びます。ここでは，「存在論的恐怖を高める操作」と呼ぶことにします。

存在論的恐怖を高める操作にはさまざまなやり方があります。たとえば，実験参加者が気がつかないぐらいの短い時間，つまり閾下で死に関連する言葉（death）を提示する方法です（Arndt et al., 1997）。また，20項目の死に関する質問（例：「死んだ後今までの自分がどうなるのか不安だ」）に答えてもらう（Florian et al., 2002），「自分の『死』について考えたとき，あなたはどのような感情になりますか。できるだけ具体的に書いてください」と教示して自由回答してもらう（Greenberg et al., 1995），といった手法もあります。

多くの実験では，存在論的恐怖を高める操作をされる人々を「実験群」，高められない人々を「統制群」とし，両者の反応を比較する方法がとられています。具体的には，閾下でdeathに関連する言葉を提示される実験群に対し，統制群では閾下で中立的な言葉に関連する言葉を提示される（Arndt et al., 1997），死に関する20項目に回答したり自由回答する実験群に対し，統制群では余暇の過ごし方やテレビ視聴について回答する（Florian et al., 2002; Greenberg et al., 1995）などです。

これらの存在論的恐怖を高める操作により，数々の先行研究で，実験参加者たちが自身の文化的世界観や自尊心を守ろうとし，人とのつながりを求めるようになる，という知見がみられています（図7.3）。次に，いくつかの具体例をみていきましょう。

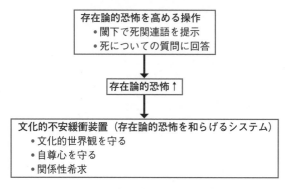

図7.3　存在脅威管理理論のモデル

7.4.4　存在脅威管理理論の知見——文化的世界観・自尊心の防衛

　まず，存在論的恐怖を感じている人々は，文化的世界観を守ろうとする傾向が高いことを示した実験を紹介します。グリーンバーグらは，実験参加者たちに創造性のテストと称し，ある課題を行ってもらいました（Greenberg et al., 1995）。存在論的恐怖を高める操作をされる実験群の実験参加者，されない統制群の実験参加者たちは，さらに「文化的道具群」「中立的道具群」に分けられ，用意された道具を使った課題を与えられました。中立的道具群の参加者たちには白い布や木片が用意されていましたが，文化的道具群の参加者たちには，白い布の代わりに星条旗，木片の代わりに十字架が用意されていました。つまり文化的道具群の参加者たちは，課題に正解するために，星条旗で液体をこしたり，十字架を金づちの代わりに使ったりと，自分の文化で大切なものを不適切に扱う必要があったのです。その結果，存在論的恐怖を高める操作をされた実験群の参加者たちは，文化的道具を使って課題を解決する条件において，統制群の参加者たちよりも，課題解決により多くの時間を費やし，課題をより困難だったと感じ，生理的緊張をより示していました。星条旗や十字架など，実験参加者の文化で重要なものを不適切に扱うことは，文化的世界観をおとしめる行為といえるため，存在論的恐怖を感じている人々のほうが抵抗を感じやすかったと考えられます。

　次に，存在論的恐怖を感じている人たちの間で自己奉仕的バイアスが高くな

ることを示した研究を紹介します。**自己奉仕的バイアス**（self-serving bias）と
は，成功したときには自分の内的要因（能力など）が原因だと解釈し，失敗し
たときには外的要因（運や偶然など）が原因だと解釈する，というように自分
に都合の良い解釈をすることで，自尊心を維持したり高めたりするバイアスで
す。ミクリンサーとフロリアンの実験では，存在論的恐怖を高める操作をされ
た実験参加者たちが課題の成功，失敗後にその原因を聞かれたとき，成功の原
因は内的要因，失敗の原因は外的要因だと回答する傾向が，統制群の実験参加
者よりも強いことが示されました（Mikulincer & Florian, 2002）。存在論的恐
怖を感じたために自尊心を高く持ちたいという気持ちが高まり，成功，失敗に
対して自分に都合の良い解釈をするようになった，と理解できます。

　文化的世界観や自尊心を守ろうとするあまり，存在論的恐怖を高める操作を
された人々が他者に対して攻撃的，差別的になってしまう傾向も示されていま
す。グリーンバーグらの別の実験では，ヨーロッパ系アメリカ人の実験参加者
たちが，雇用の際に人種差別を行ったヨーロッパ系アメリカ人とアフリカ系ア
メリカ人に関するエッセイを読み，この雇用者への評価を行いました
（Greenberg et al., 2001）。その結果，存在論的恐怖を高める操作をされた実験
参加者は，人種差別を行ったヨーロッパ系アメリカ人のことを，「あまり差別
的ではない」と評価していたことがわかりました。存在論的恐怖が高まったこ
とで，より内集団ひいき（この場合は自分と同じヨーロッパ系アメリカ人をひ
いきすること）をするようになり，外集団成員に差別をする内集団成員に寛容
になった，と解釈できます。日本においても，存在論的恐怖を高める操作をさ
れた男子大学生たちが，統制群の男子大学生よりも，伝統的性役割観に一致す
る女性をより望ましいと評価した，という知見がみられています（沼崎，
2010）。自身の政治的スタンスに否定的なエッセイを書いたとされる人の食べ
る料理に，存在論的恐怖を高める操作をされた人々がたくさんの辛いソースを
かけた，という結果を見出したユニークな実験も行われています（McGregor
et al., 1998）。存在論的恐怖を感じることによって，外集団他者に対する考え
方だけでなく実際の行動も攻撃的になったことを示す興味深い実験です。

　自身の文化の伝統的価値観を守り，自身の文化を望ましいものと感じること

は，自分の文化的世界観を守ることにつながります。また，自分の属する内集
団の価値を高めることは，間接的に自尊心を高めることにもつながります。存
在論的恐怖を高める操作によって存在論的恐怖が高まった人々は，自身の文化
的世界観や自尊心を守りたくなり，そのために，時に他者に対して攻撃的に
なったり差別的になってしまうのです。

7.4.5　存在論的恐怖と関係性希求

　文化的世界観や自尊心の防衛に関する知見は，存在論的恐怖を感じたとき，
人はその恐怖を和らげるために時に他者に対して攻撃的になるという，存在論
的恐怖のネガティブな性質を示すものでした。それに対して，存在論的恐怖と
関係性希求に関する知見は，存在論的恐怖にもポジティブな側面があることを
示すものです。たとえば，存在論的恐怖を高める操作をされた人たちが，統制
群の人々よりもロマンティック・コミットメント（恋人との関係を重視し，関
係を継続したいと思う傾向）が高くなる傾向が示されました（Florian et al.,
2002）。存在論的恐怖が高まると，人は恋人のことをより大切に思うようにな
る，という知見です。さらにこの実験では，存在論的恐怖を感じるとロマン
ティック・コミットメントが高まる傾向が，恋人に不満がある状態でもみられ
ることも示されました。実験参加者たちは恋人から称賛されるシナリオ，文句
を言われるシナリオ，人格を批判されるシナリオのいずれか一つを読み，その
後でロマンティック・コミットメントの項目に回答しました。その結果，統制
群の人々では，文句シナリオや批判シナリオを読んだ後はロマンティック・コ
ミットメントが低くなっていましたが，存在論的恐怖を高める操作をされた
人々では，その傾向はみられませんでした。つまり存在論的恐怖が高くなると，
人は恋人に多少不満があったとしても，恋人との関係を大事にし，関係を続け
ようとする，と解釈できます。

　現在恋人がいない人であっても，存在論的恐怖は人と新しい関係を築こうと
する意欲を高めることが知られています。ある実験では，存在論的恐怖を高め
る操作をされた人たちが，統制群の人々よりも，初対面の異性をより「魅力的
だ」と感じる傾向が示されました（Smieja et al., 2006）。相手を魅力的だと思

えば恋愛関係が形成される可能性が高まりますので，この結果は，存在論的恐怖を感じると人は恋人を作りたくなる，と解釈できます。

　こうした知見をみると，関係性希求を通じた存在論的恐怖の緩和は，他の緩和方法，つまり文化的世界観や自尊心の防衛に比べると適応的な方法だと思えます。実際，関係性希求を通じて，存在論的恐怖が文化的世界観防衛のための攻撃的反応を高めるのを抑えた，ということを示す知見もみられています（Cox et al., 2008）。

　しかし，こうした知見をもって，関係性希求を万能なもののように考えるには注意が必要です。これを読んでいる方の中には，東日本大震災の後，「絆」という言葉がさまざまな場所で使われていたのを思い出した方も多いのではないでしょうか。存在脅威管理理論を用いると，この「絆」現象は，震災によって多くの人が死を意識したことにより，人とのつながりを求めたくなったため，という解釈が可能です。それは一方では正しい解釈だと考えられます。しかし，震災直後，さまざまな慶事が自粛され，自粛しない者は「不謹慎だ」と糾弾される風潮がありました。こうした糾弾は，「死者を悼み，被災者に寄り添うべきだという価値観への同調を求める，いわば文化的世界観の防衛反応」（脇本，2019，p.108）とも解釈できるのです。存在論的恐怖が高まったことによる関係性希求は，確かにポジティブな側面もありますが，その一方で，自身の価値観に合わない他者への排斥や批判にもつながる，諸刃の剣ともいえそうです。

　脇本（2019）は他にも，存在脅威管理理論を用いて，さまざまな社会現象を説明しています。また，本章では社会関係資本のポジティブな側面を主に示してきましたが，この項で述べている関係性希求のネガティブな側面と同様，社会関係資本にも，「しがらみ」や「村八分（実際の村社会でもインターネット上でも）」などのネガティブな側面があります。こうしたネガティブな側面については，稲葉（2011）で詳しく述べられています。興味のある方は，ぜひ参照してほしいと思います。

7.5 ま と め

　この章では，社会関係資本と，存在脅威管理理論について紹介しました。ま
ず，①社会的ネットワーク（さらに分けると強い紐帯と弱い紐帯），②信頼性，
③互酬性の規範，という，社会関係資本の3つの柱について紹介しました。そ
して，こうした社会関係資本の豊富さが，精神的健康の維持や，地域での犯罪
抑制につながるという知見をいくつか紹介しました。社会関係資本には，個人
レベルのものと地域レベルのものがあり，特に犯罪抑制や幸福感の伝搬には，
地域レベルの社会関係資本が強く関わっている，ということも紹介しました。
たとえ自分自身が人付き合いが苦手で社会関係資本を豊富に持っていなくても，
そのような人が社会関係資本の豊富な地域に住むことで，犯罪抑制や幸福の伝
搬といった恩恵を受けることができると考えられます。

　本章ではさらに，どのようなときに，人は社会関係資本を豊富にしようとす
るのか，ということへの一つの説明として，存在脅威管理理論を紹介しました。
存在論的恐怖，つまり自分はいつかは死んでしまう存在なんだという恐怖を意
識したとき，人はその恐怖を和らげようとします。恐怖を和らげる方法の中に
は，文化的世界観を脅かす他者を攻撃する，などの方法もみられますが，存在
論的恐怖には，今ある人間関係を大切にし，また新しい人間関係を構築しよう
という意欲を高める，というポジティブな効果もあることが知られています。
もちろん，社会関係資本の豊富さには，しがらみや同調圧力など，ネガティブ
な側面がありますが，数々の知見をみても，浅い付き合いや深い付き合いをす
る相手がある程度いて，他者を信頼し，他者とお互いに助け合っていこうとい
う意欲を持って生活することは，人間にとって不可欠なものである，というこ
とはいえそうです。

コラム 7.1 鶴甲地区での取組み

この章では，社会関係資本が精神的健康を維持することや，犯罪防止につながっていくという知見を紹介しました。もちろん社会関係資本はどの年代の人にとっても重要ですが，高齢者にとって特に重要です。加齢に伴って健康状態が悪化し移動が困難になった場合，サポートしてくれる人を見つけたり適切な情報を得たりするためには，ある程度豊富な社会的ネットワークが不可欠なためです。そして，そうした社会的ネットワークを形成して維持するためには，地域に住む人々を信頼し，またその人々とお互いに助け合っていこう，という認識を持つことも必要です。

一方で，高齢者の社会関係資本は，若い頃よりも少なくなってしまいやすいことも知られています。家族や親しい人を亡くしたり，子どもが独立して離れて暮らすようになるなどの理由で，高齢者の社会的ネットワークは収縮する傾向があるためです。働いていた人の場合は，定年退職によって職場の人々と接する機会がなくなり，また，仕事をしている間は地域住民とのコミュニケーションが少なかったため，退職後に十分に地域になじめないことが多い，ということも指摘されています（片桐，2012）。高齢者が心身共に健康でいきいきと暮らすために不可欠と思われる社会関係資本は，その一方で，加齢とともに少なくなりやすいものといえるのです。

このような，高齢者の社会関係資本の減少を防ぐための一つの方法として，地域への介入が挙げられます。ここでは，そうした介入の一例として，神戸市灘区鶴甲地区（以下，鶴甲地区）における，神戸大学アクティブエイジング研究センターの取組みを紹介します。鶴甲地区は，六甲山系の中腹にある，2021 年時点での人口約 5,100 人，そのうち 65 歳以上の住人の割合が 30％以上の都市部高齢化地域です。地域住民を対象としたアンケート調査からは，「隣近所とのつきあいが少ない」「世代間交流が少ない」「災害時の安全性が不安」などの問題点が浮かび上がり，大学と連携した活動を望む声が多くみられました。神戸大学アクティブエイジング研究センターは「鶴甲いきいきまちづくりプロジェクト」を発足し，2013 年から，この地域の住民に向けて定期的なタウンミーティングやアカデミックサロン，連続講義などを開催してきました。アカデミックサロンや連続講義では毎回講師を招き，園芸教室やウォーキング教室などが開かれました（神戸大学大学院人間発達環境学研究科

発達支援インスティテュート，2019)。

　継続的に複数のプロジェクト活動を展開し，地域の高齢者を中心とした住民サポーターのチラシ配りによって活動を周知した結果，数年後の地域住民の社会関係資本に変化が現れたことが，住人を対象とした追跡調査からみえてきています。たとえば，この地域の住民の間で，アカデミックサロンや連続講義に一度でも参加したことのある人（以下，参加者），一度も参加したことのない人（以下，非参加者）とで，社会的ネットワークを比較した結果，参加者でのみ，「困った時にお互い助け合える相手の人数」，つまり強い紐帯の人数が，プロジェクト開始前よりも開始後に増加していました（Harada et al., 2018；図7.4）。

　こうした社会的ネットワークの増加は，住人たちの精神的健康にも良い影響を及ぼしています。たとえば，約4年間で強い紐帯・弱い紐帯の数を維持または増加させた住人の間では，健康状態の悪化が生きがい感（自分が社会の役に立っており，自分の人生に価値があると感じる度合い）を下げないことが明らかになりました（Fukuzawa et al., 2019)。また，この生きがい感は，非参加者の間では，約4年間で平均値が減少していましたが，参加者の間では，こうした減少はみられませんでした（Harada et al., 2020)。生きがい感は精神的健康の指標の一種であり，高齢者の将来的な死亡率の低下につながる要因として知られています。地域のプロジェクトに参加したり，介入プロジェクトのターゲット地域に住むことで，社会的ネットワークを増やしたり維持することが容易になり，高齢になると低下しがちな生きがい感

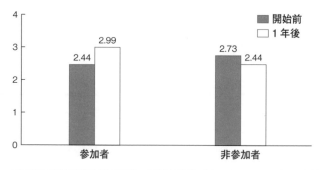

図7.4　**参加者と非参加者の間での強い紐帯の変化**（Harada et al., 2018 を基に作成）

の保護につながった，と考えられます。

　もちろん，社会的ネットワークの増加や生きがい感の維持には複数の要因が関係してくるため，地域への介入プロジェクトだけが良い影響を持っていた，とはいえません。また，こうしたプロジェクトに参加する人々は社会参加に興味がある，アクティブな人々であると考えられるため，そうではない人々は，プロジェクトによる恩恵を受けられない，という可能性もあります。しかし，この章でみてきたように，地域レベルで社会関係資本が豊富な地域に住むことで，個人レベルで社会関係資本が豊富でない人も恩恵を受けられることが指摘されています。地域におけるすべての住人の社会関係資本をすぐに高めることはできなくても，地域レベルの社会関係資本を高めるような働きかけが，今後も必要と考えられます。

コラム 7.2　対人ネットワークと身体的健康

　私たちは，網の目のように広がったネットワークから，さまざまな形で援助を受けています。何かを手伝ってもらったり，相談に乗ってもらったり，愚痴を聞いてもらったり……。こういうことを「ネットワークに埋め込まれた社会的資源を利用している」と表すこともできます。

　社会的資本が有効な理由として，情報，影響力，社会的信任，強化が挙げられます。人脈を通じてさまざまな情報を得ることができ，他の人に影響を与えることもあります。また，有力な人脈を持つがゆえに社会的な信任を得られやすくなり，社会的資本を持っている者同士の関係が強まっていくのです。

　社会的ネットワークが精神的健康に与える影響については7.3節で紹介しましたが，社会的ネットワークが身体的健康に関連することもまたわかっています。かなり昔に行われた調査ですが，1965年にアメリカで成人男女7,000人弱を対象に行われた調査によれば，9年後の死亡率が社会的ネットワークの大きい人ほど低いことが示されています（Berkman & Syme, 1979：図7.5）。これは男性でも女性でもみられ，年代ごとにみてもあてはまりました。

　日本でも高齢者を対象に，社会的ネットワークと健康に関する調査が行われてい

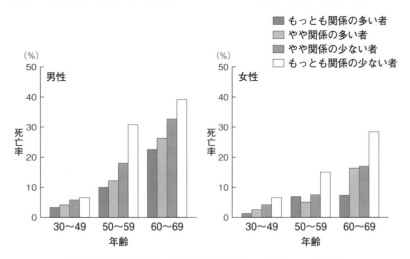

図7.5　**社会的結びつきと死亡率** （Berkman & Syme, 1979）

ます。斉藤ら（2015）は，愛知県在住の介護認定を受けていない高齢者（65歳以上）1万4,084人を10年間追跡調査しました。その結果，性別・年齢・同居者の有無・治療疾患の有無などの影響に加えて，同居家族以外とのコミュニケーション頻度が10年後の健康に影響していました。別居の家族・親族および友人と何らかの形で連絡をとり合う頻度（対面・電話・メールなど）が多いほど，健康リスクが低かったのです。具体的には，月1回未満で連絡をとる群は，毎日連絡をとる群と比べて，1.34倍死亡に至りやすく，1.37倍要介護2以上になり，1.45倍認知症を発症していました。コミュニケーションの手段についても尋ねていましたが，特に関係はなかったようです。

　これらの調査は社会的結びつきのどのような面が健康を促進したのかまではわかりませんが，人にとって社会的な結びつきが大切であることを示しています。

（大橋 恵）

┌─ **理解度テスト** ─────────────────────────┐

1. 以下の文を読み，内容が正しいと思うものには○，正しくないと思うものには×を記してください。また，×の場合はどこがどのように違うのかも答えてください。

(1) 個人レベルの社会関係資本と地域レベルの社会関係資本とがある。

(2) 社会関係資本には，ネガティブな効果はない。

(3) 存在脅威管理理論は，存在論的恐怖を感じたとき，人がどのような方法でその恐怖を緩和させるのかを説明した理論である。

(4) 存在論的恐怖は，常に人を不適応的な反応に導くものである。

【解答】

1.

(1)		(2)		(3)		(4)	

（正解は巻末にあります。）

集合行動と
マイクロ・マクロ過程

8

┌─■学習達成目標

　この章では「マイクロな現象」と「マクロな現象」との相互作用についてみていきます。一人ひとりの行動や，その行動を生み出す心理プロセス（マイクロな現象）が，意図せずある社会現象（マクロな現象）を生み出し，そしてその社会現象が人の心理や行動に影響を与えるという，個人と社会現象との相互作用過程は，「マイクロ・マクロ過程」と呼ばれます。そしてそのような過程に注目した社会心理学の領域は「マイクロ・マクロ社会心理学」と呼ばれています（山岸，1992）。

　この章ではまず，マスメディアが私たちの心理傾向や行動に及ぼす影響についてみていきます。マスメディアには，私たちの元々の意見を変えるほどの影響力はない，と考えられていますが，それでも，私たちがマクロな現実社会をどのようなものととらえるのか，という認識には影響を及ぼしているといわれています。マスメディアの影響力についての理論を理解し，インターネットが普及し誰もが簡単に情報を発信できるようになった今，そうした影響力はどう変わっていくのか，考えてみてほしいと思います。

　次に，集合行動，特に流言について，事例を挙げて紹介します。他の集合行動の例として，群集行動や流行についても紹介します。私たち一人ひとりの行動や心理プロセスが，より大きなマクロな現象とどう結びつくのか，皆さんも例を挙げて説明できるようになってほしいと思います。

8.1　マスメディアの影響——フレーミング効果について

8.1.1　フレーミング効果とは

「お客様満足度 95 ％！」と書かれた商品と，「お客様不満足度 5 ％！」と書かれた商品があったときに，あなたならどちらを魅力的に感じますか？　「満足度 95 ％」ということは 5 ％のお客さんは不満足ということなのですが，「不満足度」などという言葉を使って商品を宣伝するお店は，まずないでしょう。このように，表現の枠組みが変わると人間の判断や意思決定が異なる現象のことを，フレーミング効果と呼びます。フレーミングの種類にはさまざまあるのですが，この例は，前者が「ポジティブフレーミング」，後者が「ネガティブフレーミング」と呼ばれるフレーミングです。ポジティブフレーミングがなされると「95 ％が満足している」というポジティブな情報に注意が向きますが，ネガティブフレーミングがなされると「5 ％が満足していない」というネガティブな情報に注意が向くので，内容が同じでも，ポジティブフレーミングで語られたほうが，商品がより魅力的に感じられるのです。

このフレーミングは，日常生活でも応用可能です。たとえば，会社や学校で，他の人のプレゼンテーションを批評しなければならないとき，まず良かった点を挙げ，次に修正したほうが良い点を挙げる，という順番にしたほうがよいとよくいわれます。これも，ポジティブフレーミングをすることで，相手への批評が失礼に聞こえないようにする配慮と考えられます。他にも，休日が終わったとき，「今日は何もしなかった」と考えるのはネガティブフレーミングですが，「今日は一日十分に身体を休められた」と考えるのはポジティブフレーミングといえます。たとえ行動や事実は同じでも，ポジティブフレーミングをしたほうが気分良く生活できそうですね。

8.1.2　マスメディアのフレーミング効果①——タイトルのフレーミング効果

さてこのフレーミング効果，実はマスメディアによる報道でも多くみられます。先に述べた「お客様満足度 95 ％！」のようなポジティブフレーミングが多くの CM で使われているのは言うまでもないですが，他にも，新聞や

ニュース番組等にもフレーミング効果は表れています。

　マスメディアの報道にみられるフレーミングの一つが，ニュースや記事のタイトルです。皆さんは，2016年度の東京大学入学式での，総長の式辞に関する報道を覚えていますか？　当時の東京大学総長であった五神 真氏は途中，「ところで，皆さんは毎日，新聞を読みますか？」と語りかけ，「ヘッドラインだけでなく，記事の本文もきちんと読む習慣を身に着けるべき」と話しました。そしてその上で，海外メディアの報道にも目を通し，日本の報道との違いにも注目すること，今からそのような国際的な視野を日常的に持つ習慣を身につけるようにとアドバイスしたのです（五神，2016）。この式辞に対して，ある新聞社は，「東大生よ，新聞を読もう　入学式で五神学長」というタイトルをつけました。他の新聞社も，「東大入学式，総長"新聞読みますか？""習慣身につけて"」というタイトルをつけました。上で述べた式辞の要約を読んだ後では，これらのタイトルに違和感を覚えた人も多いのではないでしょうか。式辞のこの部分の本筋は，「メディアリテラシーを身につけ，国際的な視点を持って海外の報道とも比較してほしい」のようなことだと思うのですが，話題転換のためのフレーズであったはずの「新聞を読みますか？」が切り取られてしまったのです。

　このようにマスメディアがつけるニュースや記事のタイトルは，情報に枠組みを与えるものなので，フレーミング効果が生じます。上記の東京大学総長の式辞に関するニュース記事には，「東大生は新聞も読まないのか」といった揶揄が寄せられました。著名人もそのような揶揄を投稿したことから，まさに「ヘッドラインだけでなく，記事の本文も読むべき」という式辞のアドバイスの好例となってしまう，というオチまでつくことになったのです。

8.1.3　マスメディアのフレーミング効果②——報道スタイルのフレーミング

　報道内容そのものにもフレーミング効果があります。ネルソンら（Nelson et al., 1997）は実験を行い，実験参加者たちを「社会秩序の維持フレーム条件」と，「表現の自由フレーム条件」に分け，実験参加者たちにビデオを見てもらいました。ビデオの後半には，KKK（Ku Klux Klan；クー クラックス クラン　アメリカの白人至上主

義を唱える秘密結社）の集会に関するニュース映像が入っており，この内容が条件ごとに異なっていました。社会秩序の維持フレーム条件の参加者のビデオでは，KKKの集会を目撃した人々がインタビューで，暴力や混乱の様子を語っていました。そして，KKKの支持者と抗議者との間に暴力や混乱が生じる可能性について説明されました。一方で，表現の自由フレーム条件の参加者が見たビデオでは，KKKの運動に反対する抗議者たちが，KKKの支持者に抗議の声を上げている様子や，「レイシストに表現の自由なし」と書かれたプラカードを掲げている様子が示されました。その後，すべての実験参加者にKKKへの許容度を回答してもらった結果，表現の自由フレーム条件の実験参加者のほうが，社会秩序の維持条件の実験参加者よりも，KKKの活動への許容度を高く評定していました。KKKの集会が混乱や暴力を引き起こしている点が強調された「社会秩序の維持フレーム群」よりも，抗議者たちがKKKの表現の自由を否定しているようにみえる映像を見た「表現の自由フレーム群」のほうが，KKKへの態度が寛容になったのです。社会秩序の維持も表現の自由も，両方誰もが「大事だ」と思うものですが，どちらを強調されるかによって実験参加者の態度が変わったことを示す知見です。マスメディアには，市民がどのように意見をまとめるべきかをアドバイスする「レシピ」のような機能があり，特定の側面を取捨選択し，その側面を目立たせることができる，といわれています。マスメディアにどのような効果があるのかを知っておくと，情報の取捨選択ができるようになりそうです。

　「何について取材し報道するのか」も，フレーミング効果を持ち得ます。アイエンガーは，報道のスタイルの違いが世論の違いをもたらすという仮説を立てました。そして，個別具体的な事例によって描く報道の枠組みを「エピソード型フレーム」，問題の背景を重視し，一般的で抽象的な文脈の中に位置づける報道の枠組みを「テーマ型フレーム」としました（Iyengar, 1990）。たとえば「貧困」というテーマに関して報道する際，貧困で苦しむ1人の人に密着して報道するのがエピソード型フレーム，国全体での貧困率や，ここ数十年の貧困率の推移などを報道するのがテーマ型フレームです。

　アイエンガーの実験における実験参加者たちは「テレビに関する研究」とい

うカバーストーリーで募集され，7つのニュースからなるニュース集を20分間視聴しました。7つのニュースのうち1つのニュースの内容のみ，条件間で異なっており，エピソード型フレーム条件の人々は，「失業した男性」「困窮したティーンエイジャーの母親」などに関するニュースを視聴しました。テーマ型フレーム条件の人々は，「地域の失業率の上昇」「アメリカにおける貧困層の拡大」などに関するニュースを視聴しました。その後，「貧困の原因は，何だと思いますか」と尋ねた結果，エピソード型フレーム条件の人々は「個人が原因」と答え，テーマ型フレーム条件の人々は，「社会が原因」と答える傾向がみられました。

　多くの人々が貧困の問題を「社会が原因」と考えるのであれば，「政府は失業者や生活困窮者にもっと支援をすべきだ」という世論が高まりますが，貧困の問題を「個人が原因」と考えた場合，「貧乏な人は自分の努力が足りなくてそうなったのだから，政府が支援する必要はない」という世論が高まると考えられます。エピソード型フレームの報道は，個別の事例に注目することで共感を得やすく，また視聴者にそのテーマ（たとえば貧困問題）に対する実感を持ってもらう上で有力な報道スタイルですが，時に過度の「自己責任論」に結びつきやすいのです。エピソード型フレームの報道で密着された人が，その後SNSでバッシングの対象となってしまう事例も，たびたびみられます。しかし，テーマ型フレームによる報道には背景になるテーマについての深い知識や掘り下げた分析が必要となるのに対し，エピソード型フレームによる報道の場合は興味深い例を1つ見つければよいので，エピソード型フレームの報道のほうが多いのが実状，といわれています。

　もちろん，実際の報道にはテーマ型とエピソード型，両方のスタイルが組み合わされているものもあります。たとえば1つのドキュメンタリー番組で，貧困に関する事例を紹介した後で日本全体の貧困率についても紹介する，といったスタイルです。そして，取材をして報道するジャーナリストも，テーマに関する興味深い事例を紹介することで，社会の問題として問題提起をするためにエピソード型フレームでの報道を行うはずです。しかし，時に視聴者は，エピソード型フレームの報道に対し，過度に個人の責任ととらえて視聴する傾向が

あるのです。

8.2　マスメディアの影響——理論の変遷

　皆さんは，マスメディアが人の心にどの程度の影響力を持っていると思いますか？　戦時中はマスメディアを使ったプロパガンダが多く行われ，それに影響された多くの国民の声によって戦争に突き進んでいった，と聞くことが多いですが，最近はインターネットが普及し，個人による情報発信も容易になりました。マスメディアから一方的に「与えられた」情報によって，それほど自身の態度や行動が変わることはない，と考える人もいるのではないでしょうか。マスメディアに関する研究では，マスメディアの影響力に関する理論が変遷を遂げてきました。ここでは具体例を挙げながら，それぞれの理論の移り変わりについてみていきましょう。

8.2.1　強力効果論

　1920年代から1930年代には，**強力効果論**が主流でした。これは，弾丸で打ち抜くように，マスメディアには視聴者に強いインパクトをもたらす力がある，とする理論です。有名な例としては，火星人襲来パニックが挙げられます。1938年10月の夜，「宇宙戦争」を題材にしたラジオドラマ内で，あたかも本当に火星人が襲来しているかのような臨時ニュース風の演出をしたところ，一部の人がそれを本物のニュースと勘違いし，パニックに陥ったとされています。ただしこの火星人襲来パニック事件は，現代では多少誇張されて伝えられている，という説もあります。

　この強力効果論は，当時第2次世界大戦の戦前戦中であったことから，マスメディアの強力さが戦争を通じて人々に如実に感じられたために生まれた理論だといわれています。しかしこのような時代にあっても，果たしてマスメディアのみが人々の行動に影響していたのかには，疑問の声も上がっています。日本が戦争に突き進んだ一因にはもちろんマスメディアの影響もありますが，その報道を後押しした，一般人たちの「世論」の声もあったためです。

8.2.2　限定効果論

　1940年代になると，強力効果論にとって代わって，**限定効果論**が主流となりました。これは，マスメディアの影響力は限定的であり，受け手の態度を補強する効果を持つものの，態度を変化させる効果は持たない，という理論です。具体的には，「選択的メカニズム」「コミュニケーションの2段の流れ」という2つの観点から議論が行われています。

　選択的メカニズムはさらに，「選択的接触」「選択的知覚」「選択的記憶」の3つに分けられます。これらは，人々が，先有態度（自分の元々の態度）と合致した情報を選り好みする傾向を示すものです。**選択的接触**とは，自分の先有態度に合致しない情報よりも合致する情報を選ぶ傾向，**選択的知覚**とは，情報を先有態度と整合するような形で解釈する傾向，**選択的記憶**とは，先有態度に整合的な情報のみを記憶する傾向です。たとえば，現政権に肯定的な態度を元々持っている人は，現政権に肯定的な論調の記事を好んで読み，否定的な論調の記事はタイトルを見て回避します（選択的接触）。また，同じニュースであっても，現政権に肯定的な人と否定的な人とは異なる解釈をし（選択的知覚），また，それぞれにとって都合の良い情報をより記憶する（選択的記憶）傾向があるのです。マスメディアが人々に与える情報には，人々の態度や行動に劇的なインパクトがある，とする強力効果論に比べると，人々が，何らかの先有態度を持ってマスメディアの情報に接するのだというこの理論は，マスメディアの影響力をより「限定的」なものととらえるものです。

　限定効果論を示した研究として，ラザスフェルドの世論調査が有名です（Lazarsfeld et al., 1944）。この調査は，アメリカ大統領選挙の期間中に行われました。有権者を対象に，同一人物に複数回調査をするというパネル調査を行った結果，連日2人の大統領候補者に関して膨大な情報が与えられていたにもかかわらず，調査協力者たちのほとんどが，先有態度を変えることはありませんでした。調査の期間中，2人の大統領のどちらを支持するかの意見が揺れた人は15%，完全に意見を変えた人は，わずか8%だったのです。つまり，マスメディアの情報は，2人の大統領候補者のどちらを支持するか，という元々の態度を変化させることなく，元々の態度を強化していた，と考えられていま

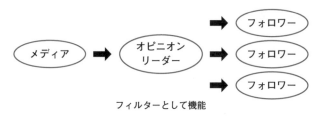

図8.1　コミュニケーションの2段の流れ

す。

　ラザスフェルドらはさらに，この調査において途中で意見を変えた少数の
ケースを詳細に分析しました。その結果，途中で意見を変えた少数の人々は，
マスメディアの報道によってではなく，彼らの周囲にいた人の影響で意見を変
えたことが明らかになったのです（Katz & Lazarsfeld, 1955）。この，彼らに影
響を与えた人々のような存在は，**オピニオンリーダー**と呼ばれています。ラザ
スフェルドらは，マスメディアは必ずしも個人に直接影響を与えるわけではな
く，①マスメディアがオピニオンリーダーに影響し，②オピニオンリーダーが
個人に影響を与える，という**コミュニケーションの2段の流れ**をとる，とい
う説を提案しました（図8.1）。

8.2.3　新しい強力効果論

　前の項で紹介した限定効果論は，1930年代頃まで共有されてきた，「マスメ
ディアには人の意見を変えてしまうほどの強力な影響力がある」という考えを
否定するものでした。しかし，1970年代になりテレビが普及したことで，限
定効果論にも疑問が示されるようになりました。マスメディアの人々への影響
が小さいのならば，テレビは何を放映してもよいことになりますが，皆さんの
実感からも，それはちょっと乱暴に聞こえると思います。このようなことから，
「メディアが作り出す情報環境も，ある程度は重要で影響力があるのではない
か」ということが議論され始め，「新しい強力効果論」が主流になってきまし
た。

　新しい強力効果論における代表的な理論は，議題設定効果です。**議題設定効**

果とは，メディアで取り上げられる争点ほど重要である，と知覚する傾向です。皆さんも，あるニュースがテレビのワイドショーやニュース番組で連日報じられると，そのニュースが重要なものに感じられて関心を持ちますが，いつの間にか報道が下火になってくると関心がなくなり，しばらく経った後で「そういえば，あのニュースはその後どうなったんだろう？」と感じた経験が，少なからずあるのではないかと思います。実証的な研究でも，マコームズとショー（McCombs & Shaw, 1972）の研究で，地方新聞にみられる記事の優先順位（1面か2面以降か）と，その地域に住む住民がそれぞれの記事の話題をどの程度重要だと考えるかに，関連があったことが示されています。つまり新聞の読者は，新聞の1面に載るような記事の話題をより重要なものだと認識し，2面以降の記事の話題はそれほど重要ではない，と考える傾向があるのです。もちろん，ある新聞では1面に掲載されていた記事が別の新聞では2面以降に掲載されるなど，複数のメディアが異なる争点を強調することも起こり得ます。そして限定効果論における「選択的メカニズム」で述べられているように，情報の受け手は自身の元々の態度に応じて情報を取捨選択するため，あるメディアで「重要」とされる争点を，受け手がそのまま重要だと受け取るとは限りません。そのため，この議題設定効果理論では，マスメディアの強力な影響力は見出されていない，といわれています（池田，2019）。

　この議題設定効果が提唱されたのと同時期に，**培養効果**という理論も提唱されました。ガーブナーらは，アメリカの三大ネットワークで放送されていた，ドラマ番組の分析を行いました（Gerbner et al., 1979）。その結果，約8割のドラマに暴力シーンが含まれ，登場人物の約6割が，暴力に関与したり巻き込まれていたことがわかりました。しかし，実際に当時のアメリカ合衆国内において，1週間に暴力に巻き込まれる可能性は1%以下でした。つまりテレビドラマ内では，実際に一般的な人々が日常生活で接し得る以上の暴力が描写されていたのです。

　ガーブナーらはまた，1週間以内に暴力に巻き込まれる可能性を実際の割合よりも高めに見積もった回答者の割合と，「ほとんどの人は信頼できるか注意するに越したことはないか」という質問に，「注意するに越したことはない」

と答えた回答者の割合を，ドラマをよく見る人と見ない人とで比較しました。後者は，第 7 章でも紹介した，一般的信頼の低さの指標でもあります。その結果，ドラマをよく見る人は見ない人よりも，暴力に出会う可能性を高く見積もり，他人のことを「注意するに越したことはない」と考えていたことがわかりました。テレビドラマをよく見る人は，ドラマの内容に感化され，日常生活で暴力に関与する可能性を高く見積もったと考えられます。この培養効果は，「マスメディアの情報によって人々の現実認識が影響される」ことを示した点では議題設定効果と類似していますが，テレビドラマなどフィクションも含む情報にも焦点をあてた点が異なっています。

　この培養効果と関連し，テレビが多様な意見を集約して，主流形成をする傾向も指摘されています。シャナハンとモーガンによる調査では，人口妊娠中絶やマリファナの合法化などの議題に関する保守派と革新派の意見の隔たりが，テレビの高視聴者群では低視聴者群よりも小さくなることが示されました（Shanahan & Morgan, 1999）。テレビは，政治的意見の真逆な者同士の意見の隔たりを小さくし，「主流」を作る効果があると考えられます。

　近年は，テレビや新聞による議題設定効果や培養効果は小さくなっているのではないか，と指摘されています。1960 年代には 80％以上の視聴率を誇った NHK 紅白歌合戦が，21 世紀になると視聴率が 50％未満となったように，視聴行動の多様化が進んだためです（小林，2010）。テレビを多く見る人の間では，元々の態度が異なる人々，たとえば革新派と保守派の意見の隔たりが小さくなることが示されました（Shanahan, 1999）。しかしインターネットの普及により，「見たいものを検索して見る」という視聴行動が主流になってきた現代では，元々の態度が異なる人々の社会的リアリティは集約されることなく，分断は大きくなる可能性があるのです（小林，2010）。

　近年主流になってきたとされる新しい強力効果論は，マスメディアが私たちの現実世界，つまりマクロな世界をどのようなものととらえるのかに影響を与えることが示されています。次の節では，マイクロレベル，すなわち個人の心理的プロセスや行動がマスメディアの報道と相まって，マクロな現象に影響を与えた例として，流言についてみていきます。

8.3　流言——なぜ正しくない情報が広がってしまうのか

8.3.1　Twitterをきっかけとした流言の事例

　2020年初頭から新型コロナウイルス感染症の存在が確認され，感染拡大に伴う医療体制のひっ迫，行事の中止，飲食業界や観光業界の困窮など，さまざまな問題が起こりました。一部の人々の買いだめによる品切れも続出しました。その一因となったのが，流言でした。2020年2月，「マスクとトイレットペーパーの原材料は同じなので，マスクの増産によってトイレットペーパーが不足する」「中国でトイレットペーパーの生産が止まるので輸入できなくなり，品薄になる」「原材料を中国から輸入できなくなりトイレットペーパーが生産できなくなる」「マスクの次はトイレットペーパーが不足する」などの情報がSNSを中心に広まりました（福長，2020）。こうした情報を見聞きした多くの人々が紙製品を大量に買い求めた結果，実際にスーパーやドラッグストアでこれらの商品が品薄になったのです。

　これらは，すべて不正確な情報を含んでいます。まず，トイレットペーパーの原材料は「パルプ」か「古紙」であり，マスクの原材料は「不織布」です。また，トイレットペーパーの98％が国産で，原材料も6割は国産，残る4割も北米や南米から輸入しているため，中国からの輸入に頼っているという点も誤りです。さらに，トイレットペーパーが店頭から一時的に姿を消したのは，多くの人々が買いだめに走り需要過多となったためであり，国内のトイレットペーパーの在庫は，このとき潤沢にあったのです（福長，2020）。

　ここで，重要な概念の整理をしておきましょう。上記のように人から人へと伝えられていった情報は，流言，もしくはうわさ，と呼ばれ，厳密にはデマとは区別されます。**流言やうわさ**は，「社会的広がりをもって伝えられる真偽のはっきりしない非公式な情報」のことをいい，デマとは，「情報操作のために，真実でないことを知りながら意図的に流す情報」のことです（中森，2020）。災害時に広がる，時として誤った情報は多くの場合は善意で広げられるので，この章ではこうした拡散される情報のことを「流言」と呼ぶことにします。なお，日常生活では間違っていたことがわかった情報のことを「デマ」と呼ぶこ

とが多いので，これ以降で紹介する調査への回答には「デマ」という言葉が使われています。厳密にはデマは「悪意を持って流される情報」と定義されますが，この章における「デマ」とは，あくまで広義の「誤った情報」，と理解してください。

　福長は，トイレットペーパーの買いだめについて，Twitterへの投稿内容やテレビ番組の報道内容に関して時系列で分析を行いました（福長，2020）。その結果，この流言は，2020年2月初頭に「シンガポールや台湾，香港で，トイレットペーパー不足のうわさが拡散されて買い占め騒ぎが起きた」というニュースが伝えられたことをきっかけに生まれたものであることがわかりました。その後2月16日以降に，「日本でも買い占め騒ぎが起こるのではないか」という不安がTwitterに投稿され始め，同時期から，「マスクとトイレットペーパーは原料が同じ」や「トイレットペーパー（の原料）は中国からの輸入」といった誤った情報が加えられ，拡散されるようになったといいます。2月20日を過ぎると，実際にトイレットペーパーが品切れになっているという投稿がされ始め，27日，28日には品切れに関する投稿数が急増しました。

　こうした福長の分析によると，流言が投稿され始めた時期の後で実際に品切れが認知され始めたため，買いだめや品切れは，流言がきっかけで起きた，と解釈されます。これまでにも，2011年の東日本大震災や2016年の熊本地震の後にトイレットペーパーの買いだめが起きたことはありましたが，これらは実際に物流が途絶えたために一時的に品薄になって起きたものでした。今回のように物流に問題がない中で，流言をきっかけに起こった買いだめや品薄は，オイルショックのとき以来である，と考えられています。

8.3.2　流言はなぜ広がるのか──社会心理学的説明

　それでは流言はなぜ広がるのでしょうか。ここからは，社会心理学的アプローチから考えていきましょう。第1に考えられる説明としては，**多元的無知**（plural ignorance）が挙げられます。多元的無知とは，ある行動や認識に関して「自分は賛成していないが，自分以外の集団成員は賛成しているだろう」と，集団内の多くの人が思い込む状態を指します。前述した福長（2020）では，ト

イレットペーパーを「普段より多めに買った」もしくは「買いたかったが買えなかった」人にその理由を尋ねました（複数回答）。その結果，「自分はうわさがデマだと分かっていたが，うわさを信じた多くの人が多めに買えば，結果的に不足してしまうと思ったから」が49％を占め，最多でした。多くの人が，「自分以外の人が誤った情報を信じてしまえば結果的に買えなくなる」ことを恐れていたことがわかります。「誤った情報を信じている人はほとんどいない」ことを全員が正しく理解すれば，この買いだめ騒動は防げたわけですから，この騒動はまさに，多元的無知によって起こった現象と考えられます。

　そして，このような多元的無知により，多くの人が「みんなが誤った情報を信じてトイレットペーパーが買えなくなるかもしれない」と恐れスーパーやドラッグストアに走った結果，実際にトイレットペーパーが品切れしたので，この結果は**予言の自己成就**（self-fulfilling prophecy）という現象だといえます。予言の自己成就とは，誤った状況認識が新たな行動を呼び，その行動により，結果的に当初の誤った状況認識が真実のものとなる現象です。この場合，「自分以外の多くの人がデマを信じて買い占めてしまう」という誤った状況認識が「スーパーやドラッグストアに走る」という行動を生み出し，その結果，実際にトイレットペーパーが買い占められ品薄になったと考えられます。

8.3.3　流言の広がりに影響する要因

　流言が広まる要因について，先行研究ではさまざまなものが指摘されていますが，総合すると，①状況の曖昧さ・情報の少なさ，②社会的緊張，の2つが流言を広める要因であると考えられています（中森，2020; Shibutani, 1966）。人々の緊張感や不安感が社会的に高まっている状況において，公式に発表されたり個人が持ち得る情報が少ないために状況が曖昧になると，たとえ誤った情報であっても真偽の判断がしにくくなり，あっという間に流言が広がるのです。

　中森（2020）は，こうした説明を基に，1978年に起こった「余震情報パニック」について考察しています。1978年1月に伊豆大島近海で地震が発生した後，静岡県は余震への注意を呼びかける目的で，「今後数日以内にマグニチュード6クラスの余震が起こる可能性がある」という主旨の記者会見を行い

ました。この内容が人から人へと伝えられるうちに,「マグニチュード6」が「震度6」に誤って伝えられ,いつしか「2, 3時間後に地震が来るのでは」という誤った情報が人々の間で伝えられ,一部住人の間で混乱が生じたのです。

　この混乱の背景には,第1に情報の少なさが関係していたと考えられます。当時,地震に関する専門用語は,今ほどは知られていませんでした。そのような中で,まだなじみのなかった「余震」という言葉が使われ,マグニチュード6を「M6」と表記したことで,余震は「次の大地震,すぐに来る地震」と受け取られ,M6は震度6や午後6時の地震,と受け取られた,と考察されています(中森,2020)。さらに,県から情報を受ける市町村や公共機関,企業の人々も,「余震情報」の持つ意味や役割に関する情報を持っていなかったため,混乱に拍車をかけることになった,とみられています。このような,十分な情報がなく不安な状況では,曖昧性忌避の選択がとられやすいといわれています。十分な情報がない中でパニックに陥った人々が,余震情報の確認のために役所に何度も電話をする,といった行動をとることで,曖昧さを解消しようとしたと解釈できます。

　社会的緊張も,この余震情報パニックを起こした一因と考えられます。「余震情報パニック」が起こる2年前,「駿河湾巨大地震(東海地震)説」が発表されたため,人々の間で,大地震に対する不安が高まっていたとみられています。流言は,単に注意を引くから広まるわけではなく,その時期に,その流言が広まる背景となる社会的緊張があるからこそ広まる,と考えられます。

　前述したコロナ禍におけるトイレットペーパーに関する流言が広まった2020年2月も,「未知」といわれる新型コロナウイルスへの恐怖心が人々の間で蔓延し,イベント等が中止になり,現実にマスクが品薄になるなど,社会的緊張が生じるには十分な状況でした。こうした状況において,トイレットペーパーの原材料や,国内における在庫の数などの情報が不確かで十分に周知されていなかったため,流言はより広まりやすかったと考えられます(表8.1)。

表 8.1　社会的緊張・状況の曖昧さと流言の発生に関する事例（中森，2000 を参考に作成）

事例	社会的緊張	状況の曖昧さ	流言発生時の人々の意識・状況
「余震情報パニック」1978 年	• 1976 年に「東海地震説」が発表され，東海地震の予知の実用化の動き。 • 「静岡に大きな地震が来ること」への不安感。	• 地震はいつ来るか，わからない。 • 一般の人々には地震の用語に関する知識がなかった。	• 今後数日以内に地震が来るかもしれないという発表を「地震の予知」と取り違え，「今すぐに地震が起こるかもしれない」と思い込んだ。
「トイレットペーパー買いだめ騒動」2020 年	• 感染防止のためさまざまなイベントが中止になり飲食業界，観光業界が打撃。 • 感染予防の必需品であるマスクが品薄状態。	• 「未知のウイルス」である新型コロナウイルスの蔓延が発表され，その脅威の度合いに関する情報が錯綜。 • トイレットペーパーの原料について一般の人は知らない。	• うわさは間違いだ，と多くの人が気づいたが，「自分以外の人はうわさを信じて買い占めてしまうだろう」と思い込み，多くの人が買いだめに走った。

8.3.4　流言の終わり

　時にパニックも引き起こす流言による影響は，どのようにして終わるのでしょうか。第1に，時間の経過です。人は，特に非常事態において，最初はあまり深く考えず場当たり的に行動するものの，時間経過とともに合理的な判断ができるようになり，場当たり的行動はなりをひそめる，といわれています。大友・広瀬（2014）は，東日本大震災発災直後である 2011 年 4 月と，同年 6 月，11 月に，東京都の住人を対象とした縦断的調査を行いました。調査では，「今の状況が続くなら買い置きをしてしまうだろう」といった項目で行動受容が，「今後も買い置きをするつもりである」といった項目で行動意図が測定されました。また，「震災後（2 回目以降は "前回の調査後"）から今現在までで買いだめしたもの」などの項目で，実際の行動も測定されました。このうち行動受容は，熟慮に基づかない場当たり的な行動決定とされており，行動意図は，個人の意志や熟慮に基づく行動決定であるといわれています。分析の結果，震災から間もない 6 月の時点では，熟慮に基づかない行動受容と，熟慮に基づく行動意図の両方が，実際の行動を予測していたのに対し，震災からしばらく

経った 11 月末時点では，熟慮に基づく行動意図のみが実際の行動を予測していました。これは，震災から間もない時期は，突如発生した非常事態であったため熟慮しないまま行動をとってしまう傾向がありましたが，時間経過とともに場当たり的な行動傾向が弱くなり，熟慮に基づいた行動をするようになったことを示す知見です。

　2020 年 4 月に新型コロナウイルス感染症の影響下で初の緊急事態宣言が発出された前後には，買いだめにより，さまざまな生活用品が品薄になりました。その後 2021 年 8 月現在までに 4 度の緊急事態宣言が発出されましたが，初回ほどの品薄状態は起こりませんでした。緊急事態宣言への「慣れ」，需要に応じた増産などの影響もあるとは思いますが，時間が経過し，一時のパニックが解消されたことにより，一人ひとりが「必要な分だけを買おう」というように，熟慮して買い物をするようになったことも一因だと考えられます。

　このように，時間が経過するにつれ自然と人々の意識が変わり，流言の影響はなりをひそめる傾向がみられています。流言による影響を終わらせるための第 2 の手段として，政府やマスメディアなど，外部からの介入が挙げられます。しかし，介入によって流言による騒動を短期で終わらせるのは，簡単ではないようです。2020 年 2 月中旬頃にトイレットペーパーの品切れに関する流言が広まった後，2 月 27 日には，「新型コロナウイルスの影響でトイレットペーパーが不足するという情報は誤りである」と，テレビ局やニュースサイトが報じるようになりました（福長，2020）。しかしこの頃には現実として，トイレットペーパーがすでに品薄状態になっていたのです。流言が誤りであったことは，この頃にはほとんどの国民が理解していたと思いますが，すでにたくさんの人がトイレットペーパーを買いだめしてしまったため，現実として流通が追いつかない状態になっていたためです。いわば「流言が現実になる」という，予言の自己成就が起こってしまった状態といえます。予言の自己成就が起こってしまってからでは事態の改善に多くの労力と時間が必要になりますので，そうなる前に手を打つことが重要だと考えられます。

　大友・広瀬（2014）は，「合理的な判断にうったえるコミュニケーションと感情などの直感的な判断にうったえるコミュニケーションなど，多様なチャン

ネルからのアプローチが初期段階の介入では重要である」(p.564)と述べています。つまり,「トイレットペーパーの原料はマスクとは違うし,中国からの輸入に頼っていないですよ」とデータを見せるだけでなく,ぱっと見てわかるような,感情に訴える形で情報を伝えることが,特にパニックになりやすい初期段階では必要なのです。

そのためには,報道の仕方が重要となります。福長(2020)の調査によると,買いだめの様子を人々が知った情報源は「テレビ・ラジオ」が35%でトップでした。インターネットを通じて知ったという人は,Twitterやインスタグラム,ウェブサイト等すべての媒体を合わせても20%だったので,まだまだテレビが情報源として大きな役割を持っていることがわかります。流言が起こるきっかけはSNSであっても,SNSでそうした流言が出回っていることをテレビが報道することで,さらに買いだめ騒動が加速していったと考えられます。8.2.3項では,マスメディアには情報の受け手の意見を変えさせるほどの影響力はない,という理論が現代では主流だというお話をしました。ただしそれは,たとえばどの候補者に投票するかを考えるような平時に限られ,十分な情報がなく,社会的緊張がある状況においては,特にテレビのような視覚情報を伴うメディアによるインパクトは大きいと考えられます。

福長(2020)は,テレビ番組を分析し,テレビ番組が買いだめの様子を報じ始めた2020年2月27~28日に,各テレビ局が買いだめについてどのような映像や音声,テロップを使って伝えたかをまとめました。その結果,買いだめのニュースが流れている間,複数の番組が,空になった棚や,買い物客の行列の様子を視覚情報として流していたことがわかりました。「ナゼ 新型コロナで売り切れ続出 トイレットペーパーやオムツ」「コロナ トイレットペーパーがない? 棚から"なくなる"モノ……続出」といったテロップを画面上段に表示するテレビ番組もみられました。ニュースにおける音声の内容自体は,トイレットペーパーの国内の在庫は十分にあること,SNS上で出回っている流言は誤りであることを伝えるものでしたが,空の棚の映像やこうしたテロップを見れば,少しも不安にならないのは難しいのではないでしょうか。

このような現象は,ペティとカシオッポが提唱した,**精緻化見込みモデルで**

も言われています（Petty & Cacioppo, 1986）。このモデルは，人が情報を得た際，その情報を処理するための思考には中心ルートと周辺ルートがあると指摘しています。その情報に関する十分な知識を持ち，判断するための時間がある場合には，人は中心ルートの思考を用いて情報を吟味して判断ができます。しかし，その情報に関する知識を十分に持たず，判断するための時間がない場合，人は周辺ルートの思考を使いがちになり，情報の本質以外をみて判断するようになる，といわれています。テレビ番組は家事をしながらなど，それほど集中して見ない人も多いと思います。また，たいていの人は，トイレットペーパーの原料が何でどこからの輸入に頼っているかに対する知識は持っていないでしょう。未知のウイルスに対してもわからないことが多く社会的緊張が高まっている中，集中していない状態で見たテレビ番組で，突然そうした映像，テロップを見たとすれば，たとえ音声では「品切れは間違いだ」と報じていても，視覚情報に惑わされ，「買いに行かなければ大変だ」と感じてしまうのではないでしょうか。

　テレビ番組が買いだめについて報じ始めた 2020 年 2 月 28 日頃は，買いだめが急加速し，実際に店舗から紙製品が消え始めた時期と重なります（福長, 2020）。複数のテレビ番組が，音声情報では流言を否定しながらも，視覚情報が流言を肯定するような内容であったため，熟慮状態にない人々の不安を呼び起こさせ，結果的に多くの人を買いだめ行動へと促した，と考えられます。結局，流言によって起こったこのトイレットペーパー買いだめ騒動は早期に収束はせず，トイレットペーパーが個数制限を設けながらも普通に購入できるようになるまで数カ月を要しました。

　流言による騒動が起こり，多くの人が困る状態になるのを防ぐには，流言の初期段階で手を打つ必要があることは，事例をみても明らかです。私たち視聴者側もまた，こうした騒動の事例から学ぶことが重要と考えられます。トイレットペーパーが品薄になってきたとき，オイルショックを連想した人の投稿が SNS 上でみられたように，私たちはオイルショックや，東日本大震災のときの買いだめ騒動を，情報として知っています。2020 年の買いだめ騒動の最中でも，SNS 上の一部の人は，「テレビ番組は空の棚ではなく，うず高く積ま

れたトイレットペーパーの映像を見せ，在庫は十分にあるんだと視覚的に伝え
るべきだ」と指摘していました。人の心が特に視覚情報のように感情に訴える
情報で動かされてしまうこと，そして一度流言による騒動が加速してしまえば，
個人の努力ではどうしようもなくなってしまうことを，多くの人は歴史から学
んでいるのです。約50年前のオイルショックの直後は，研究者以外の間でこ
のような歴史から学んだことを共有する機会は少なかったかもしれません。し
かし現代はインターネットの普及に伴い，誰もが情報を発信できるようになり
ました。冷静な一般の人の投稿がパニックになりそうな人の目に入ることで，
その人が慌てて場当たり的な行動をするのを防げるかもしれません。そうした
冷静な人がオピニオンリーダーとなることで，多くの人に「冷静になろう」と
いうメッセージが伝わります。情報の受け手側が，人は特に不安に思っている
ときは誤った行動をしてしまいやすいという自覚を持つことで，将来的に似た
ようなことが起こったとき，少しでも冷静な判断をできるようになるのではな
いでしょうか。

　とはいえ，頭ではわかっていても，人は感情に訴えかけられると揺らいでし
まうものです。マスメディアに関わる人々が，特に視覚情報やテロップ，タイ
トルの持つ影響力について注意することも重要だと考えられます。買いだめ騒
動について報じたテレビ番組の中にも，初期段階から「空の棚」の映像を放映
しなかったり，「トイレットペーパー “在庫は十分” 不安につけこむ “デマ”
に注意」といったテロップをつけた上で報じたものもみられました（福長，
2020）。情報の送り手が自らの影響力を理解することで，騒動を事前に防ぐこ
とができると考えられます。

8.4 集 合 行 動

8.4.1 集合行動と群集行動

　8.3節でみてきたように，トイレットペーパー買いだめ騒動では，個人個人
の「買いだめ」や「SNSへの投稿」というマイクロな行動が，全国的な品薄
状態というマクロな現象を作り出し，その状況をテレビが報じたことで，さら

に個人の買いだめを促進する，というマイクロな現象とマクロな現象の相互作用がみられました。マイクロ・マクロ過程において重要なのは，マクロな現象を作り出した人々がお互いの行動を手がかりにして，自分の行動を決定している点です。自分の行動も，他の誰かの行動の参考になるのです。

　この節では，このようなマイクロ・マクロ過程についてもう少し学習するために，集合行動についてみていきましょう。集合行動とは，「参加者間の相互刺激に基づいて，自然に発生し，どちらかといえば未組織で，かつ計画性がなく，したがって将来の展開の方向があまり予測できないような集団行動」と定義されます（小川，1995，p.144）。第0章で学んだように，集団実体性の高いものを集団と呼ぶのに対して，集合は，集団に比べて集団実体性が低い集まりになります。

　集団行動には，群集行動，流言，流行，社会運動などが含まれているので，前の節で紹介した流言も，集合行動に分類されます。トイレットペーパー買いだめ騒動を例にすると，SNSでトイレットペーパーに関する流言が出回るという現象は，誰かが意図して結託して起こしたものではないので「自然に発生し，未組織」という点があてはまります。SNS上での流言は必ずしも知り合い同士でやりとりされるものではないですが，自身が得た情報をリツイート（他の人が読めるように引用して投稿すること）しフォロワー（つながりのある利用者）に伝えることで情報が拡散されていったことから，「参加者間の相互刺激に基づいて」という点も，弱いながらあてはまります。そして流言の結果，実際に店舗からトイレットペーパーが消えたわけですが，流言を広めた人たちはこの結果を予測していなかったと考えられるので，「計画性がなく将来の展開の方向があまり予測できない行動」という点もあてはまります。

　この節では，流言以外の集合行動である，群集行動（デモ，暴動，リンチ），流行について紹介していきます。

8.4.2　群集行動①——デモ

　群集とは，「不特定多数の人間が共通の動因，あるいは興味・関心のもとに，偶発的・突発的に一定の局限された空間に集合している状態」（小川，1995，

p.70）と定義されます。前の節で述べた「集合」は，SNS 上など物理的に一緒の空間にいない状態も含むのに対して，群集は物理的に一緒の空間にいる点が特徴です。また群集行動は，一定の場所にいる人々の間での，群集心理に基づく行動を指します。

　群集行動の例として，デモ（抗議行動）や暴動，リンチなどが挙げられています。デモとは，人々が集まり，自分たちの主義主張を広く世間に訴えようとする行動です（釘原，2011）。デモは，政治参加の一つとしても研究がされています。ゾメレンらは SIMCA モデル（Social Identity Model of Collective Action; van Zomeren et al., 2018）を提唱し，デモや署名などの政治的行動に対する意欲は，①集団アイデンティティ（group identity；属する集団への心理的つながりの強さ），②集団効力感（group efficacy beliefs；属する集団が目的を達成することができるだろうという信念），③集団の不利益に対する怒り（perceived or felt group-based injustice；属する集団が不利な立場に置かれていることへの不公平感や怒り），④道徳信念（moral conviction；政治的行動が自身の道徳信念に沿っているか否か），によって予測されると説明しています。自身が心理的につながりを感じている集団が不当な目に遭っている，という怒りを感じ，また，その集団が行動することで目的を達成できる，という思いを持っている人ほど，デモや抗議活動，署名などの政治的行動への意欲が高いとされています。

　ただし近年の研究では，この SIMCA モデルは必ずしも西欧の国々以外ではあてはまらず，集団の不利益に対する怒りが，デモなどの政治参加への意欲には結びつかないことを示す研究もみられます（Ochoa et al., 2019）。これは，日本を含むアジア的な価値観は，集団の不利益に対する怒りを感じたときであっても，デモといった行動よりも他者とのハーモニーを維持することを優先するためであると指摘されています（Fischer et al., 2017; Fukuzawa & Inamasu, 2020）。

8.4.3　群集行動②——暴動・リンチ

　群集行動には，暴動やリンチなど暴力を含むものもあります。暴動は破壊な

ど暴力的行動を含むもので、時にデモから発展して生まれます。**リンチ**は、少数の被害者に対する暴力のことを呼びます（釘原，2011）。

　こうした暴力的行動は群集心理によってもたらされる、と考えられています。群集にいるときの心理的状態を**群集心理**と呼びます。群集心理の特徴として、①匿名性・同質性、②被暗示性、③情緒性、④無批判性・非論理性、⑤無責任性、が挙げられています（小川，1995，p.71）。群集の中の個人は集団に埋没して自身を個人として認識しなくなる、**没個性化**（deindividuation）の状態になるといわれています。そのような状況では自身が他者と同質化した状態になるため、社会的抑制が低下し、暗示にかかりやすく、無批判に他の人々の意見を受け入れやすくなります。そして、匿名性が高いゆえに個人の責任が分散しやすくなるため、人は群集の一員になると、時に攻撃的で過激な行動をしやすい、と指摘されています（釘原，2011）。このような、群集における個人のマイクロな群集心理によって、時には個人が意図しない形で、暴動やリンチというマクロな現象に発展し得るのです。

　このように書くと、「群集」には暴力的で非秩序的なイメージを持たれるかもしれません。しかし近年の研究では、群集は必ずしも非理性的であるわけではなく、緊急事態にあっても見ず知らずの人々が理性的な行動をしたという事例も複数報告されています（池田，2019）。また、デモを行う際には事前申請が必要な国が多く、ほとんどのデモは暴動に発展することはありません。ただし、流言が一度加速すると状況を改善するのが難しいように、一度暴力を含むマクロな現象が起こってしまうと、個人の努力でそれを制御することは難しいのです。

8.4.4　流　　行

　流行とは、「一般に突然現れ、ある一定期間しか持続しない意見や行動や、ライフスタイルや、ファッションの変化」（釘原，2011，p.113）と定義されます。流行の特徴として、①新奇性、②効用からの独立、③些末性、④機能的選択肢、⑤短命性、⑥周期性、が挙げられています（鈴木，1977）。流行するものには目新しさ（新奇性）はあるものの、あるものが流行するかどうかは、そ

れが便利かどうかとは関係なく（効用からの独立），流行するものとしないものの違いは些末で，生活の本質的な部分ではなく外面や表層に関する部分です（些末性）。また，流行するものは，他にも選択肢がある中で流行するものであり（機能的選択肢），基本的に短期で流行は終わり，数年にわたるものはあってもある期間内に必ず消滅するものですが（短命性），一度流行が終わっても，数年から数十年後に再び流行することもあります（周期性）。たとえば1990年代に爆発的に流行したルーズソックスは，ゆったりとしたソックスという当時としては目新しいものでしたが，効用性はなく，普通のソックスとの差も些末なものといえます。当然ながら，他にも数多くの選択肢がある中で流行し，約10年間と長い間流行しましたが，2000年代には消滅したとされています。しかし近年，ルーズソックス人気が再燃したともいわれているため，周期性もあるようです。

　では，流行するものは，どのような順番で人々の間に広まるのでしょうか。ロジャーズ（Rogers, 1962）の**イノベーター理論**によると，新しいものを最初に使い始めるのは，先駆的採用者と呼ばれる革新的な人々であり，先駆的採用者がその商品を使い始め，次に初期少数採用者が使い始めるようになると，前期多数採用者，後期多数採用者がそれに続きます（図8.2）。

　この初期少数採用者は，**オピニオンリーダー**的な存在であることが多く，周囲への影響力はもっとも大きいといわれています。それに対して，その商品をいち早く使い始める先駆的採用者は，社会的規範から逸脱している度合いが高

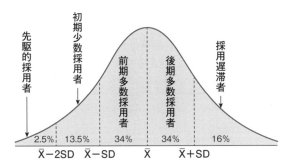

図8.2　**流行を広める消費者の層**（Rogers, 1962を基に作成）

いことがあるため、必ずしもオピニオンリーダーにはなり得ないともされています。オピニオンリーダーとなり得る初期少数採用者は、革新的な人々と世間一般の人々とをつなぐ、いわば橋渡し的な人々であるため、この層の人々に商品をアピールすることは、その商品が世間で流行するか否かを決める上で非常に重要といえるでしょう。先駆的採用者と初期少数採用者とを合わせると市場の約16％を占め、オピニオンリーダーであることが多い初期少数採用者が使い始めると、その商品が人々の間で広まっていく可能性が高いため、**普及率16％の論理**と呼ばれています（Rogers, 1962）。

　前期多数採用者と後期多数採用者はいわゆるメインストリームの消費者で、合わせると市場の68％を占めるといわれています。先駆的採用者や初期少数採用者は新しいことに価値を感じ、自身の判断で商品を選ぶ傾向がありますが、前期多数採用者は、いわゆる「慎重な、普通の人々」です。平均よりは早く新しい物事を採用したいと思っていますが、失敗によるコストを負うことを恐れるため、この層の人々が新しい商品を取り入れるには、「流行している」というお墨つきが必要となります。そのため、イノベーター理論の後に提唱された**キャズム理論**（Moore, 1991）では、初期少数採用者と前期多数採用者との間には「キャズム」という大きな壁があると論じています。メインストリーム層に商品が受け入れられ、一過性の流行ではなく「普及」に変化するのか否かは、このキャズムを乗り越えられるかにかかっています。このキャズムを乗り越え、約半数の人がその商品を使い始めると、後期多数採用者が後に続きます。最後まで残る採用遅滞者はもっとも保守的な人々で、全体の8割以上がその商品を使っていたとしても、最後まで取り入れず貫き通すこともあります。

　つまり、ある商品を売りたいと思ったときには、人々の商品への知識や態度によって効果的な戦略が異なるといえるので、それを理解して16％の壁や、その先のキャズムを乗り越える必要があります。商品開発の世界では現在でも、このイノベーター理論やキャズム理論に基づいたマーケティング戦略が用いられています。

8.5 ま と め

　本章では，個人の行動や心理プロセスといったマイクロな現象がマクロな現象を生み出し，そのマクロな現象がマイクロな現象に影響を及ぼすという，マイクロ・マクロ過程について学びました。まず，マスメディアの報道におけるフレーミング効果について紹介しました。同じ情報であってもマスメディアの切り取り方によって解釈に違いが生じること，またそれは，時に報道を行った側の意図とは外れ，世論にも影響を及ぼす可能性を示しました。また，マスメディアの影響力に関する理論の変遷を紹介し，現在では，マスメディアには直接私たちの態度を変えるほどの効果はないが，私たちがマクロな現実社会をどのようにとらえるのか，には影響を及ぼすという「新しい強力効果論」が主流であることについて紹介しました。

　次に，マイクロ・マクロ過程の例として，いくつかの集合行動について紹介しました。特に流言の節では，一人ひとりの行動が意図せず，時に制御不能なマクロな現象を引き起こすという，マイクロ・マクロ過程の事例をいくつか紹介しました。マイクロな行動が，重大なマクロ現象を引き起こすのを防ぐ完全な方法はまだわかっていませんが，本章では先行研究を基にいくつかのヒントを紹介しました。集合行動やマイクロ・マクロ過程についてさらに興味がある人は，紹介した論文や，池田ら（2019），釘原（2011）を，ぜひ読んでみてください。

理解度テスト

1. 以下の文を読み，内容が正しいと思うものには○，正しくないと思うものには×を記してください。また，×の場合はどこがどのように違うのかも答えてください。

(1) マクロな現象とは，個人個人の努力によって作られた社会現象である。

(2) 現在はインターネットが主流なので，人々はマスメディアの報道による影響をほとんど受けなくなった。

(3) 人は流言によって一時的にパニックに陥ることもあるが，時間の経過とともに場当たり的な行動はしなくなる。

(4) 先駆的採用者は，新しい情報に常にアンテナを張り，情報を持たない一般の人にもそれを分け与える橋渡し的な役割も担う。

【解答】

1.

(1)		(2)		(3)		(4)	

（正解は巻末にあります。）

理解度テスト正解

第1章

1.

(1) ×　課題の困難さによります。難しい課題であればこの文章は○ですが，簡単な課題では逆に他の人の前のほうがはかどりやすいことが示されています（社会的促進）。

(2) ○

(3) ○

(4) ×　調整のロスがあるので，やる気を出せるように工夫しても効率低下は起こります。

(5) ×　集団を仲良くさせる，規範を作るなど方法はあります。

2.　(1) C，(2) A，(3) B

第2章

1.

(1) ×　集団圧力が高いので，むしろ同調は起こりやすくなります。

(2) ×　客観的に正しさを判断しやすい簡単な課題では，規範的影響が働かない分同調は少なくなります。

(3) ○

(4) ×　一貫性等に気をつければ，ある程度は可能です。

2.　ウとオ　残りは同調しても好かれるとか仲間に認められるなどの同調することによる報酬（賞）が見当たりません。

第3章

1.

(1) ○

(2) × リスキーになるとは限らず，極端になります。

(3) × 共有知識効果が起こります。

(4) × すこしはありますが，多くはありません。

(5) ○

2.（省略）

第4章

1.

(1) ○

(2) × 4.3.3 項にあるように，社会的ジレンマでは，個人の非協力の結果生じる損害が集団の大多数のメンバーの間に拡散する結果として違いが生じます。

(3) × 制裁もまた社会的ジレンマになっているので，問題が残ります。

(4) ○

(5) × 表 4.3 にあるように，逆です。

2. プレーヤー＝各家庭，協力行動＝普段と同じように買い物，非協力行動＝普段よりたくさん買い物，として考えます。各家庭について考えれば，不安にならなくてすむ，何かが足りない思いをしないですむので非協力行動が得となります。でもみんなが非協力行動を選ぶと，品薄になり，値上がりやいざというときに物がないなど問題がその地域の全家庭に広がってしまいます。そのためこの状況は社会的ジレンマになっています。

第5章

1.

(1) ○

(2) × 偏見を含め，集団に対する態度は，集団間の関係やカテゴリー化の

枠組みの変化によって影響を受けるので，共有された後でも解消できる可能性はあります。

(3) ×　単に接触するだけでは敵意が強くなってしまうこともあります。協力的な接触であるなど，集団間接触が偏見などの解消に効果を持つには，いくつかの前提条件があります。

(4) ○

(5) ×　外集団の成員と友人関係を築いている内集団の成員を通じて外集団について知ることが拡張接触です。

2.

(1) C，**(2)** A，**(3)** D，**(4)** B

第6章

1.

(1) 対比効果，**(2)** 同化効果，**(3)** 外集団均質化効果，**(4)** 確証バイアス，**(5)** 活性化，**(6)** 適用，**(7)** リバウンド効果，**(8)** 監視過程，**(9)** 実行過程，**(10)** 接近可能性

2.（省略）

第7章

(1) ○

(2) ×　しがらみや村八分など，ネガティブな側面もあります。

(3) ○

(4) ×　存在論的恐怖を感じた後で恋人を大切にしようと思ったり，新しい人間関係を構築したいという意欲が高まるなど，ポジティブな影響も知られています。

第8章

(1) ×　個人個人が他者の行動を参考にした結果，多くは意図せずに作られます。

(2) ×　マスメディアには人間の態度に直接影響して変えることはできませ
　　　　んが，個人が自身のいる現実社会をどうとらえるのか，には影響す
　　　　るとされています。

(3) ○

(4) ×　先駆的採用者は時に社会的規範から逸脱していることがあるので，
　　　　オピニオンリーダーとなり得るのは初期少数採用者であるといわれ
　　　　ています。

引 用 文 献

はじめに

Dunbar, R.（2010）. *How many friends does one person need?: Dunbar's number and other evolutionary quirks*. Cambridge, MA: Harvard University Press.
（ダンバー，R. 藤井 留美（訳）（2011）. 友達の数は何人？――ダンバー数とつながりの進化心理学―― インターシフト）

Eisenberger, N. I., Lieberman, M. D., & Williams, K. D.（2003）. Does rejection hurt?: An fMRI study of social exclusion. *Science, 302*（5643）, 290-292.

第0章

有馬 淑子（2019）. 集団と集合知の心理学 ナカニシヤ出版

第1章

Baumeister, R. F., Bratslavsky, E., Finkenauer, C., & Vohs, K. D.（2001）. Bad is stronger than good. *Review of General Psychology, 5*, 323-370.

Campbell, D. T.（1958）. Common fate, similarity, and other indices of the status of aggregates of persons as social entities. *Behavioral Science, 3*（1）, 14-25.

Earley, P. C.（1993）. East meets West meets Mideast: Further explorations of collectivistic and individualistic work groups. *Academy of Management Journal, 36*, 319-348.

Ernest-Jones, M., Nettle, D., & Bateson, M.（2011）. Effects of eye images on everyday cooperative behavior: A field experiment. *Evolution and Human Behavior, 32*（3）, 172-178.

Gabrenya, W. K., Wang, Y-E., & Latané, B.（1985）. Social loafing on an optimizing task: Cross-cultural differences among Chinese and Americans. *Journal of Cross-Cultural Psychology, 16*, 223-242.

日置 孝一・唐沢 穣（2010）. 集団の実体性が集合的意図と責任の判断におよぼす影響 心理学研究, *81*, 9-16.

Hunt, P. J., & Hillery, J. M.（1973）. Social facilitation in a coaction setting: An examination of the effects over learning trials. *Journal of Experimental Social Psychology, 9*, 563-571.

Ingham. A. G., Levinger, G., Graves, J., & Peckham, V.（1974）. The Ringelmann effect: Studies of group size and group performance. *Journal of Experimental Social Psychology, 10*, 371-384.

Kameda, T., Stasson, M. F., Davis, J. H., Parks, C. D., & Zimmerman, S. K.（1992）. Social dilemmas, subgroups, and motivation loss in task-oriented groups: In search of an "optimal" team size in division of work. *Social Psychology Quarterly, 55*, 47-56.

Karau, S. J., & Williams, K. D.（1993）. Social loafing: A meta-analytic review and theoretical integration. *Journal of Personality and Social Psychology, 65*, 681-706.

Keizer, K., Lindenberg, S., & Steg, L.（2008）. The spreading of disorder. *Science, 322*（5908）, 1681-1685.

Kerr, N. L., & Bruun, S. E.（1983）. Dispensability of member effort and group motivation losses: Free-rider effects. *Journal of Personality and social Psychology, 44*（1）, 78-94.

Kravitz, D. A., & Martin, B.（1986）. Ringelmann rediscovered: The original article. *Journal of Personality and Social Psychology, 50*, 936-941.

Kugihara, N.（1999）. Gender and social loafing in Japan. *The Journal of Social Psychology, 139*（4）, 516-526.

釘原 直樹（2013）. 人はなぜ集団になると怠けるのか——「社会的手抜き」の心理学—— 中央公論新社

Latané, B., Williams, K., & Harkins, S.（1979）. Many hands make light the work: The causes and consequences of social loafing. *Journal of Personality and Social Psychology, 37*, 822-832.

Michaels, J. W., Blommel, J. M., Brocato, R. M., Linkous, R. A., & Rowe, J. S.（1982）. Social facilitation and inhibition in a natural setting. *Replications in Social Psychology, 2*, 21-24.

宮野 勝（1989）. 総選挙における投票率の説明 社会学評論, *40*, 166-179.

Plaks, J. E., & Higgins, E. T.（2000）. Pragmatic use of stereotyping in teamwork: Social loafing and compensation as a function of inferred partner-situation fit. *Journal of Personality and Social Psychology, 79*, 962-974.

Rajecki, D. W.（2010）. Zajonc, cockroaches, and chickens, c. 1965-1975: A characterization and contextualization. *Emotion Review, 2*, 320-328.

Roethlisberger, F. J., & Dickson, W. J.（1939）. *Management and the worker: An account of a research program conducted by the Western Electric Company, Hawthorne Works, Chicago.* Cambridge, MA: Harvard University Press.

佐々木 薫（1998）. 監督者, 生産水準規範, および集団生産性——集団規範の作用に関する実験的研究—— 関西学院大学社会学部紀要, *79*, 35-49.

Schachter, S.（1959）. *The psychology of affiliation: Experimental studies of the sources of gregariousness.* Stanford, CA: Stanford University Press.

Schmitt, B. H., Gilovich, T., Goore, N., & Joseph, L.（1986）. Mere presence and social facilitation: One more time. *Journal of Experimental Social Psychology, 22*, 242-248.

Stark, E. M., Shaw, J. D., & Duffy, M. K.（2007）. Preference for group work, winning orientation, and social loafing behavior in groups. *Group and Organization Management, 32*, 699-723.

Steiner, I. D.（1966）. Models for inferring relationships between group size and potential group productivity. *Behavioral Science, 11*, 273-283.

Weber, B., & Hertel, G. (2007). Motivation gains of inferior group members: A meta-analytical review. *Journal of Personality and Social Psychology, 93*, 973-993.

Williams, K. D., & Karau, S. J. (1991). Social loafing and social compensation: The effects of expectations of co-worker performance. *Journal of Personality and Social Psychology, 61* (4), 570-581.

Wilson, J. Q., & Kelling, G. L. (1982). Broken windows: The police and neighborhood safety. *The Atlantic Monthly, 249* (3), 29-38.

Yamaguchi, S. (1998). Biased risk perceptions among Japanese: Illusion of interdependence among risk companions. *Asian Journal of Social Psychology, 1*, 117-131.

Zajonc, R. B. (1965). Social facilitation. *Science, 149* (3681), 269-274.

Zemba, Y., Young, M. J., & Morris, M. W. (2006). Blaming leaders for organizational accidents: Proxy logic in collective-versus individual-agency cultures. *Organizational Behavior and Human Decision Processes, 101*, 36-51.

第 2 章

Asch, S. E. (1951). Effects of group pressure upon the modification and distortion of judgments. In H. Guetzkow (Ed.), *Groups, leadership, and men* (pp.177-190). Pittsburgh, PA: Carnegie Press.

Asch, S. E. (1955). Opinions and social pressure. *Scientific American, 193*, 31-35.

Blake, R. R., Helson. H., & Mouton, J. S. (1957). The generality of conformity behavior as a function of factual anchorage, difficulty of task, and amount of social pressure. *Journal of Personality, 25*, 294-305.

Bond, R., & Smith, P. B. (1996). Culture and conformity: A meta-analysis of studies using Asch's (1952b, 1956) line judgment task. *Psychological Bulletin, 119*, 111-137.

Deutsch, M., & Gerard, H. B. (1955). A study of normative and informational social influences upon individual judgment. *Journal of Abnormal and Social Psychology, 51*, 629-636.

Jackson, J. M., & Saltzstein, H. D. (1958). The effect of person-group relationships on conformity processes. *Journal of Abnormal and Social Psychology, 57*, 17-24.

木下 稔子 (1964). 集団の凝集性と課題の重要性の同調行動に及ぼす効果　心理学研究, *35*, 181-193.

Latané, B., & Darley, J. M. (1970). *The unresponsive bystander: Why doesn't he help?* Meredith. (ラタネ, B.・ダーリー, J. M. 竹村 研一・杉崎 和子 (訳) (1977). 冷淡な傍観者 ——思いやりの社会心理学—— ブレーン出版)

Latané, B., & L'Herrou, T. (1996). Spatial clustering in the conformity game: Dynamic social impact in electronic groups. *Journal of Personality and Social Psychology, 70*, 1218-1230.

Maass, A., & Clark, R. D. (1983). Internalization versus compliance: Differential processes underlying minority influence and conformity. *European Journal of Social Psychology, 13*,

197-215.

Michaels, J. W., Blommel, J. M., Brocato, R. M., Linkous, R. A., & Rowe, J. S. (1982). Social facilitation and inhibition in a natural setting. *Replications in Social Psychology, 2*, 21-24.

Milgram, S., Bickman, L., & Berkowitz, L. (1969). Note on the drawing power of crowds of different size. *Journal of Personality and Social Psychology, 13*, 79-82.

文部科学省 (2019). 平成30年度児童生徒の問題行動・不登校等生徒指導上の諸課題に関する調査結果について 文部科学省 Retrieved from https://www.mext.go.jp/content/1410392.pdf

森田 洋司・清永 賢二 (1994). いじめ——教室の病い—— 新訂版 金子書房

Moscovici, S., & Faucheux, C. (1972). Social influence, conformity bias, and the study of active minorities. In L. Berkowitz (Ed.), *Advances in experimental social psychology*. Vol. 6 (pp.150-202). Academic Press.

Moscovici, S., Lage, E., & Naffrechoux, M. (1969). Influence of a consistent minority on the responses of a majority in a color perception task. *Sociometry, 32*, 365-380.

Moscovici, S., & Personnaz, B. (1980). Studies in social influence: V. Minority influence and conversion behavior in a perceptual task. *Journal of Experimental Social Psychology, 16*, 270-282.

Nemeth, C., Swedlund, M., & Kanki, B. (1974). Patterning of the minority's responses and their influence on the majority. *European Journal of Social Psychology, 4*, 53-64.

Noelle-Neumann, E. (1993). *The spiral of silence: Public opinion, our social skin* (2nd ed.). University of Chicago Press.

(ノエル=ノイマン, E. 池田 謙一・安野 智子 (訳) (2013). 沈黙の螺旋理論——世論形成過程の社会心理学—— 改訂復刻版 北大路書房)

Nowak, A., Szamrej, J., & Latané, B. (1990). From private attitude to public opinion: A dynamic theory of social impact. *Psychological Review, 97* (3), 362-376.

奥田 秀宇 (1997). 人をひきつける心——対人魅力の社会心理学—— サイエンス社

Sherif, M. (1935). A study of some social factors in perception. *Archives of Psychology (Columbia University), 27*, 1-60.

志村 誠・小林 哲郎・村上 史朗 (2005). 拡大する社会的ネットワークは少数派を残存させるか——DSITシミュレーションにおける非近接他者情報の導入—— 社会心理学研究, *21*, 32-43.

第3章

有馬 淑子 (2019). 集団と集合知の心理学 ナカニシヤ出版

Diehl, M., & Stroebe, W. (1987). Productivity loss in brainstorming groups: Toward the solution of a riddle. *Journal of Personality and Social Psychology, 53*, 497-509.

Gallupe, R. B., Bastianutti, L. M., & Cooper, W. H. (1991). Unblocking brainstorms. *Journal of Applied Psychology, 76*, 137-142.

Gigone, D., & Hastie, R.（1993）. The common knowledge effect: Information sharing and group judgment. *Journal of Personality and Social Psychology, 65*, 959-974.

飛田 操・三浦 麻子（2017）. 成員の多様性への注目と類似性への注目が集団創造性に及ぼす影響　福島大学人間発達文化学類論集，*26*，47-54.

池田 謙一（1993）. 社会のイメージの心理学——ぼくらのリアリティはどう形成されるか——　サイエンス社

Kameda, T.（1991）. Procedural influence in small-group decision making: Deliberation style and assigned decision rule. *Journal of Personality and Social Psychology, 61*, 245-256.

亀田 達也（1997）. 合議の知を求めて——グループの意思決定——　共立出版

Kameda, T., & Sugimori, S.（1993）. Psychological entrapment in group decision making: An assigned decision rule and a groupthink phenomenon. *Journal of Personality and Social Psychology, 65*, 282-292.

Laughlin, P. R., Chandler, J. S., Shupe, E. I., Magley, V. J., & Hulbert, L. G.（1995）. Generality of a theory of collective induction: Face-to-face and computer-mediated interaction, amount of potential information, and group versus member choice of evidence. *Organizational Behavior and Human Decision Processes, 63*（1）, 98-111.

Lazonder, A. W.（2005）. Do two heads search better than one? Effects of student collaboration on web search behaviour and search outcomes. *British Journal of Educational Technology, 36*, 465-475.

Liu, J. H., & Latané, B.（1998）. Extremitization of attitudes: Does thought-and discussion-induced polarization cumulate? *Basic and Applied Social Psychology, 20*, 103-110.

大坪 庸介（2011）. 集団問題解決——問題解決装置としての小集団とその性能——　唐沢 穣・村本 由紀子（編著）社会と個人のダイナミクス（pp.2-18）　北大路書房

押見 輝男（1992）. 自分を見つめる自分——自己フォーカスの社会心理学——　サイエンス社

Restle, F., & Davis, J. H.（1962）. Success and speed of problem solving by individuals and groups. *Psychological Review, 69*, 520-536.

Ruscher, J. B., & Hammer, E. D.（2006）. The development of shared stereotypic impressions in conversation: An emerging model, methods, and extensions to cross-group settings. *Journal of Language and Social Psychology, 25*（3）, 221-243.

Shaw, M. E.（1932）. A comparison of individuals and small groups in the rational solution of complex problems. *The American Journal of Psychology, 44*（3）, 491-504.

Stasser, G., Taylor, L. A., & Hanna, C.（1989）. Information sampling in structured and unstructured discussions of three- and six-person groups. *Journal of Personality and Social Psychology, 57*（1）, 67-78.

Stasson, M. F., Kameda, T., Parks, C. D., Zimmerman, S. K., & Davis, J. H.（1991）. Effects of assigned group consensus requirement on group problem solving and group members' learning. *Social Psychology Quarterly, 54*（1）, 25-35.

Steiner, I. D. (1966). Models for inferring relationships between group size and potential group productivity. *Behavioral Science, 11,* 273-283.

Surowiecki, J. (2004). *The wisdom of crowds: Why the many are smarter than the few and how collective wisdom shapes business, economies, societies, and nations.* Doubleday.
（スロウィッキー，J. 小高 尚子（訳）(2009). 「みんなの意見」は案外正しい 角川書店）

Taylor, D. W., Berry, P. C., & Block, C. H. (1958). Does group participation when using brainstorming facilitate or inhibit creative thinking? *Administrative Science Quarterly, 3,* 23-47.

Wallach, M. A., Kogan, N., & Bem, D. J. (1962). Group influence on individual risk taking. *The Journal of Abnormal and Social Psychology, 65,* 75-86.

Wittenbaum, G. M., Hubbell, A. P., & Zuckerman, C. (1999). Mutual enhancement: Toward an understanding of the collective preference for shared information. *Journal of Personality and Social Psychology, 77,* 967-978.

Wolf, M., Krause, J., Carney, P. A., Bogart, A., & Kurvers, R. H. J. M (2015). Collective intelligence meets medical decision-making: The collective outperforms the best radiologist. *PLOS ONE, 10* (8), e0134269.

第 4 章

Axelrod, R. (1984). *The evolution of cooperation.* Perseus Books, LLC.
（アクセルロッド，R. 松田 裕之（訳）(1998). つきあい方の科学——バクテリアから国際関係まで—— ミネルヴァ書房）

Benedict, R. (1946). *The chrysanthemum and the sword: Patterns of Japanese culture.* Houghton Mifflin Harcourt.
（ベネディクト，R. 長谷川 松治（訳）(2005). 菊と刀——日本文化の型—— 講談社）

Bond, M. H., Leung, K., & Wan, K. C. (1982). How does cultural collectivism operate? The impact of task and maintenance contributions on reward distribution. *Journal of Cross-Cultural Psychology, 13* (2), 186-200.

Cialdini, R. B. (1988). *Influence: Science and practice* (2nd ed.). IL: Scott, Foresman.
（チャルディーニ，R. B. 社会行動研究会（訳）(2007). 影響力の武器——なぜ，人は動かされるのか—— 第 2 版 誠信書房）

Dawes, R. M. (1980). Social dilemmas. *Annual Review of Psychology, 31,* 169-193.

Deutsch, M. (1975). Equity, equality, and need: What determines which value will be used as the basis of distributive justice? *Journal of Social Issues, 31* (3), 137-149.

Foa, E. B., & Foa, U. G. (1976). Resource theory of social exchange. In J. W. Thibaut, J. T. Spence, & R. C. Carson (Eds.), *Contemporary topics in social psychology* (pp.99-134). Morriston, NJ: General Learning Press.

Gollwitzer, M., Schmitt, M., Schalke, R., Maes, J., & Baer, A. (2005). Asymmetrical effects of justice sensitivity perspectives on prosocial and antisocial behavior. *Social Justice Research,*

18, 183-201.

Haley, K. J., & Fessler, D. M. T.（2005）. Nobody's watching?: Subtle cues affect generosity in an anonymous economic game. *Evolution and Human Behavior, 26*, 245-256.

Hardin, G.（1968）. The tragedy of the commons. *Science, 162*, 1243-1248.

Kelly, H. H., & Stahelski, A. J.（1970）. Social interaction basis of cooperators' and competitors' beliefs about others. *Journal of Personality and Social Psychology, 16*, 66-91.

Kramer, R. M., & Brewer, M. B.（1984）. Effects of group identity on resource use in a simulated commons dilemma. *Journal of Personality and Social Psychology, 46*, 1044-1057.

Leung, K., & Bond, M. H.（1984）. The impact of cultural collectivism on reward allocation. *Journal of Personality and Social Psychology, 47*（4）, 793-804.

Leung, K., & Park, H.-j.（1986）. Effects of interactional goal on choice of allocation rule: A cross-national study. *Organizational Behavior and Human Decision Processes, 37*（1）, 111-120.

Liebrand, W. B. G., Jansen, R. W. T. L., Rijken, V. M., & Suhre, C. J. M.（1986）. Might over morality: Social values and the perception of other players in experimental games. *Journal of Experimental Social Psychology, 22*, 203-215.

Markovsky, B.（1988）. Injustice and arousal. *Social Justice Research, 2*（3）, 223-233.

中俣 友子・阿部 恒之（2016）. ゴミのポイ捨てに対する監視カメラ・先行ゴミ・景観・看板の効果　心理学研究, *87*, 219-228.

Nowak, M. A., & Sigmund, K.（2005）. Evolution of indirect reciprocity. *Nature, 437*（7063）, 1291-1298.

大坪 庸介・亀田 達也・木村 優希（1996）. 公正感が社会的効率を阻害するとき──パレート原理の妥当性──　心理学研究, *67*, 367-374.

奥田 秀宇（1994）. 恋愛関係における社会的交換過程──公平, 投資, および互恵モデルの検討──　実験社会心理学研究, *34*, 82-91.

Rand, D. G., Greene, J. D., & Nowak, M. A.（2012）. Spontaneous giving and calculated greed. *Nature, 489*, 427-430.

Robbins, J. M., Ford, M. T., & Tetrick, L. E.（2012）. Perceived unfairness and employee health: A meta-analytic integration. *Journal of Applied Psychology, 97*, 235-272.

酒井 智弘・相川 充（2021）. 感謝表出スキルの実行がジレンマ状況にいる感謝される側に及ぼす効果　社会心理学研究, *36*（3）, 65-75.

Sampson, E. E.（1975）. On justice as equality. *Journal of Social Issues, 31*（3）, 45-64.

Schmitt, M., Gollwitzer, M., Maes, J., & Arbach, D.（2005）. Justice sensitivity: Assessment and location in the personality space. *European Journal of Psychological Assessment, 21*（3）, 202-211.

山岸 俊男（1990）. 社会的ジレンマのしくみ──「自分 1 人ぐらいの心理」の招くもの──　サイエンス社

山岸 俊男（1998）. 信頼の構造──こころと社会の進化ゲーム──　東京大学出版会

山岸 俊男（2002）．心でっかちな日本人——集団主義文化という幻想—— 日本経済新聞社

Yuki, M., & Schug, J. (2012). Relational mobility: A socioecological approach to personal relationships. In O. Gillath, G. Adams, & A. Kunkel (Eds.), *Relationship science: Integrating evolutionary, neuroscience, and sociocultural approaches* (pp.137-151). American Psychological Association.

油尾 聡子・吉田 俊和（2012）．送り手との互恵性規範の形成による社会的迷惑行為の抑制効果——情報源の明確な感謝メッセージに着目して—— 社会心理学研究, *28*, 32-40.

Walster, E., Berscheid, E., & Walster, G. W. (1976). New directions in equity research. In L. Berkowitz, & E. Walster (Eds.), *Advances in experimental social psychology*. Vol.9 (pp.1-42). New York: Academic Press.

Wedekind, C., & Milinski, M. (2000). Cooperation through image scoring in humans. *Science, 288* (5467), 850-852.

White, G. L. (1980). Physical attractiveness and courtship progress. *Journal of Personality and Social Psychology, 39* (4), 660-668.

第5章

Allport, G. W. (1954). *The nature of prejudice*. Boston, MA: Addison-Wesley.
（オルポート，G. W. 原谷 達夫・野村 昭（訳）（1968）．偏見の心理 培風館）

Billig, M., & Tajfel, H. (1973). Social categorization and similarity in intergroup behaviour. *European Journal of Social Psychology, 3*, 27-52.

Brewer, M. B. (1979). In-group bias in the minimal intergroup situation: A cognitive-motivational analysis. *Psychological Bulletin, 86*, 307-324.

Brewer, M. B., & Miller, N. (1984). Beyond the contact hypothesis: Theoretical perspectives on desegregation. In N. Miller, & M. B. Brewer (Eds.), *Groups in contact: The psychology of desegregation* (pp.281-302). New York: Academic Press.

Brown, R. (1995). *Prejudice: Its social psychology*. Oxford, UK: Blackwell.
（ブラウン，R. 橋口 捷久・黒川 正流（編訳）（1999）．偏見の社会心理学 北大路書房）

Brown, R., & Hewstone, M. (2005). An integrative theory of intergroup contact. In M. P. Zanna (Ed.), *Advances in experimental social psychology*. Vol. 37 (pp.255-343). San Diego, CA: Academic Press.

Campbell, D. T. (1965). Ethnocentric and other altruistic motives. In D. Levine (Ed.), *Nebraska symposium on motivation*. Vol. 13 (pp.283-311). Lincoln, NE: University of Nebraska Press.

Cialdini, R. B., Borden, R. J., Thorne, A., Walker, M. R., Freeman, S., & Sloan, L. R. (1976). Basking in reflected glory: Three (football) field studies. *Journal of Personality and Social Psychology, 34*, 366-375.

Cook, S. W. (1985). Experimenting on social issues: The case of school desegregation. *American Psychologist, 40*, 452-460.

Crisp, R. J., & Hewstone, M.（2007）. Multiple social categorization. In M. P. Zanna（Ed.）, *Advances in experimental social psychology.* Vol. 39（pp.163-254）. San Diego, CA: Academic Press.

Crisp, R. J., & Turner, R. N.（2009）. Can imagined interactions produce positive perceptions?: Reducing prejudice through simulated social contact. *American Psychologist, 64,* 231-240.

Crisp, R. J., & Turner, R. N.（2012）. The imagined contact hypothesis. In M. P. Zanna, & J. Olson（Eds.）, *Advances in experimental social psychology.* Vol. 46（pp.125-182）. San Diego, CA: Academic Press.

Deschamps, J-C., & Brown, R.（1983）. Superordinate goals and intergroup conflict. *British Journal of Social Psychology, 22,* 189-195.

Ferguson, C. K., & Kelly, H. H.（1964）. Significant factors in overevaluation of own-group's products. *Journal of Abnormal and Social Psychology, 69,* 223-228.

Fishbein, M., & Ajzen, I.（1975）. *Belief, attitude, intention, and behavior: An introduction to theory and research.* Reading, MA: Addison-Wiley.

Gaertner, S. L., Dovidio, J. F., Anastasio, P. A., Bachman, B. A., & Rust, M. C.（1993）. The common ingroup identity model: Recategorization and the reduction of intergroup bias. *European Review of Social Psychology, 4,* 1-26.

Haslam, S. A., Turner, J. C., Oakes, P. J., McGarty, C., & Hayes, B. K.（1992）. Context-dependent variation in social stereotyping: I. The effects of intergroup relations as mediated by social change and frame of reference. *European Journal of Social Psychology, 22,* 3-20.

Hewstone, M.（1990）. The 'ultimate attribution error'? A review of the literature on intergroup causal attribution. *European Journal of Social Psychology, 20,* 311-335.

Hinkle, S., Taylor, L. A., Fox-Cardamone, D. L., & Crook, K. F.（1989）. Intragroup identification and intergroup differentiation: A multicomponent approach. *British Journal of Social Psychology, 28,* 305-317.

Hogg, M. A., & Abrams, D.（1988）. *Social identification: A social psychology of intergroup relations and group processes.* London: Routledge.
　　（ホッグ，M. A.・アブラムス，D. 吉森 護・野村 泰代（訳）（1995）. 社会的アイデン ティティ理論——新しい社会心理学体系化のための一般理論—— 北大路書房）

Howard, J. W., & Rothbart, M.（1980）. Social categorization and memory for in-group and out-group behavior. *Journal of Personality and Social Psychology, 38,* 301-310.

Insko, C. A., Pinkley, R. L., Hoyle, R. H., Dalton, B., Hong, G., Slim, R. M.,... Thibaut, J.（1987）. Individual versus group discontinuity: The role of intergroup contact. *Journal of Experimental Social Psychology, 23,* 250-267.

神 信人・山岸 俊男・清成 透子（1996）. 双方向依存性と "最小条件集団パラダイム"　心理学 研究, *67,* 77-85.

柿本 敏克（1997）. 社会的アイデンティティ研究の概要　実験社会心理学研究, *37,* 97-108.

Karasawa, M.（1991）. Toward an assessment of social identity: The structure of group identification and its effects on in-group evaluations. *British Journal of Social Psychology*, *30*, 293-307.

清成 透子（2002）. 一般交換システムに対する期待と内集団ひいき　心理学研究, *73*, 1-9.

熊谷 智博（2014）. 集団間関係　脇本 竜太郎（編著）基礎からまなぶ社会心理学（pp.175-192）　サイエンス社

LaPiere, R. T.（1934）. Attitudes vs. actions. *Social Forces*, *13*, 230-237.

Lippmann, W.（1922）. *Public opinion*. New York: Harcourt Brace.
（リップマン, W. 掛川 トミ子（訳）（1987）. 世論（上・下）　岩波書店）

Macrae, C. N., Bodenhausen, G. V., & Milne, A. B.（1995）. The dissection of selection in person perception: Inhibitory processes in social stereotyping. *Journal of Personality and Social Psychology*, *69*, 397-407.

Marques, J. M., Yzerbyt, V. Y., & Leyens, J. P.（1988）. The "black sheep effect": Extremity of judgments towards ingroup members as a function of group identification. *European Journal of Social Psychology*, *18*, 1-16.

McGarty, C., Yzerbyt, V. Y., & Spears, R.（2002）. Social, cultural and cognitive factors in stereotype formation. In C. McGarty, V. Y. Yzerbyt, & R. Spears（Eds.）, *Stereotype as explanations: The formation of meaningful beliefs about social groups*（pp.1-15）. Cambridge, UK: Cambridge University Press.

大石 千歳・吉田 富二雄（2001）. 内外集団の比較の文脈が黒い羊効果に及ぼす影響——社会的アイデンティティ理論の観点から——　心理学研究, *71*, 445-453.

Rosenberg, M. J., & Hovland, C. I.（1960）. Cognitive, affective, and behavioral components of attitudes. In M. J. Rosenberg, C. I. Hovland, W. J. McGuire, R. P. Abelson, & J. W. Brehm（Eds.）, *Attitude organization and change: An analysis of consistency among attitude components*（pp.1-14）. Yale University Press.

Seago, D. W.（1947）. Stereotypes: before Pearl Harbor and after. *The Journal of Psychology: Interdisciplinary and Applied*, *23*, 55-63.

Sherif, M., Harvey, O. J., White, B. J., Hood, W. R., & Sherif, C. W.（1961）. *Intergroup conflict and cooperation: The Robbers Cave experiment*. University of Oklahoma.

Tajfel, H., Billig, M. G., Bundy, R. P., & Flament, C.（1971）. Social categorization and intergroup behaviour. *European Journal of Social Psychology*, *1*, 149-178.

Tajfel, H., & Turner, J. C.（1979）. An integrative theory of intergroup conflict. In W. G. Austin, & S. Worchel（Eds.）, *The social psychology of intergroup relations*（pp.33-47）. Monterey, CA: Brooks-Cole.

Tajfel, H., & Turner, J. C.（1986）. The social identity theory of intergroup behaviour. In S. Worchel, & W. G. Austin（Eds.）, *Psychology of intergroup relations*（2nd ed., pp.7-24）. Chicago, IL: Nelson-Hall.

Taylor, D. M., & Jaggi, V.（1974）. Ethnocentrism and causal attribution in a South Indian context. *Journal of Cross-Cultural Psychology, 5*, 162-171.

Turner, J. C., Hogg, M. A., Oakes, P. J., Reicher, S. D., & Wetherell, M. S. (1987). *Rediscovering the social group: A self-categorization theory.* Blackwell.
（ターナー，J. C. 蘭 千壽・磯崎 三喜年・内藤 哲雄・遠藤 由美（訳）(1995). 社会集団の再発見――自己カテゴリー化理論――　誠信書房）

Turner, R. N., Crisp, R. J., & Lambert, E. (2007). Imagining intergroup contact can improve intergroup attitudes. *Group Processes and Intergroup Relations, 10*, 427-441.

Wildschut, T., Pinter, B., Vevea, J. L., Insko, C. A., & Schopler, J. (2003). Beyond the group mind: A quantitative review of the interindividual-intergroup discontinuity effect. *Psychological Bulletin, 129*, 698-722.

Wright, S. C., Aron, A., McLaughlin-Volpe, T., & Ropp, S. A. (1997). The extended contact effect: Knowledge of cross-group friendships and prejudice. *Journal of Personality and Social Psychology, 73*, 73-90.

Yamagishi, T., Jin, N., & Kiyonari, T. (1999). Bounded generalized reciprocity: Ingroup favoritism and ingroup boasting. *Advances in Group Processes, 16*, 161-197.

第 6 章

Cohen, C. E. (1981). Person categories and social perception: Testing some boundaries of the processing effect of prior knowledge. *Journal of Personality and Social Psychology, 40*, 441-452.

Cohen, G. L., Garcia, J., Apfel, N., & Master, A. (2006). Reducing the racial achievement gap: A social-psychological intervention. *Science, 313*, 1307-1310.

Cuddy, A. J. C., Fiske, S. T., & Glick, P. (2007). The BIAS map: Behaviors from intergroup affect and stereotypes. *Journal of Personality and Social Psychology, 92*, 631-648.

Darley, J. M., & Gross, P. H. (1983). A hypothesis-confirming bias in labeling effects. *Journal of Personality and Social Psychology, 44*, 20-33.

Dasgupta, N., & Asgari, S. (2004). Seeing is believing: Exposure to counterstereotypic women leaders and its effect on the malleability of automatic gender stereotyping. *Journal of Experimental Social Psychology, 40*, 642-658.

Dasgupta, N., & Greenwald, A. G. (2001). On the malleability of automatic attitudes: Combating automatic prejudice with images of admired and disliked individuals. *Journal of Personality and Social Psychology, 81*, 800-814.

Devine, P. G. (1989). Stereotypes and prejudice: Their automatic and controlled components. *Journal of Personality and Social Psychology, 56*, 5-18.

Dovidio, J. F., Kawakami, K., & Gaertner, S. L. (2002). Implicit and explicit prejudice and interracial interaction. *Journal of Personality and Social Psychology, 82*, 62-68.

Edwards, F., Lee, H., & Esposito, M. (2019). Risk of being killed by police use of force in the United States by age, race-ethnicity, and sex. *Proceedings of the National Academy of*

Sciences, 116, 16793-16798.

Fazio, R. H., Jackson, J. R., Dunton, B. C., & Williams, C. J. (1995). Variability in automatic activation as an unobtrusive measure of racial attitudes: A bona fide pipeline? *Journal of Personality and Social Psychology, 69*, 1013-1027.

Fiske, S. T. (1980). Attention and weight in person perception: The impact of negative and extreme behavior. *Journal of Personality and Social Psychology, 38*, 889-906.

Fiske, S. T., Cuddy, A. J. C., Glick, P., & Xu, J. (2002). A model of (often mixed) stereotype content: Competence and warmth respectively follow from perceived status and competition. *Journal of Personality and Social Psychology, 82*, 878-902.

Fiske, S. T., & Dépret, E. (1996). Control, interdependence and power: Understanding social cognition in its social context. *European Review of Social Psychology, 7*, 31-61.

Fiske, S. T., & Neuberg, S. L. (1990). A continuum of impression formation, from category-based to individuating processes: Influences of information and motivation on attention and interpretation. In M. P. Zanna (Ed.), *Advances in experimental social psychology*. Vol. 23 (pp.1-74). San Diego, CA: Academic Press.

Fiske, S. T., & Taylor, S. E. (1991). *Social cognition* (2nd ed.). New York: McGraw-Hill.

Gilbert, D. T., & Hixon, J. G. (1991). The trouble of thinking: Activation and application of stereotypic beliefs. *Journal of Personality and Social Psychology, 60*, 509-517.

Glick, P., & Fiske, S. T. (2001). Ambivalent sexism. In M. P. Zanna (Ed.), *Advances in experimental social psychology*. Vol. 33 (pp.115-188). San Diego, CA: Academic Press.

Greenwald, A. G., & Banaji, M. R. (1995). Implicit social cognition: Attitudes, self-esteem, and stereotypes. *Psychological Review, 102*, 4-27.

Greenwald, A. G., McGhee, D. E., & Schwartz, J. L. K. (1998). Measuring individual differences in implicit cognition: The implicit association test. *Journal of Personality and Social Psychology, 74*, 1464-1480.

Hamilton, D. L., & Gifford, R. K. (1976). Illusory correlation in interpersonal perception: A cognitive basis of stereotypic judgments. *Journal of Experimental Social Psychology, 12*, 392-407.

埴田 健司・村田 光二 (2013). 伝統的・非伝統的女性の事例想起が潜在的性役割観に及ぼす影響　認知科学, *20*, 307-317.

埴田 健司・村田 光二 (2016). 黒人・白人に対する接近・回避動作が潜在的人種態度に及ぼす影響　追手門学院大学心理学部紀要, *10*, 41-59.

Howard, J. W., & Rothbart, M. (1980). Social categorization and memory for in-group and out-group behavior. *Journal of Personality and Social Psychology, 38*, 301-310.

Johns, M., Schmader, T., & Martens, A. (2005). Knowing is half the battle: Teaching stereotype threat as a means of improving women's math performance. *Psychological Science, 16*, 175-179.

Jost, J. T., & Banaji, M. R. (1994). The role of stereotyping in system-justification and the production of false consciousness. *British Journal of Social Psychology, 33*, 1-27.

Jost, J. T., & Kay, A. C.（2005）. Exposure to benevolent sexism and complementary gender stereotypes: Consequences for specific and diffuse forms of system justification. *Journal of Personality and Social Psychology, 88*, 498-509.

Kawakami, K., Dovidio, J. F., Moll, J., Hermsen, S., & Russin, A.（2000）. Just say no（to stereotyping）: Effects of training in the negation of stereotypic associations on stereotype activation. *Journal of Personality and Social Psychology, 78*, 871-888.

Kay, A. C., & Jost, J. T.（2003）. Complementary justice: Effects of "poor but happy" and "poor but honest" stereotype exemplars on system justification and implicit activation of the justice motive. *Journal of Personality and Social Psychology, 85*, 823-837.

工藤 恵理子（2003）. 対人認知過程における血液型ステレオタイプの影響――血液型信念に影響されるものは何か―― 実験社会心理学研究, *43*, 1-21.

Macrae, C. N., Bodenhausen, G. V., Milne, A. B., & Jetten, J.（1994）. Out of mind but back in sight: Stereotypes on the rebound. *Journal of Personality and Social Psychology, 67*, 808-817.

松井 豊（1991）. 血液型による性格の相違に関する統計的検討 東京都立立川短期大学紀要, *24*, 51-54.

Moskowitz, G. B., Gollwitzer, P. M., Wasel, W., & Schaal, B.（1999）. Preconscious control of stereotype activation through chronic egalitarian goals. *Journal of Personality and Social Psychology, 77*, 167-184.

縄田 健悟（2014）. 血液型と性格の無関連性――日本と米国の大規模社会調査を用いた実証的論拠―― 心理学研究, *85*, 148-156.

Neuberg, S. L., & Fiske, S. T.（1987）. Motivational influences on impression formation: Outcome dependency, accuracy-driven attention, and individuating processes. *Journal of Personality and Social Psychology, 53*, 431-444.

野寺 綾・唐沢 かおり・沼崎 誠・高林 久美子（2007）. 恐怖管理理論に基づく性役割ステレオタイプ活性の促進要因の検討 社会心理学研究, *23*, 195-201.

Park, B., & Rothbart, M.（1982）. Perception of out-group homogeneity and levels of social categorization: Memory for the subordinate attributes of in-group and out-group members. *Journal of Personality and Social Psychology, 42*, 1051-1068.

Payne, B. K.（2001）. Prejudice and perception: The role of automatic and controlled processes in misperceiving a weapon. *Journal of Personality and Social Psychology, 81*, 181-192.

Pyszczynski, T., Abdollahi, A., Solomon, S., Greenberg, J., Cohen, F., & Weise, D.（2006）. Mortality salience, martyrdom, and military might: The great Satan versus the axis of evil. *Personality and Social Psychology Bulletin, 32*, 525-537.

坂元 章（1995）. 血液型ステレオタイプによる選択的な情報使用――女子大学生に対する2つの実験―― 実験社会心理学研究, *35*, 35-48.

潮村 公弘（2016）. 自分の中の隠された心――非意識的態度の社会心理学―― サイエンス

社

Simon, B., & Brown, R.（1987）. Perceived intragroup homogeneity in minority-majority contexts. *Journal of Personality and Social Psychology, 53,* 703-711.

Spencer, S. J., Fein, S., Wolfe, C. T., Fong, C., & Dunn, M. A.（1998）. Automatic activation of stereotypes: The role of self-image threat. *Personality and Social Psychology Bulletin, 24,* 1139-1152.

Spencer, S. J., Steele, C. M., & Quinn, D. M.（1999）. Stereotype threat and women's math performance. *Journal of Experimental Social Psychology, 35,* 4-28.

Steele, C. M., & Aronson, J.（1995）. Stereotype threat and the intellectual test performance of African Americans. *Journal of Personality and Social Psychology, 69,* 797-811.

田戸岡 好香・村田 光二（2010）. ネガティブなステレオタイプの抑制におけるリバウンド効果の低減方略――代替思考の内容に注目して―― 社会心理学研究, *26,* 46-56.

Tajfel, H., & Wilkes, A. L.（1963）. Classification and quantitative judgement. *British Journal of Psychology, 54,* 101-114.

Taylor, S. E., Fiske, S. T., Etcoff, N. L., & Ruderman, A. J.（1978）. Categorical and contextual bases of person memory and stereotyping. *Journal of Personality and Social Psychology, 36,* 778-793.

Wegner, D. M.（1994）. Ironic processes of mental control. *Psychological Review, 101,* 34-52.

Wilder, D. A.（1984）. Empirical contributions: Predictions of belief homogeneity and similarity following social categorization. *British Journal of Social Psychology, 23,* 323-333.

Wilder, D. A.（1986）. Social categorization: Implications for creation and reduction of intergroup bias. In L. Berkowitz（Ed.）, *Advances in experimental social psychology.* Vol. 19（pp.291-355）. San Diego, CA: Academic Press.

Wilson, T. D., Lindsey, S., & Schooler, T. Y.（2000）. A model of dual attitudes. *Psychological Review, 107,* 101-126.

山岡 重行（1999）. 血液型ステレオタイプが生み出す血液型差別の検討 日本社会心理学会第 40 回大会発表論文集, 60-61.

第 7 章

Arndt, J., Greenberg, J., Pyszczynski, T., & Solomon, S.（1997）. Subliminal exposure to death-related stimuli increases defense of the cultural worldview. *Psychological Science, 8,* 379-385.

Berkman, L. F., & Syme, S. L.（1979）. Social networks, host resistance, and mortality: A nine-year follow-up study of Alameda County residents. *American Journal of Epidemiology, 109,* 186-204.

Brusilovskiy, E., Townley, G., Snethen, G., & Salzer, M. S.（2016）. Social media use, community participation and psychological well-being among individuals with serious mental illnesses. *Computers in Human Behavior, 65,* 232-240.

Cox, C. R., Arndt, J., Pyszczynski, T., Greenberg, J., Abdollahi, A., & Solomon, S.（2008）. Terror management and adults' attachment to their parents: The safe haven remains. *Journal of Personality and Social Psychology, 94*, 696-717.

Florian, V., Mikulincer, M., & Hirschberger, G.（2002）. The anxiety-buffering function of close relationships: Evidence that relationship commitment acts as a terror management mechanism. *Journal of Personality and Social Psychology, 82*, 527-542.

Fukushima, S., Uchida, Y., & Takemura, K.（2021）. Do you feel happy when other members look happy? Moderating effect of community-level social capital on interconnection of happiness. *International Journal of Psychology.* doi: 10.1002/ijop.12744

Fukuzawa, A., Katagiri, K., Harada, K., Masumoto, K., Chogahara, M., Kondo, N., & Okada, S.（2019）. A longitudinal study of the moderating effects of social capital on the relationships between changes in human capital and ikigai among Japanese older adults. *Asian Journal of Social Psychology, 22*, 172-182.

Granovetter, M.（1983）. The strength of weak ties: A network theory revisited. *Sociological Theory, 1*, 201-233.

Greenberg, J., Porteus, J., Simon, L., Pyszczynski, T., & Solomon, S.（1995）. Evidence of a terror management function of cultural icons: The effects of mortality salience on the inappropriate use of cherished cultural symbols. *Personality and Social Psychology Bulletin, 21*, 1221-1228.

Greenberg, J., Schimel, J., Martens, A., Solomon, S., & Pyszczynski, T.（2001）. Sympathy for the devil: Evidence that reminding whites of their mortality promotes more favorable reactions to white racists. *Motivation and Emotion, 25*, 113-133.

芳賀 道匡・高野 慶輔・坂本 真士（2015）. 大学生活における主観的ソーシャルキャピタルが，抑うつや主観的ウェルビーイングに与える影響——ネットワーク・サイズとの比較から—— ストレス科学研究, *30*, 102-110.

Harada, K., Masumoto, K., Katagiri, K., Fukuzawa, A., Chogahara, M., Kondo, N., & Okada, S.（2018）. Community intervention to increase neighborhood social network among Japanese older adults. *Geriatrics and Gerontology International, 18*, 462-469.

Harada, K., Masumoto, K., Katagiri, K., Fukuzawa, A., Touyama, M., Sonoda, D.,...Okada, S.（2020）. Three-year effects of neighborhood social network intervention on mental and physical health of older adults. *Aging and Mental Health.* doi: org/10.1080/13607863.2020.1839858

Hirschberger, G., Florian, V., & Mikulincer, M.（2003）. Strivings for romantic intimacy following partner complaint or partner criticism: A terror management perspective. *Journal of Social and Personal Relationships, 20*, 675-687.

1・17神戸の教訓を伝える会（編）（1996）. 阪神・淡路大震災　被災地"神戸"の記録——安全な社会づくりに向けた市民からのメッセージ—— ぎょうせい

稲葉 陽二（2011）. ソーシャル・キャピタル入門——孤立から絆へ—— 中央公論新社

片桐 恵子（2012）．退職シニアと社会参加　東京大学出版会

Knack, S., & Keefer, P. (1997). Does social capital have an economic payoff? A cross-country investigation. *The Quarterly Journal of Economics, 112*, 1251-1288.

神戸大学大学院人間発達環境学研究科発達支援インスティテュート（2019）．鶴甲いきいきまちづくりプロジェクト　神戸大学発達科学部／神戸大学大学院人間発達環境学研究科　Retrieved from https://www.h.kobe-u.ac.jp/sites/default/files/general_page/project01.pdf

小泉 弥生・栗田 主一・関 徹・中谷 直樹・栗山 進一・鈴木 寿則…辻 一郎（2004）．都市在住の高齢者におけるソーシャル・サポートと抑うつ症状の関連性　日本老年医学会雑誌，*41*，426-433.

Kraut, R., Patterson, M., Lundmark, V., Kiesler, T., Mukopadhyay, T., & Scherlis, W. (1998). Internet paradox: A social technology that reduce social involvement and psychological well-being? *American Psychologist, 53*, 1017-1031.

McGregor, H. A., Lieberman, J. D., Greenberg, J., Solomon, S., Arndt, J., Simon, L., & Pyszczynski, T. (1998). Terror management and aggression: Evidence that mortality salience motivates aggression against worldview-threatening others. *Journal of Personality and Social Psychology, 74*, 590-605.

Mikulincer, M., & Florian, V. (2002). The effects of mortality salience on self-serving attributions; Evidence for the function of self-esteem as a terror management mechanism. *Basic and Applied Social Psychology, 24*, 261-271.

Nabi, R. L., Prestin, A., & So, J. (2013). Facebook friends with (health) benefits? Exploring social network site use and perceptions of social support, stress, and well-being. *Cyberpsychology, Behavior, and Social Networking, 16*, 721-727.

内閣府国民生活局（編）（2003）．ソーシャル・キャピタル——豊かな人間関係と市民活動の好循環を求めて——　国立印刷局

沼崎 誠（2010）．死すべき運命の顕現化が日本人男子大学生の性役割的偏見に及ぼす効果　人文学報，*425*，15-30.

Pinquart, M., & Sörensen, S. (2000). Influences of socioeconomic status, social network, and competence on subjective well-being in later life: A meta-analysis. *Psychology and Aging, 15*, 187-224.

Putnam, R. D. (2000). *Bowling alone: The collapse and revival of American community*. New York: Simon & Schuster.
（パットナム，R. D. 柴内 康文（2006）．孤独なボウリング——米国コミュニティの崩壊と再生——　柏書房）

Ryan, R. M., & Deci, E. L. (2000). Self-determination theory and the facilitation of intrinsic motivation, social development, and well-being. *American Psychologist, 55*, 68-78.

斉藤 雅茂・近藤 克則・尾島 俊之・平井 寛（2015）．健康指標との関連からみた高齢者の社会的孤立基準の検討——10年間のAGESコホートより——　日本公衆衛生雑誌，*62*（3），95-105.

Smieja, M., Kalaska, M., & Adamczyk, M.（2006）. Scared to death or scared to love? Terror management theory and close relationships seeking. *European Journal of Social Psychology, 36*, 279-296.

Steers, M.-L. N., Wickham, R. E., & Acitelli, L. K.（2014）. Seeing everyone else's highlight reels: How Facebook usage is linked to depressive symptoms. *Journal of Social and Clinical Psychology, 33*, 701-731.

高木 大資・辻 竜平・池田 謙一（2010）. 地域コミュニティによる犯罪抑制――地域内の社会関係資本および協力行動に焦点を当てて―― 社会心理学研究, *26*, 36-45.

内田 由紀子・遠藤 由美・柴内 康文（2012）. 人間関係のスタイルと幸福感――つきあいの数と質からの検討―― 実験社会心理学研究, *52*, 63-75.

Verduyn, P., Ybarra, O., Résibois, M., Jonides, J., & Kross, E.（2017）. Do social network sites enhance or undermine subjective well-being? A critical review. *Social Issues and Policy Review, 11*, 274-302.

脇本 竜太郎（2005）. 存在脅威管理理論の足跡と展望――文化内差・文化間差を組み込んだ包括的な理論化に向けて―― 実験社会心理学研究, *44*, 165-179.

脇本 竜太郎（2019）. なぜ人は困った考えや行動にとらわれるのか？――存在脅威管理理論から読み解く人間と社会―― ちとせプレス

山岸 俊男（1998）. 信頼の構造――こころと社会の進化ゲーム―― 東京大学出版会

叶 少瑜（2019）. 大学生のTwitter使用, 社会的比較と友人関係満足度との関係 社会情報学, *8*, 111-124.

第8章

Fischer, F. B., Becker, J. C., Kito, M., & Nayir, D. Z.（2017）. Collective action against sexism in Germany, Turkey, and Japan: The influence of self-construal and face concerns. *Group Processes and Intergroup Relations, 20*, 409-423.

福長 秀彦（2020）. 新型コロナウィルス感染拡大と流言・トイレットペーパー買いだめ――報道のあり方を考える―― 放送研究と調査, *70*（7）, 2-24.

Fukuzawa, A., & Inamasu, K.（2020）. Relationship between the internal locus of control and collective action: A comparison of East Asian and Western countries. *Asian Journal of Social Psychology, 23*（3）, 349-359.

Gerbner, G., Gross, L., Signorielli, N., Morgan, M., & Jackson-Beeck, M.（1979）. The demonstration of power: Violence profile No.10. *Journal of Communication, 29*（3）, 177-196.

五神 真（2016）. 平成28年度東京大学学部入学式総長式辞 東京大学 Retrieved from https://www.u-tokyo.ac.jp/ja/about/president/b_message28_01.html

池田 謙一（2019）. マスメディアとインターネット 池田 謙一・唐沢 穣・工藤 恵理子・村本 由紀子 社会心理学 補訂版（pp.267-290） 有斐閣

Iyengar, S.（1990）. Framing responsibility for political issues: The case of poverty. *Political Behavior, 12*（1）, 19-40.

Katz, E., & Lazarsfeld, P. F. (1955). *Personal influence: The part played by people in the flow of mass communication*. New York: Free Press.

小林 哲郎 (2010). ポストディジタル化時代の映像情報メディアと公共性——「テレビ」は主流形成を支えるか—— 映像情報メディア学会誌, *64*, 31-33.

釘原 直樹 (2011). グループ・ダイナミックス——集団と群集の心理学—— 有斐閣

Lazarsfeld, P. F., Berelson, B., & Gaudet, H. (1944/2021). *The people's choice: How the voter makes up his mind in a presidential campaign* (Legacy ed.). New York: Columbia University Press.

McCombs, M. E., & Shaw, D. L. (1972). The agenda-setting function of mass media. *Public Opinion Quarterly, 36,* 176-187.

Moore, G. A. (1991). *Crossing the chasm: Marketing and selling technology products to mainstream customers*. New York: HarperCollins.

中森 広道 (2020). 災害流言の展開とその特性 消防防災の科学, *139*, 34-39.

Nelson, T. E., Clawson, R. A., & Oxley, Z. M. (1997). Media framing of a civil liberties conflict and its effect on tolerance. *American Political Science Review, 91,* 567-583.

Ochoa, D. P., Manalastas, E. J., Deguchi, M., & Louis, W. R. (2019). Mobilizing men: Ally identities and collective action in Japan and the Philippines. *Journal of Pacific Rim Psychology, 13,* e14.

小川 一夫 (監修) 吉森 護・浜名 外喜男・市河 淳章・高橋 超・田中 宏二・藤原 武弘…吉田 寿夫 (編) (1995). 社会心理学用語辞典 北大路書房

大友 章司・広瀬 幸雄 (2014). 震災後の買い溜め, 買い控え行動の消費者の心理プロセスの検討 心理学研究, *84*, 557-565.

Petty, R. E., & Cacioppo, J. T. (1986). The elaboration likelihood model of persuasion. *Advances in Experimental Social Psychology, 19,* 123-205.

Rogers, E. M. (1962). *Diffusion of innovations*. New York: Free Press.

Shanahan, J., & Morgan, M. (1999). *Television and its viewers: Cultivation theory and research*. Cambridge University Press.

Shibutani, T. (1966). *Improvised news: A sociological study of rumor*. Bobbs-Merrill.

鈴木 裕久 (1977). 流行 池内 一 (編) 講座社会心理学3 集合現象 (pp.122-125) 東京大学出版会

van Zomeren, M., Kutlaca, M., & Turner-Zwinkels, F. (2018). Integrating who "we" are with what "we" (will not) stand for: A further extension of the Social Identity Model of Collective Action. *European Review of Social Psychology, 29,* 122-160.

山岸 俊男 (1992). マイクロ・マクロ社会心理学の一つの方向 実験社会心理学研究, *32*, 106-114.

人名索引

事 項 索 引

執筆者紹介

【編著者略歴】

大橋　恵（おおはし　めぐみ）（第 0 ～ 4 章，コラム 7.2 執筆）

1994 年　東京大学文学部卒業
2006 年　東京大学大学院人文社会系研究科博士後期課程修了
現　在　東京未来大学こども心理学部教授　博士（社会心理学）

主要編著書

『部活動指導員ガイドブック　基礎編』（共編著）（ミネルヴァ書房，2020）
『ジュニアスポーツコーチに知っておいてほしいこと』（共著）（勁草書房，2018）
『子ども学への招待──子どもをめぐる 22 のキーワード』（分担執筆）（ミネルヴァ
　　書房，2017）

【執筆者略歴】

埴田　健司（第5，6章）

<ruby>埴<rt>はに</rt></ruby><ruby>田<rt>た</rt></ruby>　<ruby>健<rt>けん</rt></ruby><ruby>司<rt>じ</rt></ruby>

2003 年　一橋大学社会学部卒業
2015 年　一橋大学大学院社会学研究科博士後期課程修了
現　在　東京未来大学モチベーション行動科学部准教授　博士（社会学）

主 要 著 書

『心理学の世界』（分担執筆）（サイエンス社，2020）
『新版　エピソードでわかる社会心理学——恋愛・友人・家族関係から学ぶ』（分担
　執筆）（北樹出版，2020）
『よくわかる心理学実験実習』（分担執筆）（ミネルヴァ書房，2018）

福沢　愛（第7，8章）

<ruby>福<rt>ふく</rt></ruby><ruby>沢<rt>ざわ</rt></ruby>　<ruby>愛<rt>あい</rt></ruby>

2006 年　日本女子大学人間社会学部卒業
2015 年　東京大学大学院人文社会系研究科博士課程修了
現　在　東京大学未来ビジョン研究センター・日本学術振興会特別研究員
　　　　博士（社会心理学）

主要著書・論文

「文化的自己観と幸福感との関連について——日本人を対象とした年代別比較」（共
　著）（老年社会科学，2021）
"Relationship between the internal locus of control and collective action: A comparison
　of East Asian and Western countries."（共著）（Asian Journal of Social Psychology,
　2020）
『対人関係の心理学——社会心理学でのぞく心の仕組み』（分担執筆）（技術評論社，
　2011）

現代に活きる心理学ライブラリ
：困難を希望に変える心理学＝Ⅵ-2

集団心理学

2021 年 11 月 10 日 ©　　　　　　　初 版 発 行

編著者　大 橋　　恵　　　発行者　森 平 敏 孝
　　　　　　　　　　　　　印刷者　中 澤　　眞
　　　　　　　　　　　　　製本者　小 西 惠 介

発行所　　株式会社　サイエンス社

〒151-0051　東京都渋谷区千駄ヶ谷 1 丁目 3 番 25 号
営業 TEL　(03)5474-8500(代)　　振替 00170-7-2387
編集 TEL　(03)5474-8700(代)
FAX　　　(03)5474-8900

組版　ケイ・アイ・エス
印刷　㈱シナノ　　　　　　製本　ブックアート
《検印省略》

本書の内容を無断で複写複製することは，著作者および出
版者の権利を侵害することがありますので，その場合には
あらかじめ小社あて許諾をお求め下さい。

サイエンス社のホームページのご案内
https://www.saiensu.co.jp
ご意見・ご要望は
jinbun@saiensu.co.jp　まで.

ISBN978-4-7819-1522-7

PRINTED IN JAPAN

セレクション社会心理学25

排斥と受容の行動科学

社会と心が作り出す孤立

浦　光博 著

四六判・288 ページ・本体 1,800 円（税抜き）

私たちは皆，排斥や孤立による心の痛みを知っていま
す．にも関わらず時として他者を排斥してしまうのは
なぜなのでしょうか．親密さや支援によって救われる
こともありますが，逆に苦しめられることもあります．
それは一体なぜなのでしょうか．本書は，そのような
人が他者を排斥する心のメカニズムを多方面の研究成
果から説き明かします．殺伐とした世情を憂える社会
心理学者からの一冊です．

サイエンス社

セレクション社会心理学26

集団行動の心理学
ダイナミックな社会関係のなかで

本間道子 著

四六判・280 ページ・本体 1,800 円（税抜き）

われわれは，家族，学級，職場の仲間，プロジェクトチーム，会議，地域の集まり，ボランティアグループ……など，生活の中でさまざまな集団をつくり，その中で活動をしています．このような集団が個人にどのような影響を及ぼすのかということは古くから人々の関心を集め，今なお，集団心理学，あるいはグループ・ダイナミックスを中心に研究が続けられています．本書では，近年の研究成果を踏まえ，集団の定義から，形成と発達，集団内の相互作用，生産性，意思決定・合意形成，集団間関係までをやさしく解説しました．組織運営に携わる方，ビジネス・パーソンにも役立つ一冊です．

サイエンス社

セレクション社会心理学27

存在脅威管理理論への誘い

人は死の運命にいかに立ち向かうのか

脇本竜太郎 著

四六判・224 ページ・本体 1,600 円（税抜き）

人は皆，自分がいつか必ず死んでしまうことを知って
います．いつ訪れるとも分からない自分の死を知って
いるというのは，とても恐ろしいことです．それでも
人は日々の生活を送り，人生をより有意義なものにし
ようとしています．そのような人の心の働きを説明す
る理論として，近年注目を集めているのが「存在脅威
管理理論」です．ここでは，人は自分を取り巻く文化
がもつ世界観を守り，自尊感情を高めることによって，
死への恐怖を和らげているのだと説明しています．本
書は，その「存在脅威管理理論」について，気鋭の研
究者がやさしく解説した日本語によるはじめての文献
です．テロや災害，社会とのつながりや絆，といった
問題について考えてみたい方にもおすすめの一冊です．

サイエンス社

セレクション社会心理学30

ルールを守る心
逸脱と迷惑の社会心理学

北折充隆 著

四六判・256 ページ・本体 1,800 円（税抜き）

私たちは，生まれてから死ぬまで，ずっとルールに従って生きています．しかしながら，ルールを守る，破るとはどういうことなのか，社会規範から逸脱するとはどういうことなのか，迷惑行為を抑止するためにはどうしたらよいのか……といったことについては突き詰めるとよく分かっていないのが実情ではないでしょうか．本書では，そのような問題について社会心理学の立場から長年研究を重ねてきた著者が，概念の混乱を整理しながら，これまでに行われてきた研究を分かりやすく紹介します．さらに，それらの知見を踏まえて，「考える」ことの大切さも強調しています．

サイエンス社

ザ・ソーシャル・アニマル
[第11版]
人と世界を読み解く社会心理学への招待

E. アロンソン 著／岡 隆 訳

A5 判・528 ページ・本体 3,800 円 （税抜き）

本書は，1972年の初版刊行から今日まで読み継がれる名著の新訳版である．社会心理学のエッセンスを解説する大枠はそのままに，最近の新しい研究知見や近年重要度の増したトピックの解説を盛り込み，事例として挙げるものには記憶に新しい事件や社会情勢，科学技術，文化，人物が追加されている．また，巻末には「用語集」を新設し基本的用語の整理ができるよう配慮されている．社会心理学を学ぶ大学生はもちろん，人間社会に生きているすべての人にとって必読の一冊である．

サイエンス社